教育部　财政部中等职业学校教师素质提高计划成果

物业管理专业师资培训包开发项目（LBZD068）

物业管理实务

WUYE GUANLI SHIWU

■ 教育部　财政部　组编

高炳华　主编

中国人民大学出版社

·北京·

教育部　财政部中等职业学校教师素质提高计划成果
系列丛书

编写委员会

主　任　鲁　昕
副主任　葛道凯　赵　路　王继平　孙光奇
成　员　郭春鸣　胡成玉　张禹钦　包华影
　　　　王继平（同济大学）　刘宏杰　王　征
　　　　王克杰　李新发

专家指导委员会

主　任　刘来泉
副主任　王宪成　石伟平
成　员　翟海魂　史国栋　周耕夫　俞启定　姜大源
　　　　邓泽民　杨铭铎　周志刚　夏金星　沈　希
　　　　徐肇杰　卢双盈　曹　晔　陈吉红　和　震
　　　　韩亚兰

教育部　财政部中等职业学校教师素质提高计划成果
系列丛书

物业管理专业师资培训包开发项目
（LBZD068）

项目牵头单位　华中师范大学
项 目 负 责 人　邓宏乾

出版说明

根据2005年全国职业教育工作会议精神和《国务院关于大力发展职业教育的决定》(国发［2005］35号)，教育部、财政部2006年12月印发了《关于实施中等职业学校教师素质提高计划的意见》(教职成［2006］13号)，决定“十一五”期间中央财政投入5亿元用于实施中等职业学校师资队伍建设相关项目。其中，安排4 000万元，支持39个培训工作基础好、相关学科优势明显的全国重点建设职教师资培养培训基地牵头，联合有关高等学校、职业学校、行业企业，共同开发中等职业学校重点专业师资培训方案、课程和教材(以下简称“培训包项目”)。

经过四年多的努力，培训包项目取得了丰富成果。一是开发了中等职业学校70个专业的教师培训包，内容包括专业教师的教学能力标准、培训方案、专业核心课程教材、专业教学法教材和培训质量评价指标体系5方面成果。二是开发了中等职业学校校长资格培训、提高培训和高级研修3个校长培训包，内容包括校长岗位职责和能力标准、培训方案、培训教材、培训质量评价指标体系4方面成果。三是取得了7项职教师资公共基础研究成果，内容包括中等职业学校德育课教师、职业指导和心理健康教育教师培训方案、培训教材，教师培训项目体系、教师资格制度、教师培训教育类公共课程、职业教育教学法和现代教育技术、教师培训网站建设等课程教材、政策研究、制度设计和信息平台等。上述成果，共整理汇编出300多本正式出版物。

培训包项目的实施具有如下特点：一是系统设计框架。项目成果涵盖了从标准、方案到教材、评价的一整套内容，成果之间紧密衔接。同时，针对职教师资队伍建设的基础性问题，设计了专门的公共基础研究课题。二是坚持调研先行。项目承担单位进行了3 000多次调研，深度访谈2 000多次，发放问卷200多万份，调研范围覆盖了70多个行业和全国所有省(区、市)，收集了大量翔实的一手数据和材料，为提高成果的科学性奠定了坚实基础。三是多方广泛参与。在39个项目牵头单位组织下，另有110多所国内外高等学校和科研机构、260多个行业企业、36个政府管理部门、277所职业院校参加了开发工作，参与研发人员2 100多人，形成了政府、学校、行业、企业和科研机构共同参与的研发模式。四是突出职教特色。项目成果打破学科体系，根据职业学校教学特点，结合产业发展实际，将行动导向、工作过程系统化、任务驱动等理念应用到项目开发中，体现了职教师资培训内容和方式方法的特殊性。五是研究实践并进。几年来，项目承担单位在职业学校进行了 1 000 多次成果试验。阶段性成果形成后，在中等职业学校专业骨干教师国家级培训、省级培训、企业实践等活动中先行试用，不断总结经验、修改完善，提高了项目成果的针对性、应用性。六是严格过程管理。两部成立了专家指导委员会和项目管理办公室，在项目实施过程中先后组织研讨、培训和推进会近 30 次，来自职业教育办学、研究和管理一线的数十位领导、专家和实践工作者对成果进行了严格把关，确保了项目开发的正确方向。

作为“十一五”期间教育部、财政部实施的中等职业学校教师素质提高计划的重要内容，培训包项目的实施及所取得的成果，对于进一步完善职业教育师资培养培训体系，推动职教师资培训工作的科学化、规范化具有基础性和开创性意义。这一系列成果，既是职教师资培养培训机构开展教师培训活动的专门教材，也是职业学校教师在职自学的重要读物，同时也将为各级职业教育管理部门加强和改进职教教师管理和培训工作提供有益借鉴。希望各级教育行政部门、职教师资培训机构和职业学校要充分利用好这些成果。

为了高质量完成项目开发任务，全体项目承担单位和项目开发人员付出了巨大努力，中等职业学校教师素质提高计划专家指导委员会、项目管理办公室及相关方面的专家和同志投入了大量心血，承担出版任务的 11 家出版社开展了富有成效的工作。在此，我们一并表示衷心的感谢！

编写委员会

2011 年 10 月

前　言

根据教育部、财政部《关于实施中等职业学校教师素质提高计划的意见》（教职成〔2006〕13号）、《中等职业学校重点专业师资培训方案、课程和教材开发项目实施方法》（教职成〔2007〕6号）、《关于进一步深化中等职业教育教学改革的若干意见》（教职成〔2008〕8号）和《关于制定中等职业学校教学计划的原则意见》（教职成〔2009〕2号）等文件精神，结合中职学校物业管理专业教师的需求和物业管理中职教师教学能力标准，我们组织开发了物业管理专业教师培训教材。

首先，在教材开发过程中，我们坚持理论知识与专业技能相融合，突出教材的中职教育特色，根据物业管理工作岗位应具备的知识、能力、技能要求设定教材的内容及培养目标。其次，我们坚持以工作任务为中心，根据我国目前中职学校物业管理专业教师现状及其需求开发核心教材。从实际情况看，物业管理在我国是一个新兴的行业，我国中职学校物业管理专业发展的时间较短，专业发展还处在发展初期，水平较低；目前物业管理中职教师严重缺乏，许多教师是改行、改专业来从事物业管理的专业教学的，理论水平和实践能力弱，课程开发能力较低，物业管理学校普遍缺乏一支专业理论知识和实际技能都过硬的“双师型”师资队伍。再次，我们坚持将知识与能力、过程与方法、态度情感与价值观三维目标体现在教材编写中。物业管理核心教材以工作任务为中心，注重理论和实训一体化，在内容深广度上根据培训对象不同的认知特点和已具备知识水平，在教材模块中确定不同的侧重点、不同的切入点，以适合上岗培训、提高培训和骨干教师培训的需要。

物业管理培训教材包括《物业管理实务》、《物业服务岗位与案例分析》、《物业管理专业教学法》三本核心教材。

在教材开发过程中，我们得到了教育部、财政部中等职业学校教师素质提高计划专业项目管理办公室、项目专家组的指导和帮助，并得到了长春物业管理学校、北京市供销学校、深圳市物业管理协会、武汉市物业管理协会、深圳职业技术学院等单位的大力支持，在此表示感谢！在自评自审中，我们得到了邓泽民教授、刘忠和老师、杜敬民老师、骆毅民总经理、王健总经理的指导，在此一并致谢！

华中师范大学物业管理课题组

目 录

模块一　前期物业管理

教学目标

● **知识目标：** 通过本模块的学习，应达到以下要求：

1. 了解前期物业管理的早期介入、一般物业管理的区别和前期物业管理准备的工作以及接管验收的含义、接管验收与竣工验收的区别；

2. 熟悉物业接管验收的程序和标准，物业档案资料的建立与管理；

3. 掌握物业管理早期介入各阶段的工作内容和应关注的问题，物业入伙与装修管理的流程。

● **能力目标：** 通过本模块的知识积累和实践操作，应培养以下基本技能和基本能力：

1. 能够在早期介入的各个阶段熟练地开展工作，并可以做好前期物业管理的准备工作；

2. 能够按照物业接管验收的程序和标准很好地实施接管验收工作；

3. 可以按照特定的工作流程，很好地为业主（或使用人）提供入住服务和物业装修管理服务；

4. 具备建立物业档案并组织人员对物业档案进行管理的技能。

模块概述

本模块包括四个项目：一是物业管理早期介入和前期物业管理的具体工作任务；二是物业验收和物业接管验收的具体工作；三是物业入伙和物业装修管理的具体工作；四是物业档案建立和物业档案管理的具体任务。

项目一　前期物业管理的两个阶段

项目概述

本项目介绍了物业管理早期介入的各个阶段及工作任务，指出了物业管理早期介入应重点关注的四个问题，分析了前期物业管理与物业管理早期介入及一般物业管理的区别，提出了前期物业管理应做的准备工作。本项目包括物业管理的早期介入和前期物业管理两项任务。

任务一 物业管理的早期介入

任务描述

某物业服务企业为早期介入开发项目成立了项目组，李某是项目组成员之一，公司指派其承担物业管理早期介入的各个环节。

任务分析

本任务要求清楚物业管理早期介入应重点关注的几个问题，明确物业管理早期介入的各个环节，从而更好地组织和开展物业管理的早期介入工作。

相关知识

物业管理的早期介入，是物业服务企业或人员在接管物业之前，就物业的项目策划、规划、设计和施工建设，从物业管理的角度提出专业性的意见和建议，或直接参与现场监理等活动。物业管理早期介入是为了建成后的物业能更好地满足业主和使用人的需求而从事的物业形成前的阶段性管理。早期介入是一种物业服务企业与开发建设单位共同对物业开展的平等交叉管理，开发建设单位进行物业的硬件建设，物业服务企业进行物业的软件管理，物业服务企业协助开发建设单位以“以业主为本”的理念开发建设物业。

一、早期介入的各个阶段及其工作任务

物业管理的早期介入是一个与房地产开发整个过程紧密相关的动态控制系统，各阶段的工作内容和重点各不相同，按照房地产开发过程划分，物业管理早期介入分以下几个工作阶段：

1. 介入项目的可行性研究阶段

在这一阶段，物业服务企业的主要工作是根据物业管理工作的经验，协助房地产开发公司做好项目定位和物业管理定位。具体工作任务如下：根据土地出让价值及城市规划要求，结合物业服务企业对市场的了解，对项目的品质、功能进行划分，对目标客户群提出参考建议；根据目标客户群，提出物业管理档次的参考建议；根据项目的规划和物业管理档次，提出物业管理与服务的基本内容、标准等参考建议；根据物业管理服务的成本，初步确定物业管理的收费标准，并与开发商进行商议；从开发商的角度出发，根据物业定位及客户群的需求，设计出一个合理的物业管理与服务方案。

2. 介入项目的规划设计阶段

在这一阶段，物业服务企业的主要工作是根据工作经验，以业主为本，协助设计人员

进一步完善设计方案，使规划设计更加符合实际。具体工作任务如下：针对物业的建筑布局、功能提出改进建议，从而提升物业的内在价值和整体效果；针对物业的配套设施，如幼儿园、学校、各类商业服务网点、道路、停车位、商业配套用房、管理用房等提出建议；对设备的选型、设置提出改进建议；对水、电、管网线的铺设及容量大小提出建议；对绿化的配置提出建议；从开发商的角度，根据物业管理的实践，对智能化方案提出专业性建议。

3. 介入项目的施工建设阶段

在这一阶段，物业服务企业的主要工作是结合物业管理工作的实践，对一些在物业管理过程中易出故障的环节提出意见和建议（如线路管道的走向），从而提升物业的实用性。具体工作任务如下：配合监理单位做好对施工建设质量的把关，及时提出并落实整改方案；提醒施工单位避免物业使用中最易出现的质量问题，如厨房、卫生间的渗水问题；监督设备的安装，确保安装质量；熟悉并记录基础工程及隐蔽工程、管线的铺设走向，特别注意在设计资料中没有反映的内容；从开发商的角度，根据物业管理工作的开展，对装修方式、用料提出改进意见。

4. 介入项目的竣工验收阶段

在这一阶段，物业服务企业参与竣工验收工作，主要是为了掌握验收情况，收集更丰富的有关工程质量、各类设施设备性能、各种管线走向的资料，为物业的接管验收及更好地开展物业管理工作做准备。具体工作任务如下：记录验收过程，了解验收人员的意见和建议；记录单项工程的验收过程，收集有关工程质量的资料，记录遗留的问题；根据验收记录，对今后的物业管理工作提出一些专业性的建议。

二、早期介入应重点关注的问题

1. 停车位问题

无论是住宅物业、商务办公物业，还是商业物业，都必须充分考虑停车场的规模，一定要有充足的停车位。物业服务企业在早期介入阶段，就应从业主（或使用人）的需求出发，对开发商的项目规划设计提出建议，特别是一些高档居住物业，停车位与住户数量之比至少要超过1.5∶1，并预留停车场（位）扩建场地。

2. 室外机器的安装位置

这主要是针对空调室外机和太阳能热水器等。对这些室外机器的安装位置的选择及各户位置的分配，物业服务企业应结合工作的经验，本着方便维修和管理又不影响美观的原则，在规划设计时给予开发商以专业性建议。

3. 管线管道的预留与布局

各种家用电器、设备的信息化控制和智能化管理的逐渐发展，以及厨房、卫生间各种管线和管道的必不可少，决定了物业在开发时就应考虑管线管道的铺设。物业服务企业应根据实践经验，提醒开发商和设计部门，尽可能考虑业主的个性化需求，对将可能使用到的管线和管道预留出位置，对于已确定的管线和管道应进行合理布局，避免在以后的管理中出现纠纷和给业主带来不便。

4. 施工中预留孔洞的砌筑

在施工中，因技术和工艺的要求，需要预留出一些孔、洞，以备在施工后期进行技术处理。在施工后期，这些孔、洞都必须砌堵完整，如果不进行很好的砌堵，会给业主的使用及物业服务企业的管理留下隐患，施工中预留洞如果砌筑强度低，就难以承受装修时的正常施工冲击，外墙脚手杆预留孔如果封堵不严，雨水就会由此进入墙体，从而造成内墙墙面渗水返潮现象，这都会引起房屋质量纠纷。因此，早期介入的物业服务企业应提醒开发商和监理公司特别注意对这些部位施工质量的监管。

三、相关法律法规知识

为了更好地完成物业管理的早期介入工作任务，要加强《民法通则》、《合同法》、《物权法》、《消防法》、《物业管理条例》、《建设工程质量管理条例》、《住宅建筑设计规范》、《住宅共用部位设备设施维修基金管理办法》、《物业服务收费管理办法》、《物业服务收费明码标价规定》、《高层民用建筑设计防火规范》、《建筑设计防火规范》等知识的学习。

任务实施

在物业管理的早期介入工作中，首先要分清楚早期介入的各个阶段，然后根据介入项目的不同阶段组织开展相应的物业管理工作。在早期介入工作过程中，尤其要注意停车位、室外机器的安装位置、管线管道的预留与布局、施工中预留孔洞的砌筑等问题。

学习评价

本任务的学习评价主要是按照知识目标和能力目标的要求，判断通过本任务的学习是否能够完成物业管理早期介入的各项工作任务，以便及时、系统、准确地把握重要的学习内容、学习方法、学习过程、学习效果和学习难点，从而解决学习过程中存在的问题。

教学探讨

一、案例分析

××物业服务企业与××置业公司签约，为其开发的“××广场”提供物业管理顾问服务。随后，××物业服务企业由管理、土建、机电、智能化等方面6名专业人士组成的顾问团抵达现场，开始了前期顾问服务工作。

当时，“××广场”尚处于结构施工阶段。顾问团通过分析市场、阅读图纸、勘验现场和比较测算，从满足物业管理服务需求、保证物业管理运行质量、控制物业管理经济成本的角度，提出了30余项优化设计建议。期间，他们还发现整个小区的消火栓系统存在着设计超标的问题。

"××广场"有5座高层楼宇，单幢每层的面积为800多平方米，有两道分布合理的消火栓及其立管就足以满足国家消防规范的要求。然而，某设计院竟为其设计了3道，这意味着不仅无谓增加了30多万元的建筑成本，而且还无端影响了户内布局。于是，××物业服务企业的顾问团提议开发商抓紧找设计院洽商变更设计，取消1道消火栓及其立管。

开发商认为××物业服务企业顾问团的建议确实很有道理，便马上和设计院进行交涉。不料设计院不愿意否定自己的设计方案，坚持认定必须要有3道消火栓及其立管，开发商随即又找到物业服务企业的顾问团。

分析： 高层建筑的火灾危险性具有火势蔓延快、疏散困难、扑救难度大、火险隐患多等特点。国内外许多高层建筑火灾的经验教训表明，如果在高层建筑设计中，对防火设计缺乏考虑或考虑不周密，一旦发生火灾，会造成严重的伤亡事故和经济损失，有的还会带来严重的政治影响。因此，对高层建筑防火设计的充分考虑，是物业管理早期介入的重要内容之一。

所谓早期介入，是指物业服务企业或人员在接管物业之前，就参与物业的规划、设计和建设，从物业管理的角度提出意见和建议，弥补专业设计人员因对物业管理不了解而带来的设计上的缺陷，以便建成后的物业能满足业主和使用人的需求。具体地说，项目规划设计阶段，物业服务企业除了物业项目的功能、结构、配套设施、周边环境的协调及城市总体布局外，应考虑的侧重点是物业的使用、维修管理方面，如空调机、油烟机的安装位置及接线孔洞，自行车、汽车的方便停放位置及车位数量，垃圾房、水泵房、变电站、商业配套用房、居委会和物业管理用房，甚至学校、幼儿园等市政配套设施的完善及合理布置，供电、供气、闭路电视、宽带、共用天线、电话、保安监视器以及消防、避雷方面的布线、位置的设计等问题。

本案例就发生在早期介入阶段，案例中物业服务企业的顾问团非常好地完成了这方面的使命。案例所涉及的消防安全，就是物业使用过程中的重要方面。在规划设计阶段，开发商如能充分听取经验丰富的物业管理人员的意见，对方案不足的方面进行修改、补充直至完善，选出一个可行且最优的方案，对开发商降低成本、提高项目的质量，以及为后续的物业管理工作带来的好处是显而易见的。××物业服务企业顾问团的专业人员应不屈不挠，书面列出国家消防设计规范的有关条款，并和"××广场"的原消火栓设计进行对比分析，指出其不合理所在。开发商可据此再次找到设计院，使设计院无法予以拒绝，按照××物业服务企业顾问团的意见修改设计。

二、技能训练

某房地产开发公司立项开发某地区的一个中高档商品住宅小区，同时选聘了一家物业服务企业早期介入该项目的设计、施工与安装工程。物业服务企业本着"好参谋、好帮手、好朋友”的服务理念，专门成立了由公司物业管理部和工程设备部负责人组成的项目组，深入项目工地，查阅设计方案和其他设计资料，与开发公司的项目领导、工程技术人员达成一致后，给出了早期介入工作计划和工作方案，经开发商认可后迅速开展具体工作。项目组在早期介入的一年中，立下“两会一单”制度，坚持参加开发商的项目专题会议和工程例会，从保障业主（或使用人）的未来利益、有利于物业销售和售后物业管理的角度出发，先后发出工作联系单 25 张，对工程建设中的各种问题提出意见和建议 71 条，既提高了工程质量，又降低了工程成本，还从根源避免了大量事后难以弥补的问题。另外，项目组还配合开发商拟制了《住宅使用说明书》、《住宅质量保证书》、《住宅使用公约》、《业主手册》、《前期物业管理服务委托合同》等大量的文件，组织策划了《前期物业管理总体方案》、《业主入伙实施方案》、《物业管理处筹建方案》、《物业管理各项费用预算》等准备工作。

试分析物业管理早期介入的重要性和必要性。

分析： 物业管理的早期介入给开发商、物业服务企业和业主带来的好处都很多。

第一，开发商在开发建设中需要一个好参谋，特别是需要听取熟知其产品、能反映产品使用人需求的物业服务企业的意见，从而很好地完善自己的产品、降低开发建设成本及促进产品销售。第二，开发商在开发建设中需要一个好帮手，特别需要有专业经验的物业服务企业，协助其解决建设过程中发生的问题，如工程监理、设备选型与安装、业主入伙、售后服务和工程遗留等问题。第三，开发商需要一个事业上的好朋友，即好的合作伙伴，使其集中精力做大事业，开发销售更多更好的楼盘。第四，物业管理的早期介入对物业服务企业非常重要。通过早期介入，物业服务企业可以从业主的立场，尽早地了解工程项目的客观情况，促使开发商纠正设计施工中大量的不当之处，避免物业销售、使用和管理过程中出现的问题。第五，物业服务企业可以及时做好业主入伙与前期物业管理的准备工作，实现物业管理服务的高起点、高标准，使广大业主受益颇多。

任务二　前期物业管理

任务描述

王某是一位刚刚走上物业管理工作岗位的从业人员，希望搞清楚前期物业管理与早期介入及一般物业管理的区别，完成前期物业管理的准备工作。

任务分析

本任务要求搞清楚前期物业管理与早期介入及一般物业管理的区别，完成前期物业管理的准备工作，为开展前期物业管理工作奠定基础。

»相关知识

一、前期物业管理与早期介入及一般物业管理的区别

1. 前期物业管理与早期介入的区别

（1）在物业全过程管理中所处的时间段不同。早期介入在物业形成之前；前期物业管理在物业形成之后。

（2）在管理中所处的地位、职能及服务对象不同。在早期介入阶段，物业服务企业在管理中处于辅助地位，以顾问身份出现，对物业的可行性研究、规划设计及建设施工阶段为开发商提供建议；在前期物业管理过程中，物业服务企业在管理中居于主体地位，是面向小区业主提供服务以及对小区物业进行管理。

（3）要达到的目的不同。早期介入是在物业建成前期采取措施，确保建成的物业质量和功能合乎要求，有利于业主使用及以后的物业管理；而前期物业管理是为了保护买房后业主的合法权益，保证物业管理的连续性，为后期物业管理与服务奠定良好的基础。

2. 前期物业管理与一般物业管理的区别

（1）在物业全过程管理中所处的时间段不同。前期物业管理在业主委员会成立之前存在；一般物业管理是从业主委员会同其选聘的物业服务企业所签订的《物业管理合同》生效时开始。

（2）法律关系主体不同。在前期物业管理阶段，是由开发商选聘物业服务企业；在一般物业管理过程中，由业主委员会选聘物业服务企业。

（3）管理内容不同。在前期物业管理过程中，不仅包含一般物业管理阶段的常规性服务，还包括物业共用部位、共用设施设备承接查验，确定物业管理组织机构和相关的管理服务人员，建立健全相应规章制度，办理业主入住手续，进行工程保修处理及装修管理等；一般物业管理是对小区日常事务的常规性管理服务。

二、前期物业管理的准备工作

1. 前期物业管理人员和物资的配备

在确定了物业服务企业以后，物业服务企业已配备了相应的工作人员，并且设置了办公点、投放了一些物资设备，但是各类配备还存在诸多不确定性。

（1）补充物业管理工作人员。

随着前期物业管理工作的展开，首要的就是根据工作内容补充工作人员，并对各岗位工作人员进行强化培训，从而提高服务人员的管理水平和操作技能，形成一个办事效率和服务质量双高的优秀团队。

（2）配备各项物资。

随着前期物业管理的全面展开，物业管理与服务运作所必需的各项物资应逐渐配备到位，主要包括物业管理用房、现代化物业管理计算机系统、安全护卫所需的巡更系统等。

（3）建立健全管理制度。

随着前期物业管理的深入开展，为了给业主提供一个更好的居住或使用环境，围绕着管理与服务的规章制度应不断建立健全，尤其是管理与服务的质量标准体系、客户服务制度、员工的绩效考核体系、岗位责任制度等，从而保证物业管理与服务的健康有序开展。

2. 制定前期物业管理方案

一般来讲，制定前期物业管理方案分为以下两个步骤：

(1) 清楚目标物业的基本情况。目标物业的基本情况主要包括：①目标物业概况资料，主要包括物业类型、建筑类型、公共面积、绿化面积、单元套数及停车位数量等；②设备资料，主要有供水系统、空调系统、电梯系统及防火系统的资料；③各种配套设施的资料，主要是会所、运动场地、雕塑景观等的资料；④绿化水系的资料，主要是有关树、草、花的种类和品种，水系景观面积的大小和档次高低等；⑤业主的资料等。

(2) 制定具体的前期物业管理方案。前期物业管理方案包括的主要内容有：①目标物业概况；②对目标物业管理的整体设想与构思；③前期物业管理模式与组织架构；④管理与服务人员的配备及培训；⑤物业的基础管理（房屋建筑管理和房屋设施设备管理）；⑥物业的综合管理（清洁、绿化、消防、安全和道路车辆管理）；⑦管理方式、运作程序及管理措施；⑧管理指标及工作计划落实；⑨物业管理财务预算、经费支出内容及成本控制；⑩档案建立与管理。

三、相关法律法规知识

为了更好地组织开展前期物业管理工作，要加强《民法通则》、《合同法》、《物权法》、《物业管理条例》、《建设工程质量管理条例》、《住宅建筑设计规范》、《住宅共用部位设备设施维修基金管理办法》等知识的学习。

任务实施

在组织开展前期物业管理工作过程中，首先要能够区分前期物业管理与早期介入及一般物业管理。然后，及时补充物业管理工作人员、配备各项物资和建立健全管理制度。最后，在清楚目标物业的基本情况后，制定具体的前期物业管理方案，并付诸具体的工作实践。

学习评价

本任务的学习评价主要是按照知识目标和能力目标的要求，判断通过本任务的学习是否能够完成前期物业管理的准备工作任务，以便及时、系统、准确地把握重要的学习内容、学习方法、学习过程、学习效果和学习难点，从而解决学习过程中存在的问题。

教学探讨

一、案例分析

某花园小区绿树成荫、空气清新、环境幽雅，首期正式交付使用时，开发商选聘的物业服务企业也正式运作。但因为供电不足，业主的日常生活用水、用电受到影响，电梯不能保证正常运行，对急于要进行装修的业主来说很是不便，特别是住在10层以上的业主更是苦不堪言。小区内公用设施的铺设、走向都是规划好的，但有些设施对业主的生活造成一定的影响，徐女士家阳台外一米远的地方，围了三根粗粗的电话线，将长期影响她正常晾晒衣物。已入住的业主们纷纷到管理处要求解决。管理处应如何解决呢？

分析： 供电不足应该是开发商的责任，与物业服务企业无关，物业服务企业完全可以向业主讲明情况和责任所在，由业主直接找开发商解决，或寻求政府有关部门出面协调解决；电话线影响业主晾晒衣物，是由电话线走向造成，而电话线的走向、铺设是在项目规划设计阶段，由开发商、设计部门、电信部门等部门共同研究确定的，同样与物业服务企业无关，管理处完全可以说明责任，让业主向开发商提出解决要求。但是，物业服务企业应“以人为本”、“一切为了业主”，主动出面为业主进行沟通协调，从而赢得业主的信赖。针对本案例的情况，管理处的负责人应该就供电问题找开发商协调，尽快解决用电用水问题；就电话线问题，管理处应在调查实情后，向电信部门领导反映此事，由电话局对电话线进行迁移。

二、技能训练

某花园小区内设有商务中心、超市、银行、高尔夫球场等，业主的装修一般都比较豪华。入住不久，四楼一位业主向物业管理处报修居室漏水。工程处第一时间到达现场，经检查水是从楼上渗漏下来的，物业管理处经理会同工程人员来到楼上，楼上业主声称可以敲开检查，但如果不是其责任的话，必须将其装修恢复原样。此业主装修的地板、门套、踢脚线悉数采用红木材料，卫生间、厨房间的瓷砖、地砖均是全进口材料。物业管理处该怎么办？

分析： 如果物业管理处贸然开工，但却不能确定责任方，那么后果将很难处理，还极可能造成很大损失。在前期物业管理阶段，物业管理工作人员应详尽了解目标物业的资料，从而对物业进行全方位的把握，当问题出现时尽快找出原因。针对本案例，建议由楼上楼下业主请来装潢公司，由管理处请来房地产发展商及总承包商，由物业管理处进行协调，明确谁有责任谁负责，然后到场各方签订责任书，以书面资料确定。最后，根据建设和装修的施工图纸，对楼上居室进行检查，找出根源进行解决。

拓展训练

某住宅小区的雨水干管垂直贯穿6～28层主人房的阳台板后，从5层阳台顶部弯出墙外连通污水干线，唯一的检修疏通孔就在弯部。要实施检修疏通，必须穿行于5层的居室，这就不可避免地会给主人带来不便，许多业主不愿给予配合。一次，管理处准备对其中一条雨水干管进行清淤。维修人员两次上门联系，都被业主拒之门外。业主认为管道清淤影响了正常生活，管理处应当拿出一劳永逸的方案，并表示要向管理中心反映此问题。请结合本项目知识加以分析。

项目二　物业接管验收

项目概述

本项目分析了接管验收与竣工验收的区别，系统地介绍了楼宇本体硬件设施、公共配套设施和机电设备等接管验收的标准，并分别阐述了新建房屋和物业服务企业更迭时的接管验收程序。本项目包括物业接管验收的标准、物业接管验收的程序两项任务。

任务一　物业接管验收的标准

任务描述

王某是一位物业管理工作岗位的从业人员，公司指派其进行某项目的接管验收工作，王某希望弄清楚物业接管验收与竣工验收的区别，以及接管验收的具体标准，以便顺利完成该项目的接管验收工作任务。

任务分析

本任务要求搞清楚物业接管验收与竣工验收的区别，接管验收楼宇本体硬件设施、公共配套设施和机电设备等必须依据的标准，从而能够顺利完成物业接管验收的工作任务。

相关知识

一、物业接管验收

《物业管理条例》规定：物业服务企业承接物业时，应当对物业共用部位、共用设施设备进行查验。在物业通过招投标方式选择了物业服务企业，并由开发商或业主委员会与物业服务企业签订物业服务合同后，物业服务企业准备进驻物业开展服务之前应当对接管物业的共用部位、共用设施设备进行查验，这也就是所谓的物业接管验收。物业接管验收可以分为新建物业的接管验收和物业服务企业更迭时的接管验收。

新建物业的接管验收，是在目标物业竣工验收合格后，开发商通知中标的物业服务企业准备接管，物业服务企业在业主还未入住前，组织人员对物业进行承接查验。

物业服务企业更迭时的接管验收，是由于原物业管理服务合同到期或其他一些原因，原物业管理服务合同终止，并且物业管理机构更换为新的物业服务企业时，由新的物业管理机构与业主委员会办理物业验收手续后对物业进行的承接查验。

二、物业接管验收与竣工验收的区别

1. 所处阶段不同

接管验收是在竣工验收合格后，物业服务企业在接收开发商移交的新建物业或接收业

主大会委托管理的原有物业时对以主体结构安全和满足使用功能为主要内容的再检验；而竣工验收是在物业及其附属设施设备经过建筑施工和设备安装，达到工程项目设计文件所规定的要求，具备了使用或投产的条件之后，当施工单位向开发商交付手续时，由开发商或专门组织的验收委员会对竣工项目进行的查验。

2. 交接验收主体不同

接管验收是由物业服务企业接管验收开发商或业主大会移交的物业；而竣工验收是由开发商验收施工单位所移交的施工完毕的房地产项目。

3. 验收目的不同

接管验收是在竣工验收的基础上，为了分清管理责任，以主体结构安全和满足使用功能为主要内容的再检验；竣工验收是施工单位在项目建成后，为了物业取得进入市场的资格，对其是否达到设计文件所规定的要求而进行的质量验收。

4. 验收条件不同

接管验收的首要条件是物业已竣工验收合格，并且水、电、暖、卫、路等设施设备都已能正常使用，房屋幢、户编号已经过有关部门确认；而竣工验收的首要条件是工程项目已按设计要求全部施工完毕，设备均已到位。

5. 性质不同

接管验收是企业行为，是物业服务企业代表业主（或使用人）对待管物业进行的全面质量验收；竣工验收既有政府行为，也有企业行为，任何工程项目的竣工交付，都要经过由政府建设行政主管部门负责、由专家和房地产开发公司负责人员组成的综合验收小组，对施工质量进行检验和评定。

三、物业接管验收的标准

接管验收应以《房屋接管验收标准》及业主生活的合理要求为标准。

1. 楼宇本体硬件设施的接管验收标准

(1) 主体结构。房屋的主体构件的变形、裂缝不得超过国际规定的标准；地基沉降不得超过允许的变形值，不得引起上部结构开裂或毗邻房屋的损坏；木结构的结点应牢固、无蚁害，其构件的选材必须符合结构工程施工及验收规范规定，砖石结构必须有足够的强度和刚度，不允许有明显裂缝；凡应抗震设防的房屋，必须达到建筑抗震设计规范的规定；屋面必须符合《屋面工程施工质量验收规范》，排水畅通、无积水、不渗漏，平屋面应有隔热保温措施，3 层以上房屋在公用部位设置检修孔，阳台和 3 层以上房屋的屋面应有组织排水，出水口、檐沟、落水管必须安装牢固，接口严密、不渗漏。

(2) 楼地面层。面层与基层必须粘贴牢固，不空鼓；整体面层平整，不允许有裂缝、脱皮和起砂等缺陷；块料面层应表面平整，接缝均匀顺直、无缺棱掉角，粘贴牢固，色泽均匀一致，无明显色差；卫生间、阳台地面应低于相邻地面 2cm 左右，不应有积水、倒泛水和渗漏。

（3）内墙面。抹灰面必须平整，面层涂料均匀、无漏刷，无面层剥落，无明显裂缝，无污渍，色泽均匀一致，对缝砂浆饱满，线条顺直；块料面层粘贴牢固，无缺棱掉角。

（4）门、窗。门要开启自如，无晃动和裂缝，零配件齐全，位置准确，无翘曲变形；门锁、窗销连接牢固，开启灵活；玻璃安装牢固，胶封密实，无明显刮花痕迹，无损伤；油漆均匀，色泽光亮、新鲜、完整；电子防盗门通话清晰、完好，无锈迹；不锈钢防盗门光洁，线条顺直，对缝严密、牢固；高档装饰装修完整。

（5）楼梯。钢木楼梯要求安装牢固、无锈蚀、弯曲，油漆完好、色泽均匀，表面光滑；扶手无裂缝，无表皮剥落。

（6）给排水系统。给水管道安装牢固，接口密实，无渗漏、锈迹，流水畅通，有足够压力；地漏、排水管道安装牢固，配件齐全，接口密实，无渗漏现象，无堵塞，排水通畅，完好无损。

（7）电器系统。电器线路安装应平整、牢固、顺直，过墙应有导管，导线必须紧密；电器插座安装牢固，符合“左零右火”规定，电源已接通正常；有线电视已开通的要收视良好；水表、电表、燃气表要安装牢固，读数正常，无损伤。

2. 公共配套设施的接管验收标准

除了楼宇门牌、楼栋号牌安装牢固、标识清楚，路灯、装饰灯安装牢固、完好无损、工作正常，灯柱安装牢固、油漆完好，信报箱安装牢固、完好无损、标识清楚、表面平整光洁等外，对于道路、室外消防栓、绿化、保洁、保安设施、车辆停放设施等有更详细的标准。

（1）道路。要求路面平整，无水泥块，无起砂、断裂；路牙石砌筑整齐、灰缝饱满，无缺角损伤；块料面层拼砌整齐，平整牢固，无明显裂缝、缺棱掉角；交通标识线、路牌清楚完好。

（2）室外消防栓。消防箱标识清楚，玻璃完好；消防设施配件齐全；消防管安装牢固，标识明显，阀门完好，水压充足。

（3）绿化。绿化要符合设计要求，不缺株少苗，无死株，无大面积杂草；绿化水管布局合理，阀门开关灵活，安装稳固。

（4）保洁。垃圾中转站密封完好，外表装饰完整，泥沙完好，使用方便；化粪池排水畅通，池壁无裂缝，池内无杂物。

（5）保安设施。保安岗亭安装牢固，配件齐全，标识清晰，完好无损；保安道闸安装牢固，开启灵活，标识清楚，完好无损。

（6）车辆停放设施。停车场地面平整，照明充足，标识清楚，安全设施良好，排水设施通畅；单车、摩托车棚安装牢固，照明充足，标识清楚，安全防护和排水设施良好。

3. 机电设备的接管验收标准

（1）电梯。电梯设备的型号、数量要与移交清单相符，运行平衡，安装符合规范；有电梯运行准运证；机房设置合理，配件安全，标识清楚，表面光洁、平整、明亮。

（2）变配电设备。变配电设备的型号、数量要与移交清单相符，工作状态良好，安全防护装置齐全，标识清楚，机房配置齐全，通风采光效果良好，设备表面油漆完好无损伤。

（3）中央空调设备。中央空调设备的型号、数量要与移交清单相符，工作性能达到设计指标，配置齐全，标识清楚，机房通风、采光、降温效果良好，设备表面油漆完好无损伤。

（4）发电机。发电机设备的型号、数量要与移交清单相符，设备安装牢固，工作状态良好，配件齐全，机房的隔音、防护、设置完好，通风、采光效果良好，设备表面油漆完好、无损伤。

（5）消防监控设备和保安监控设备。消防监控设备和保安监控设备的型号、数量要分别与移交的清单相符，设备安装牢固，工作性能良好，反应敏捷，标识清楚，表面完好无损，机房要干燥，通风、采光效果良好。

（6）给排水设备。给排水设备的型号、数量要与移交清单相符，安装牢固，工作状态良好，标识清楚，表面的油漆完好无损，无渗漏现象，机房配置完整。

四、相关法律法规知识

为了更好地完成物业接管验收工作，要加强《物权法》、《消防法》、《物业管理条例》、《房屋接管验收标准》等知识的学习。

任务实施

物业管理人员应参与物业接管验收工作，清楚物业接管验收与竣工验收在所处阶段、交接验收主体、验收目的、验收条件和性质五个方面的区别，能够按照《房屋接管验收标准》及具体细则完成物业接管验收工作任务。

学习评价

本任务的学习评价主要是按照知识目标和能力目标的要求，判断通过本任务的学习是否能够完成物业接管验收工作任务，以便及时、系统、准确地把握重要的学习内容、学习方法、学习过程、学习效果和学习难点，从而解决学习过程中存在的问题。

教学探讨

一、案例分析

某住宅小区是A开发商新开发的项目，作为建设单位的开发商依法聘请了B物业公司进驻小区提供物业管理服务。物业公司为了全面了解小区物业情况，以便更好地为小区业主服务，一直要求开发商将相关的物业资料移交过来，及时进行承接验收。但A开发商一直没有答复，B公司经过多次催促未果。建设单位是否应当将相关资料移交给物业公司？

分析： 物业接管验收，是物业服务企业在承接物业时，进行以物业的主体结构安全和满足使用功能为主要内容的再检查，同时接受图纸、说明文件等物业资料，从而着手实施物业管理。我国《物业管理条例》第28条规定：物业服务企业承接物业时，应当对物业共用部位、共用设施设备进行查验。第29条、37条、39条规定了在办理物业接管验收手续时，建设单位有向物业服务企业移交有关物业的资料的义务；物业服务企业应当在前期物业服务合同、物业服务合同终止时将这些资料移交给业主委员会；业主委员会在业主大会选聘新的物业服务企业后，需要向新的物业服务企业移交这些资料。第59条规定了拒不移交资料的行政责任。针对本案例的情况，作为建设单位的开发商没有移交相关的物业资料，此举显然违反了我国《物业管理条例》第29条的规定，应依照《物业管理条例》第59条的规定，承担行政责任，给相关主体造成损失的，还应依法承担民事赔偿责任。

二、技能训练

A公司建设了一座涉外商务大厦，由于自身不具备直接管理大厦的经验和能力，便聘用E公司负责项目的物业管理工作。由于E公司在实际管理运作中经常偷工减料，对管理成本进行非正常压缩，造成客户大量投诉，大厦形象受到影响。所以，A公司决定提前一年终止委托合同，自己组建机构接管。项目交接时双方分别就项目现状进行了逐项检查和记录，在检查到空调机组时，因正值冬季，环境温度无法达到开机条件，粗略看过机房后，接收人员便在"一切正常"的字样下签了名。春夏之交，在进行空调运行准备过程中发现，由于E公司对机组的维护保养工作做得很差，造成部分机头无法启动，不得不更换部分零件。E公司要求A公司支付双方约定的提前终止委托管理的补偿费用，而A公司则认为E公司在受委托期间未能正常履行其管理职责，造成设备受损，补偿费用要扣除相当部分。

分析： 物业项目的接管验收工作务必认真仔细，签署验收意见一定要慎重小心，签名盖章要斟酌再三。针对本案例，A公司的失误在于空调机组验收时没有进行开机运行，如果当时不具备开机条件，则应标注存疑。A公司可与E公司共同签署一份"终止委托物业管理协议"，在对"遗留问题备忘录"予以签署确认后，该协议方能生效，这样A公司在发现空调机组存在问题后可作以补充，维护自身的权益。

任务二　物业接管验收的程序

任务描述

王某是一位物业管理工作岗位的从业人员，将参与××楼盘的接管验收，希望搞清楚物业接管验收的程序。

任务分析

由于按照交接和验收主体的不同，物业接管验收可以分为新建物业的接管验收和物业服务企业更迭时的接管验收，因此，本任务要求搞清楚新建房屋和物业服务企业更迭时的接管验收程序。在接管验收时，要根据接管物业的不同完成相应的工作任务。

相关知识

一、新建房屋的接管验收程序

1. 开发商书面提请中标的物业服务企业进行接管验收

物业竣工综合验收合格后，开发商在书面提请中标的物业服务企业进行接管验收的同时，还应当根据接管验收条件将物业竣工验收合格的证明、基础设施设备正常使用的证明及房屋幢户编号登记表等资料一并送交中标的物业服务企业。

2. 物业服务企业接管验收的准备

当物业服务企业接到开发商通知接管验收目标物业后，一方面，应当按照房屋接管验收的条件对开发商所提交的资料进行逐项审核，对符合条件的，应在 15 日内签发验收通知并约定验收时间；另一方面，物业服务企业还应当组建物业接管验收小组，做好接管验收前的计划制订、资料准备和设备工具准备，制订出一个合理的接管验收实施方案，准备好相关设施设备和公共部位建设质量的规范文本、物业接管验收流程及接管验收时要填写的记录表格等资料，并根据目标物业的具体类型和特点准备齐全所需要的检验设备和工具。

3. 物业服务企业会同建设方对物业资料进行验收移交

按照《物业管理条例》，在办理物业承接验收手续时，建设单位应当向物业服务企业移交下列资料：①物业的产权资料；②竣工验收资料；③物业基础资料；④施工设计资料；⑤业主资料。

4. 物业服务企业会同开发商对物业的质量和使用功能进行查验

在对物业资料验收移交后，物业服务企业必须会同开发商对物业的共用部位、共用设施设备、绿化工程、其他公共配套设施等的质量和使用功能进行查验。查验方式主要是采取目视、触摸等的观感查验，通过启用设施设备直接查验安装质量和使用功能的使用查验（如卫生间的闭水试验），以及通过运用仪器、仪表、工具等进行测量的检测查验。在查验过程中，物业服务企业应将物业共用部位、共用设施设备的验收结果记录到相应的登记表中。

5. 物业服务企业将接管验收中所发现的问题汇总并提出建议

物业服务企业整理所有的物业接管验收登记表，对记录的内容进行分类归纳，将接管验收中所发现的问题整理齐全提交给开发商确认，并办理确认手续。

6. 开发商对问题进行解决处理

开发商与物业服务企业签订交接查验单，并对物业服务企业接管验收中所发现的问题进行积极处理，对资料验收中发现不完整、不真实及不合格的资料，开发商应尽快补充完善；对物业硬件设施、设备中遗留的问题，一般问题开发商应当在两周内解决，重大问题开发商应当在一个月内解决或给予积极的回应。

7. 物业移交接管

开发商将所有问题处理完毕，物业服务企业要对这些问题进行再次验收，如果再次验收合格，则物业服务企业签署接管验收合格证明，并签发正式接管文件；反之，开发商应对遗留的问题进行再次研究处理。

二、物业服务企业更迭时的接管验收程序

物业服务企业的更迭通常是由于原物业服务企业与业主大会签订的合同到期，也可能是由于其他原因导致业主大会提前终止由开发商所签订的物业管理服务合同，另聘请新的物业服务企业。在新的物业服务企业与业主大会签订了物业管理服务合同之后，就应该组建物业接管验收的团队，准备接管验收时需要的资料和工具，并对目标物业的软件和硬件进行接管验收。物业服务企业更迭时的接管验收与新建物业的接管验收有相同的环节，但也有其特殊的方面。

1. 准备的资料

同接管新建物业要准备国家颁布的相关设施设备、公共部位建设质量的规范文本不同的是，物业服务企业更迭时的接管验收要准备好国家颁布的相关设施设备、房屋共用部位质量保证的规定，而且要结合物业的具体情况设计新的接管验收登记表。

2. 验收移交的物业资料

除了验收移交新建物业接管验收中所涉及的资料，物业服务企业更迭时还要对原物业服务企业在管理过程中产生的重要质量记录、业主入住资料、房屋装修资料、管理资料、人事档案资料、各项运营费用与收支情况、原物业服务企业的经济运行情况、原物业服务企业与水电通信等市政管理单位所签署的协议等资料进行接管验收。

3. 移交主体

物业服务企业更迭时的移交工作分为两个层次。首先，业主大会与原物业服务企业解除物业管理服务合同，原物业服务企业向业主大会或产权单位移交物业；然后，业主大会与新的物业服务企业签订新的物业管理服务合同，业主大会或物业的产权单位向新的物业服务企业移交物业。

三、相关法律法规知识

为了更好地完成物业管理的接管验收工作，要加强《民法通则》、《合同法》、《物权法》、《消防法》、《招标投标法》、《物业管理条例》、《建设工程质量管理条例》、《前期物业管理招标投标管理暂行办法》、《房屋接管验收标准》等知识的学习。

任务实施

让物业管理人员王某参与新建房屋的接管验收和物业服务企业更迭时的接管验收工作，以便清楚接管验收工作的程序和内容，顺利完成物业的接管验收工作。

学习评价

本任务的学习评价主要是按照知识目标和能力目标的要求，判断通过本任务的学习是否能够完成物业接管验收工作任务，以便及时、系统、准确地把握重要的学习内容、学习方法、学习过程、学习效果和学习难点，从而解决学习过程中存在的问题。

教学探讨

一、案例分析

由于原物业服务企业不履行前期物业管理服务合同，某小区业主委员会成立后，经过召开业主大会，并得到2/3的赞同，决定终止前期物业管理服务合同，重新选聘物业服务企业。经过招投标程序，业主委员会与××物业服务企业于2004年1月15日签订《物业管理服务合同》，约定由××物业服务企业对该小区进行物业管理，合同期为2004年2月1日起至2006年1月31日止。××物业服务企业依约前往接管小区、履行合同时，原物业服务企业却不肯办理移交，致使合同无法履行。几天后，业主委员会发现原物业服务企业悄然撤离了，而小区近百平方米的物业管理用房却大门紧锁，致使××物业服务企业只好暂用业主委员会办公点开展工作。业主委员会找到原物业服务企业要求归还物业管理用房，并移交全部资料，不料原物业服务企业却声称这套物业管理用房的产权还是开发商的，由开发商处理，全部资料是由自己收集整理的，没有义务移交给新的物业服务企业。

分析： 本案例业主委员选聘物业服务企业的过程是符合现行《物业管理条例》要求的。业主委员会与××物业服务企业签订的《物业管理服务合同》形式合法，内容也未违反国家法律和行政法规的禁止性规定，是合法有效的。原物业服务企业应按原合同要求，履约解聘，与××物业服务企业做好项目移交工作。原物业服务企业作为该小区前期物业服务企业，至业主委员会与其选聘的物业服务企业签订的物业管理服务合同生效时，前期物业管理服务合同即告终止，继续占有相关物业管理资料和物业管理用房是非法行为。

虽然原物业服务企业拒绝交接的行为是非法的，但接管项目的新物业服务企业也不可强行要求原物业服务企业进行移交。这是因为业主委员会与原物业服务企业签订的物业管理服务合同，同与新物业服务企业签订的物业管理服务合同都是各自独立的法律关系，两者之间不存在连带关系，原物业服务企业与新物业服务企业不存在合同法律关系。因此，新物业服务企业在遇到原物业服务企业拒绝移交的情况时，应要求业主委员会出面协调，解决矛盾。

关于本案例中物业管理用房问题，根据《物业管理条例》规定，物业管理用房的所有权属于全体小区业主，不是属于开发商的，开发商无权处理物业管理用房。面对这种问题，业主委员会应查明该物业管理用房的标注。如果该物业管理用房确系开发商所有，业主委员会可以提请房地产登记部门给予产权异议登记，以尽快和开发商一起把物业管理用房的产权从开发商的大产权证转到业主大会的名下。

根据《物业管理条例》的规定，业主委员会可以先把此情况向房地产行政主管部门反映，由房地产行政主管部门通过调解解决；若协商不成，可以经业主大会同意，代表全体业主向人民法院提起诉讼。

二、技能训练

M公司是全球著名的跨国集团公司，应董事会的要求，决定迁出由K公司经营管理的商务大厦。在完成了搬运文件和家具的工作之后，应K公司的要求，M公司的主管人员与K公司的管理部门一起检验了M公司原租用的区域，K公司负责人在交验单上标注了一连串“正常”字样，M公司主管在交验单上签字并离开（没有要求K公司签字盖章并留取一份存档）。K公司负责人将交验单拿给主管领导审核后受到严厉批评，因为在交验过程中，只是按照固定表格简单审核，而未根据原租区的装修情况进行逐项记录，而在双方所签订的租赁合同中，租区恢复责任的实际情况未能予以有效记载。

因此，K公司随即采取了补救措施，以表单格式错误为由将原表格销毁，立即着手根据真实情况重新整理出了一份租区现场交验记录，并于次日将记录送达M公司新办公地址，而M公司主管人员因去外地休假无法处置，K公司于次日发出传真，要求M公司尽快确认并签署有关交验记录文件，在未得到回复的数日后，K公司再次以书面形式发文催促，并声明如果由此而导致租区不能按时出租将追究M公司相应的赔偿责任，这一次K公司派人将文件直接送达并要求对方签收，M公司在K公司要求的时限内仍然未予回复。大约一个月后M公司才将文件签返，并就退还租金押金事宜与K公司发生争议。如何处理？

分析： 在本案例中，租区交验记录及其相关文件成为K公司谈判的重要砝码之一。K公司在被动情况下，立即采取应变措施，实现了变被动为主动。M公司则对含有法律意义的文书重视不够，庞大的公司机制致使内部信息交流的速率较慢。K公司可依据租区交验记录进行谈判。

拓展训练

某小区的物业公司是开发商的全资子公司。在承接物业进行管理中，开发商遗留下一系列的问题，如：开发商将小区的底层机房改造成为保安宿舍、没有预留足够的会所和物业管理办公面积等，造成了诸多的问题。业主将开发商的遗留问题归结到物业公司身上，以至于业主与物业公司的矛盾愈演愈烈，甚至要解聘物业公司。这种情况如何解决？

项目三　物业入伙与装修管理

项目概述

本项目对物业入伙和物业装修管理的流程进行了详细的介绍，列举了物业装修管理的有关规定。本项目包括物业入伙、物业装修管理两项任务。

任务一　物业入伙

任务描述

王某是一位物业管理工作岗位的从业人员，将参与某住宅小区的业主入住手续的办理，希望搞清楚物业入伙的具体工作，以便顺利地完成物业入伙服务的工作任务。

任务分析

本任务要求在搞清楚物业入伙服务流程的基础上，完成办理业主入住手续工作任务。

相关知识

一、物业入伙

物业入伙又称为业主入住，就是业主领取钥匙，收房入住。当物业服务企业的验收与接管工作完成以后，物业具备了入伙的条件，物业服务企业就应当按照程序进入物业的入伙手续办理阶段。物业服务企业应根据物业的实际情况，制定详细的入住服务流程，做好入住手续办理的准备工作，及时将入伙通知书、入伙手续书、收楼须知、收费通知书一并寄给业主，以方便业主按时顺利地办好入伙手续。为了入伙手续办理及日后管理工作的顺利进行，物业服务企业应注意以下几个关键性问题：

1. 实行一站式服务

开发商、物业服务企业和相关部门集中办公，为业主办理各项入伙手续实行一站式服务，方便业主办理有关入住手续。

2. 合理安排业主入伙的服务时间

根据入住者的实际情况，在广大业主集中办理入伙手续阶段，可采用弹性工作方式，如提早开门迎客、推迟下班延长服务时间。

3. 张贴入住公告及入伙流程图

在办理入伙手续的现场，应在显要位置张贴入住公告及物业入伙手续办理流程图（如图 1—1 所示），从而方便业主了解掌握入伙流程及注意事项，高效高质地办理入伙手续。

一、接待处 （××房地产开发有限公司）

1. 请到开发公司财务部缴交煤气管道初装费、可视对讲与防盗门安装费、家庭智能化系统安装费；

2. 核对《认购书》、《商品房买卖合同》（或《购房借款合同》）原件；

3. 核对购房应缴款项的发票或收据（包括购房款及相关税费）；

4. 核对业主身份证明及收取复印件；

5. 发出《收楼证明书》。

↓

二、签约处 （××物业管理有限公司）

1. 复核《收楼通知书》、《收楼证明书》，并归档；

2. 验收《商品房买卖合同》原件；

3. 核实业主本人身份证、委托证明等相关资料原件，并归档；

4. 填写《业主住户家庭档案登记表》、《住户证申请表》等资料；

5. 签署《物业维修资金专用账户委托书》，领取物业服务企业代开设的存折；

6. 签署《住户手册》、《防火协议书》等文件；

7. 发放相关资料。

↓

三、收款处 （××物业管理有限公司）

1. 核对存折持有人的身份证原件；

2. 收取或代收水电费周转基金、装修保证金、有线电视安装费、物业维修资金、预收3个月的物业管理费。

↓

四、收楼处 （××物业管理有限公司）

1. 请业主签署《收楼确认书》等资料，签字领取钥匙；

2. 由工作人员带领看楼，确认水电、煤气表读数，记录需要修缮的遗漏工程；

3. 若有遗漏工程及其他特殊情况，请业主填写《钥匙托管记录表》后留下钥匙，由物业服务企业负责跟进或保管。

图 1—1 物业入伙手续办理流程图

4. 做好协助工作

安排专业小组负责业主办理入伙手续时的各类咨询引导，避免入伙现场出现拥挤的局面，从而保证收楼入住工作的有序进行；注意安全保卫，入住期间不仅有室内手续办理，还要进行现场验房等流程，有些现场施工还未完结，而且现场人员混杂，因此要特别注意业主的人身和财产安全。

二、入伙服务的流程

在提供入伙服务时，物业服务企业应制定详细的入住服务流程，做好入住手续办理的准备工作，提供优质的入住服务，同业主进行有效的沟通，做好入住宣传以及入住手续文件的办理工作。物业入伙服务流程如图 1—2 所示。

物业服务企业为入伙服务做准备 → 发出收楼通知 → 办理入住手续 → 验楼与收楼

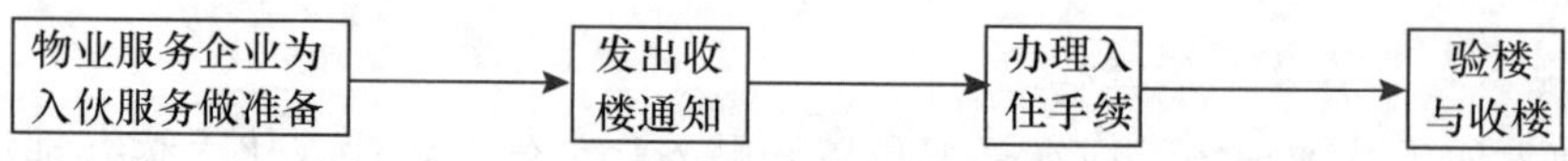

图 1—2 物业入伙服务流程图

1. 物业服务企业的准备工作

收楼是物业服务企业服务业主的开端，是入伙服务中真正意义的第一次与业主接触。因此，物业服务企业必须充分做好入伙前的准备工作。

(1) 对收楼中的工作人员进行分组培训。

物业服务企业应首先对工作人员进行分工，根据员工对收楼工作的熟练程度和仪容仪表，可分成接待组、收楼工程组和咨询组；然后分组对员工进行培训，咨询组和接待组要了解入伙服务的整个流程及物业的基本情况，收楼工程组要熟悉建筑的设计图纸，做到能详尽回答业主关于建筑设计方面的问题。

(2) 准备入伙过程中所涉及的各类文件。

在入伙过程中要签署和派发大量的文件，为此，物业服务企业应当会同开发商提前准备好此类文件，主要包括《入伙通知书》、《收楼须知》、《缴款通知书》、《入伙手续书》、《业主信息登记表》、《物业入伙验楼单》、《物业入伙交接书》、《临时管理规约》、《业主手册》、《房屋保修手册》、《物业装修须知》等。

2. 发出收楼通知

由物业服务企业在收楼前通过挂号信将《入伙通知书》、《收楼须知》、《缴款通知书》邮寄给业主，告知具体的收楼时间及必须携带的资料。

3. 办理入住手续

业主按照《入伙通知书》规定的时间携带必要的资料到达入伙手续办理现场，由接待人员向业主介绍入伙手续办理细节，发放入伙手续办理流程指引和《入伙手续书》，业主按照《入伙手续书》办理相应的手续。

4. 验楼与收楼

业主办妥《入伙手续书》前三项手续后，来到物业服务企业的客户服务中心，由验楼工程组人员带领业主去单元验楼，并在《物业入伙验楼单》上做详细记录。业主同意收楼后，回到客户服务中心签署《物业入伙交接书》和《临时管理规约》，填写《业主信息登记表》，物业服务企业向业主发放钥匙、《用户手册》、《物业装修须知》和《房屋保修手册》等。

三、相关法律法规知识

为了更好地提供物业入伙服务，避免异议和纠纷的出现，要加强《民法通则》、《合同法》、《物权法》、《物业管理条例》、《住宅共用部位设备设施维修基金管理办法》、《物业服务收费管理办法》、《物业服务收费明码标价规定》等知识的学习。

任务实施

物业管理人员组织开发商、物业服务企业和相关部门集中办理物业入住手续，安排提供入伙服务的时间，并在办理入伙手续的现场，在显要位置张贴物业入伙公告及业主入伙手续办理流程图，方便业主了解掌握入伙流程及注意事项，高效优质地提供入伙手续办理服务。

学习评价

本任务的学习评价主要是按照知识目标和能力目标的要求，判断通过本任务的学习是否能够完成物业入伙的工作任务，以便及时、系统、准确地把握重要的学习内容、学习方法、学习过程、学习效果和学习难点，从而解决学习过程中存在的问题。

教学探讨

一、案例分析

某小区的刘先生，在购房时开发商承诺物业管理费为 1 元/m^2 和免交初始两年的物业管理费，并把这些承诺写进了购房合同中。但在办理入住手续时，物业服务企业要求刘先生按前期物业管理服务合同约定的 1.2 元/m^2 的标准缴纳前三个月的物业管理费，刘先生对此提出异议，向物业服务企业出示了购房合同，并以免交初始两年的物业管理费的条款为依据拒绝交纳。物业服务企业向刘先生解释说这是依据国家收费标准和前期物业管理服务合同约定收取物业管理费的，与开发商的购房合同无关，开发商的承诺不能算数。于是刘先生找开发商协调解决，但却与开发商沟通不成，刘先生提出如果物业服务企业不为其办理入住手续，他将向有关部门进行投诉，并通过新闻媒体对此事予以曝光。刘先生的举动得到了现场许多业主的支持，致使入住工作难以继续进行。

分析： 物业服务企业的解释是正确的。

首先，物业管理与房屋买卖是两种独立的法律关系。房屋买卖当事人一方是开发商，另一方是购房者，双方是买卖合同关系；而物业管理当事人一方是物业服务企业，另一方是业主（业主委员会），双方是服务合同关系。这两种合同是独立的、有区别的。而物业管理费用的收取标准、服务内容等，实际上就是物业管理法律关系中的种种权利、义务和责任，这些要具体体现在物业管理服务合同中，一般是由业主（业主委员会）与物业服务企业通过物业管理服务合同约定的。但是，由于前期物业管理的特殊性，根据《物业管理条例》的有关规定，包含有物业管理费用的收取标准、服务内容等的前期物业管理服务合同是由开发商与其选聘的物业服务企业约定的。

如果开发商在房屋预售时为增加销售卖点而承诺减免物业管理费，就必须与物业服务企业进行相关的约定，确定物业管理服务的内容、方式、收费等事项的优惠政策，但必须得到物业服务企业的同意。开发商在售楼时，要对前期物业管理中的这些优惠政策做出必要的说明，并出示物业服务企业授权其作出优惠承诺的授权委托书，以方便广大购房者进行综合的比较、选择。需要强调的是，开发商对业主在物业管理费方面的优惠承诺应以其与物业服务企业签订的前期物业管理服务合同为依据。如果开发商为了促销而就物业管理服务内容、方式、收费等事项对业主做出口头的优惠承诺，或没有得到物业服务企业的同意而与购房者签订约定相关条款，则对物业服务企业没有约束力；如果开发商向购房者出示了物业服务企业授权其作出优惠承诺的授权委托书，则开发商在其授权范围内所做的优惠承诺就是物业服务企业的承诺，对物业服务企业具有约束力，物业服务企业必须在其管理服务的有效期内兑现其承诺；如果开发商的书面承诺并不涉及物业服务企业的权利与义务，例如开发商承诺为业主代缴一定期限内的物业管理费，应该也是合法有效的。

其次，本案例中关于物业管理费的收取标准，物业服务企业出示的前期物业管理服务合同与业主出示的购房合同出现了不一致的情况。按照物业管理的法律主体关系看，物业管理服务合同具有服务合同的属性，物业管理费的收取标准，应以物业管理服务合同为依据，购房合同属于买卖合同，载有开发商关于物业管理费优惠政策承诺的买卖合同对物业服务企业来讲无任何法律效用。

本案例中，业主在购房合同中应享受的物业管理费优惠政策未能兑现，其责任在开发商，业主可以投诉开发商虚假承诺，追究其违约责任。业主如办理入住手续，就应按前期物业管理服务合同中关于物业管理费的收取标准交纳物业管理费。

防患于未然，物业服务企业在办理入住前，应全面了解入住时需要的相关书面文件，尤其是开发商在售楼时的各类促销优惠政策，要仔细阅读前期物业管理服务合同与购房合同，并进行认真比较，找出开发商售楼促销优惠政策、购房合同与物业管理法规政策相抵触的内容，以及与物业管理服务合同的不同点。在此基础上，认真思考对策，设计业主入住时的宣传重点，主动向业主宣传物业管理的法规政策，使业主能够明确业主、开发商与物业服务企业各自的权利、义务和职责，对物业服务企业工作多一分理解，减少入住工作环节不必要的麻烦。针对本案例中的情况，如果物业服务企业能提前掌握物业管理服务合同与购房合同在物业管理费上的差异，就可以一方面与开发商进行沟通，一方面提前印制有关的宣传材料，向业主讲清收取物业管理费的依据，保证入住工作的顺利进行。

二、技能训练

李先生接到开发商与物业服务企业办理入住手续的通知，立即赶来办理入住手续。但是在办理过程中，物业服务企业要求李先生一次性交纳一年的物业管理费。李先生对此表示不理解，拒绝交付。物业服务企业就宣布，停止李先生入住程序的办理，不交付李先生所购房屋的钥匙。

分析： 案例中，业主接到开发商与物业服务企业办理入住手续的通知，并在入住手续办理过程中已进入交纳物业管理费程序，这说明业主已完全履行房屋买卖合同中的义务，具备了入住资格，自然，开发商就应该履行其向业主交付房屋的义务。所谓入住手续的办理，就是业主领取钥匙，收房入住。一般来说，开发商在选聘物业服务企业时，就会授权委托物业服务企业来代理履行交付房屋。物业服务企业作为代理交付房屋的机构，只是替开发商完成交付房屋事务。本案例中，物业服务企业停止李先生入住程序的办理，且不交付李先生所购房屋钥匙的做法，显然是不合法的行为。从法律角度讲，房屋买卖关系与物业管理服务关系是两种相对独立的法律关系，不能互相混淆。对于物业管理费，一次性收取多少各地有不同规定，基本是按月收取，经约定可以预收，但预收期限不得超过 3 个月，案例中物业服务企业预收一年物业管理费的做法，也是不符合行业惯例要求的，李先生的拒绝是有道理的。

任务二　物业装修管理

任务描述

王某是一位物业管理工作岗位的从业人员，希望搞清楚物业装修管理的有关规定，以及提供装修管理服务的流程，以便能够胜任物业装修管理的工作任务。

任务分析

本任务要求搞清楚物业装修管理的有关规定和物业装修管理服务的流程，保证装饰装修工程的质量和安全，维护公共安全和公众利益。

相关知识

一、物业装修管理的有关规定

目前，我国物业服务企业进行物业装修管理所依据的有关法律法规主要有：《物业管理条例》、《建筑装饰装修管理规定》和《住宅室内装饰装修管理办法》等。物业服务企业应当根据有关规定完善物业装修的申报管理程序，告知业主装修工程的禁止行为和注意事项，明确装修范围、时间、垃圾的处理及装修人员的管理办法等，依法进行管理。

1．物业装修管理要求

（1）业主注意事项。

业主在进行物业装修时应注意以下事项：未经城市规划行政主管部门批准，不得搭建建筑物、构筑物；未经城市规划行政主管部门批准，不得改变住宅外立面，不得在非承重外墙上开门、窗；未经供暖管理单位批准，不得拆改供暖管道和设施；未经燃气管理单位批准，不得拆改燃气管道和设施；未经物业服务企业同意，不得随意改动水、电管线的走向，不得擅自封闭后阳台；不得拆改房屋的墙、柱、梁、楼板等主体结构构件，不得损害公共部位和设施；不得凿穿地面和房顶的水泥层；如果室内装修超过设计标准增加楼面荷载的，应当经原设计单位或者具有相应资质等级的设计单位提出设计方案；如果要改动卫生间、厨房间的防水层，应当按照防水标准制定施工方案，并做闭水试验；按照物业服务企业的要求，空调器安装在指定位置；高层住户装修不得使用载人电梯装运建材、木料、工具等物品；装修垃圾必须及时清运，倾倒到指定的地点，严禁向窗外、阳台外、楼梯、过道、天台等公共场所抛撒堆放。

（2）装修施工队注意事项。

装修施工队应注意以下事项：未取得建筑装饰装修资质证书不得进行建筑装饰装修设计、施工，或是承包超过资质等级许可范围的装饰装修工程；必须按照工程建设强制性标准和其他技术标准施工，不得使用不符合国家标准的装饰装修材料，一定要保护环境和确保装饰装修工程质量；应当遵守施工安全操作规程，按照规定采取必要的安全防护和消防措施，不得擅自动用明火和进行焊接作业，保证作业人员和周围住户及其财产的安全；应当到物业服务企业办理临时出入证，将临时出入证佩戴在胸前，并在指定区域内活动。

（3）物业服务企业注意事项。

物业服务企业应注意以下事项：在装修管理中不得乱收费，不得违规；在发现业主或装修施工队有违反相关管理规定的行为，一定要及时处理，或向有关部门汇报。

2. 押金与保证金

业主在装修前必须向物业服务企业交付一定的装修保证金；装修施工队在办理临时出入证时，必须向物业服务企业交付一定的押金。装修施工结束后，由物业服务企业派专业技术人员对装修工程进行检查，如无违反相关规定，没有对他人人身和财产及公共场地、设施设备等造成损害的，物业服务企业将如数退还保证金和押金。

3. 相关责任界定

（1）业主的责任。

当业主在物业装修过程中没有严格遵守物业装修管理要求中“业主注意事项”时，物业服务企业应给予警告、限期改正或责令停止施工等处罚，若业主拒不改正或无法制止时，要立即向业主委员会报告，共同出面制止业主的违法装修行为，如果业主委员会还未成立，则要书面向房地产管理部门报告（如《违法装修情况报告书》），由此造成的损失由业主承担，属于装修施工队责任的，业主可以向装修施工队追偿。

（2）装修施工队的责任。

当装修施工队在物业装修过程中违反了物业装修管理要求中“装修施工队注意事项”时，由物业服务企业采取责令整改或停止施工等措施，必要时报房地产管理部门给予处理，所造成的损失由装修施工队承担。

（3）物业服务企业的责任。

当物业服务企业在物业装修过程中没有严格执行物业装修管理要求中“物业服务企业注意事项”时，房地产管理部门要给予物业服务企业警告，并可按装修管理服务协议约定的装修管理服务费处以一定倍数的罚款，给业主造成损失的，物业服务企业应赔偿损失，构成犯罪的，由司法机关依法追究其刑事责任；物业服务企业工作人员不履行管理义务、玩忽职守的，由物业服务企业给予处分；有关行政管理部门的工作人员在接到物业服务企业对业主或装修施工队违法行为的报告后，若未及时处理造成不良后果的，依法给予行政或刑事处分。

二、物业装修管理服务流程

前期物业管理阶段的一般装修管理工作流程如图 1—3 所示，图 1—4 为某物业服务企业前期物业管理阶段装修管理服务流程图。

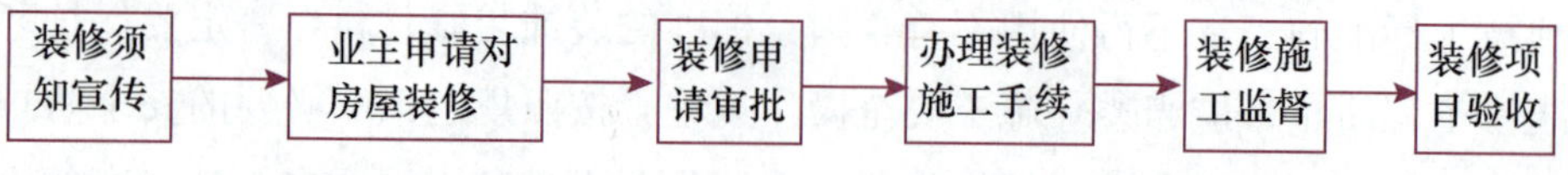

图 1—3 前期物业管理阶段的一般装修管理服务流程图

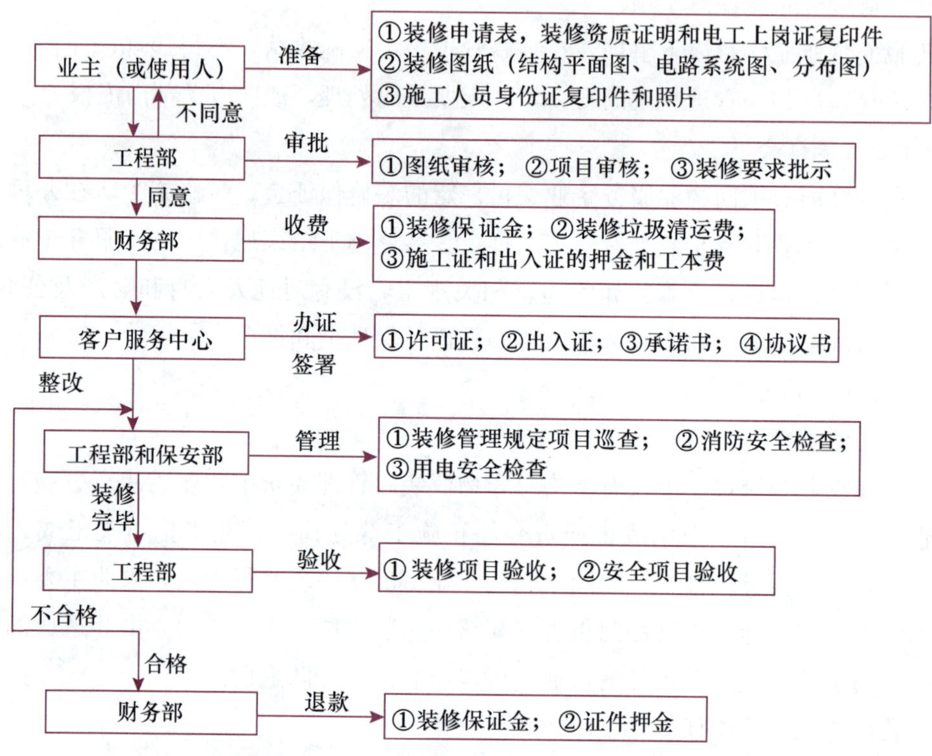

图 1—4 某物业服务企业前期物业管理阶段的装修管理服务流程图

1. 指导业主申请装修物业

由物业服务企业工程部人员指导业主按照有关规定准备和提供申请装修所需求的文件和资料，尤其是非业主的物业使用人在对物业进行装修时，应当取得业主的书面同意；还应要求和指导业主准确无误地逐项填写《物业装修申报表》。

2. 审批物业装修申请

当收到业主提交的装修申请，工程部应指派专业人员结合物业情况进行核实，并依据物业装修管理的相关规定对《物业装修申报表》进行核查，对图纸和项目作出认真细致的审核，并在规定的工作日内给予业主答复，作出装修要求批示。若超出操作范围，则报上级主管部门审批，并在规定的工作日内予以答复。

3. 办理装修施工手续

物业服务企业工程部对装修申请审批通过以后，业主和装修队负责人应到相应部门办理缴费和办证手续。一般来讲，首先是持工程部的审批意见到财务部缴纳装修保证金、装修垃圾清运费、施工证及出入证的押金和工本费，然后持缴费收据到客户服务中心办理装修许可证、装修施工人员出入证，并由业主签署《装修承诺书》，由物业服务企业和业主、装修队负责人签署《物业装饰装修管理服务协议》。

4. 管理装修施工

物业装修现场的跟踪管理是物业装修管理的关键，装修施工期间需要特别注意施工时间、材料的进出、施工要求、装修垃圾清运时间、公共环境保洁的跟踪管理。一般来讲，由物业服务企业工程部和保安部对装修规定项目、消防安全和用电安全进行定时巡查和不定时抽查，尽可能在问题出现的初期纠正违章装修。

5. 验收装修项目

当装修工程竣工后，物业服务企业应派工程部专业负责人员到现场对装修申报方案和装修实际结果进行比较验收，并在《装修竣工验收表》上作详细记录。验收合格后签署书面意见，以便装修申请人和装修队到财务部办理装修保证金和证件押金的退还，装修队当日清场离开，在装修验收合格并使用期满一个月后，工程部人员应对装修项目复验，并在《装修竣工验收表》复验合格一栏签字盖章；若验收不合格，则提出书面整改意见，要求装修申请人和装修队限期整改，无法统一意见或装修申请人拒不接受的，报上级主管部门处理。

三、相关法律法规知识

为了更好地完成物业装修管理工作，避免异议和纠纷的出现，要加强相关法律和规定如《民法通则》、《合同法》、《物权法》、《消防法》、《物业管理条例》、《建设工程质量管理条例》、《物业服务收费管理办法》、《住宅室内装饰装修管理办法》、《城市异产毗连房屋管理规定》、《高层民用建筑设计防火规范》、《建筑设计防火规范》、《关于加强商品房销售、房改售房与物业管理衔接工作的通知》等知识的学习。

任务实施

在进行物业装修管理时，必须遵守物业装修管理要求，按照具体情况交纳押金与保证金，并严格界定业主、装修施工队和物业服务企业的责任。在提供物业装修管理服务时，首先由物业服务企业进行装修须知宣传，在业主（或使用人）提出物业装修申请后，物业服务企业工程部对装修申请进行审批，并为申请人办理装修施工手续，在装修过程中，物业服务企业相关工作人员对装修施工监督，并在装修结束时对装修项目进行验收。

学习评价

本任务的学习评价主要是按照知识目标和能力目标的要求，判断通过本任务的学习是

否能够完成物业装修管理的工作任务，以便及时、系统、准确地把握重要的学习内容、学习方法、学习过程、学习效果和学习难点，从而解决学习过程中存在的问题。

教学探讨

一、案例分析

张先生去年在某住宅小区买了一套商品房，刚入住不久就发现房屋水管漏水、墙体裂缝。上楼一看，发现正在装修房屋的李先生家里敲掉了承重墙，改变了建筑结构，还改变了原来的水管铺设线路。张先生认为是李先生的装修行为导致自己的房屋出现了问题，遂要求李先生立即停止这种装修活动，并赔偿损失。但楼上的李先生理直气壮地说："我在自己的房屋内爱怎么装修就怎么装修，与你无关。"张先生看着自己刚刚买的新房子还没怎么住就变成了危房，无奈至极。

分析：《物权法》规定："业主对其建筑物专有部分享有占有、使用、收益和处分的权利。业主行使权利不得危及建筑物的安全，不得损害其他业主的合法权益。"建设部颁布的《关于加强商品房销售、房改售房与物业管理衔接工作的通知》的附件《业主公约示范文本》规定："业主在本物业范围内，不得擅自改变房屋结构、外貌、设计用途、功能和布局，不得对房屋内外承重墙、梁、柱、板、阳台进行违章凿、拆、搭、建等等。"《城市异产毗连房屋管理规定》规定："异产毗连房屋的一方所有人或使用人有造成房屋危险行为的，应当及时排除危险；他方有权采取必要措施，防止危险发生；造成损失的，责任方应当负责赔偿。"

根据规定可知，业主对自己的房屋享有所有权，可以对其充分、自由地占有、使用、收益及处分，其中购房后对房屋的装修便是行使所有权的一种表现。但如果此项权利与同一建筑物上其他房屋有密切关系、存在共同利益，业主在合理使用自己房屋的同时不得侵害其他业主的利益。所以业主在进行装修时，不得随意改变房屋的结构，如果装修行为有可能影响建筑物安全的，业主应及时停止装修并进行补救，如果改变建筑物结构给房屋造成损害的，业主应采取措施恢复原状并赔偿受害业主的损失。

对于本案例中张先生遇到的情况，张先生首先要证明自己的房屋受损是楼上业主的不当装修行为造成的（如通过检验机构的检验加以证明），然后与楼上业主协商解决，如果协商不成，可以向物业服务企业投诉要求处理，或向法院提起诉讼。依据《物权法》和其他相关法律法规的规定，李先生应立即停止这种存在潜在危险的装修活动，消除危险，并赔偿损失。

通过本案例，对于如何防止业主装修损害房屋结构，根据《物业管理条例》的规定，物业服务企业应当尽职尽责，在业主装修之前告知业主装修时的注意事项和禁止行为，杜绝安全隐患。此外，为避免以上纠纷，开发商也应以人为本，建造出更多设计合理、不留纠纷隐患的优秀住宅；而居民在装修时不能只追求室内环境的优雅与舒适，也应考虑房屋的承受能力，杜绝“野蛮装修”，防止“新房变危房”的现象发生。

二、技能训练

某小区物业管理处规定，装修户在每天的装修施工期间不得将入户门关闭，以便装修管理人员随时检查。某天，管理处工作人员在例行巡查过程中，发现一装修户房门虚掩未锁，内有施工声音。管理处工作人员推门而入后发现装修工人在满是易燃物的施工现场吸烟，并且没有按规定配备必要的消防器材。于是，装修管理人员勒令装修工人立即熄灭香烟、暂停施工，并要求装修施工负责人到管理处接受处理。业主知道此事后，投诉管理处工作人员在未经业主同意的情况下私闯民宅，并非法滞留施工人员，侵犯了业主和装修工人的合法权益。

分析： 物业管理工作人员制止违规装修行为、消除案例隐患，维护广大业主的共同利益，是合情、合理、合法的。但是，该工作人员在履行自己的职责和义务时，却不经住宅主人同意而又缺少法律根据的前提下，以装修管理为由，对私家住宅“推门而入”，这一行为显然有违我国宪法关于公民合法财产以及人身权益不受侵犯的法律规定，侵犯了业主的合法权益，确有非法侵入住宅之嫌。物业管理工作人员在现场发现装修施工人员的违规事实和安全隐患以后，按照相关法规的规定，将施工负责人带到管理处接受处理，并没有限制该负责人的人身自由的主观故意和事实情节，所以不构成所谓的“非法滞留”。但是，业主有义务告知装修施工人员应按照法律法规进行装修作业，否则，也将承担连带责任。

拓展训练

某商住楼承租地下一、二层的大商户为了扩充空间，在装修时把大厦承重钢柱外层的防火层全部砸掉。物业管理处多次向其指明擅自砸掉防火层使原有钢柱变细，一方面影响了建筑承重，另一方面还将造成火灾隐患。但该租户认为，自己租用了整层楼，柱子是在自己租用范围内，可以自己说了算。在多次劝阻无效的情况下，物业管理处只得停电清场，并将此情况向主管消防部门反映。消防部门强制命令，迫使该租户恢复了承重柱原貌。随后该租户分别向地下一、二层业主及业主委员会投诉，声称物业管理处故意给其工作设置障碍，并以退租相威胁，因而引起业主委员会对物业管理处的不满。这种情况如何处理？

项目四　物业档案的建立与管理

项目概述

本项目从物业档案的内容、物业档案归档的要求和时间、物业档案的收集及物业档案的整理几个方面，系统地介绍了物业档案的建立、保管、更新、查询服务和物业档案管理的制度。本项目包括物业档案的建立、物业档案的管理两项任务。

任务一　物业档案的建立

任务描述

王某是一位刚刚走上物业管理工作岗位的从业人员，负责档案管理工作，希望清楚物业档案的内容，以便胜任物业档案的管理工作。

任务分析

本任务要求清楚物业档案的内容和物业档案归档的要求与时间，能够顺利完成物业档案的收集和整理等工作任务。

相关知识

一、物业档案的内容

1. 业主的档案

业主的档案是物业服务企业最重要的客户资料，是提供服务的主要参考资料，一般在业主入伙时所填写的《业主信息登记表》中有基本记载，主要包括：每户业主家庭的基本情况；业主入住凭证及物业购买合同；物业服务企业与业主签订的合同、公共契约；业主所购物业的装修、维修养护、权属变更等材料；业主的各种交费凭证；与业主有关的其他材料。

2. 非业主使用人的档案

随着房地产三级市场的活跃，很多业主购房是为了出租，这就出现了很多物业的非业主使用人。由于使用人有较大的流动性和不确定性，因此，非业主使用人的档案是物业档案不可缺少的一部分，主要包括：使用人家庭的基本情况；业主与使用人签订的租赁合同的复印件；物业服务企业与使用人签订的合同、公共契约；使用人对物业装修、维修养护的材料；使用人交纳的各种费用凭证；与使用人有关的其他材料。

3. 来访者的档案

人与人之间是相联系的，但外来人员确实对物业区域内的居民有潜在影响，所以现在大多数物业区域实行半封闭的管理，在物业区域大门口要进行外来人员的来访登记，主要记录来访者的姓名、探访的房号及进出的时间等。来访记录簿为事后可能出现的问题保留了寻找证据的凭证。

4. 物业的档案

物业的档案是物业服务企业在物业管理区域内对物业进行管理活动中形成的具有查考、保存价值的各种文字、图表和声像等形式的历史记录。主要包括：(1) 物业辖区内各种建筑物及其配套设施的基本建设图文材料；(2) 物业辖区内房屋与公共场地维修养护的图文材料；公用设备及其维修养护的图文材料。

5. 物业服务企业为业主提供服务的档案

服务类档案是由物业服务企业对物业管理区域内业主日常所提供的服务所形成的具有保存价值的文字、图表和声像等形式的历史记录。主要包括：业主的接待记录，以及对内业主纠纷、投诉受理的经过、结果、报告、复函等形成的文件材料；物业服务企业所开展的精神文明建设活动中的各种公约、协议、规章、计划、组织建设文件，以及各种便民服务活动、文化活动等中形成的文件材料；物业服务企业所提供的保洁卫生服务、园林绿化服务、安全保卫服务、交通车辆的管理与服务等中所形成的文件材料。

6. 业主大会和业主委员会的档案

业主大会和业主委员会的档案是物业产权人大会及其委员会在行使权力、履行义务过程中所形成的各种文字、图表和声像等文件材料。这部分档案理应由业主委员会建立和管理，但是在业主委员会不具备条件的情况下，可委托物业服务企业代为建立和管理，待有条件时，返还业主委员会管理。这部分档案主要包括：业主大会和业主委员会召开会议所形成的文件材料，即选举、换届、人员分工、会议筹备、会议决议、会议记录等文件材料；业主大会和业主委员会采用招投标选聘物业服务企业所形成的文件材料，即选聘方案、标书、标底、评标结果、中标协议、有关合同和记录等；业主大会和业主委员会综合管理形成的文件材料，即业主大会和业主委员会制定和执行的各项规章制度、公约和章程等。

二、物业档案归档的要求和时间

1. 物业档案归档的要求

归档文件材料必须准确反映物业管理各项工作的真实情况，符合其形成规律，保持文件材料之间的有机联系，并做到齐全完整；归档文件材料应做到字迹清楚，图表清晰，签署印章完备，主要是以原件为主；归档文件材料整理完毕向档案部门移交时，应严格按照规定办理移交手续。

2. 物业档案归档的时间

各项服务管理方面的文件材料，必须在形成的第二年的六月底之前整理归档，以迎接半年考察；基本工程建设方面的文件材料，由开发商在项目竣工验收后的30日内，移交给前期物业服务企业；设备及维修等方面的文字材料，必须在维修任务完成后进行整理归档；会计材料由财会部门保管一年后整理归档；音像材料在摄录完毕后整理归档。

3. 物业档案的收集

物业档案的收集是一个长期的连续的过程，从物业服务企业接触目标物业的时间可分为三个阶段：(1) 早期介入阶段的物业档案收集；(2) 接管验收、入伙阶段的物业档案收集；(3) 日常运作阶段的物业档案收集。

4. 物业档案的整理

物业档案的整理，是档案工作中重要的基础性工作，是科学管理档案的必要手段和前提条件。通过整理，可以进一步了解和发现档案收集工作中存在的问题，有利于健全档案收集工作，而且建立档案的最终目的是实现档案的有效利用，零乱的档案直接影响了档案的效用，所以只有根据物业档案的立卷归档制度进行科学的整理，才能为档案的有效利用奠定基础。物业档案的整理工作一般分为三步：(1) 分类；(2) 立卷；(3) 案卷的排列与编目。

三、相关法律法规知识

为了更好地完成物业档案的建立工作，要加强相关法律知识的学习，特别是《档案法》、《物权法》、《物业管理条例》等。

任务实施

建立物业档案时，要首先搞清楚物业档案的内容、物业档案归档的要求和时间，将早期介入阶段、接管验收和入伙阶段、日常运作阶段的物业资料收集起来，然后将物业档案分类、立卷，并将案卷排列、编目。

学习评价

本任务的学习评价主要是按照知识目标和能力目标的要求，判断通过本任务的学习是否能够完成物业档案的收集和整理的工作任务，以便及时、系统、准确地把握重要的学习内容、学习方法、学习过程、学习效果和学习难点，从而解决学习过程中存在的问题。

教学探讨

一、案例分析

某住宅小区出现保安与住户争执的场面。经了解，是 A 幢 203 室的租户李先生要搬出部分家具，但没得到业主刘先生的书面许可，该小区《管理规约》规定："如无取得业主的书面许可，租户不可私自装修房屋、不可搬出业主的财产。"因此，保安不允许他将家具搬出。但是，李先生称有急事一定要搬出部分家具。保安只能叫来物业客户服务中心的小宋协助解决，了解到李先生这几天一直在与该室业主刘先生联系，但刘先生的手机一直处于关机状态，因此无法取得搬出家具的书面许可。物业公司该如何处理？

分析： 物业服务企业管理的对象是房屋，服务的对象是业主。而业主又是每一单元房产的所有权人，所有关于房屋的问题都由业主说了算。因此，业主的资料是公司最重要的客户资料，是提供服务的主要参考资料。一般来说，业主在入伙时会填写《业主信息登记表》，其中主要包括：每户业主家庭的基本情况、业主入住凭证及物业购买合同、物业服务企业与业主签订的合同、公共契约、业主所购物业的装修维修养护等材料。除此以外，一定不能忽略的是业主的家属，他们也是物业服务企业的服务对象，在联系不上业主的情况下，可以通过联系其家属来解决一些较紧迫的问题。根据小区的《管理规约》可知，物业公司对业主有财产安全保护和监管的义务。

针对该案例的情况，在李先生没有取得刘先生搬出家具的书面许可之前，物业公司是不可以放行的。否则，一旦由此而出现纠纷，根据《物业管理条例》第三十六条，物业管理公司应该赔偿刘先生的损失。为了尽量避免此类情况的发生，更好地为业主和租户服务，物业公司在收集物业档案时，建议设立《业主紧急联系电话登记表》，在情况危急的情况下，可以通过业主的紧急联系方式与其取得联系，从而妥善地解决问题。如果确实联系不到业主，建议采用一种变通的办法：租户列出所搬出家具的清单，并暂交与家具价值相当的押金，管理处做好记录，并出具收取押金的收据，一旦租户能够提供业主的书面许可，管理处立刻全额退回押金，从而为业主和非业主使用人提供更优质的服务。

二、技能训练

某通用厂区内有十几家业主（或使用人）。一天，其中一家只租赁了一层通用厂房的某企业部门总管来找管理员，管理员张冠李戴，把对方的名字叫错了。该总管顿时拉下了脸："看不起我们小公司啊！"此后一连数月都拖缴物业管理费。管理员从此吸取教训，把厂区内十几家业主（使用人）、近百位总经理、部门总管、经办人等的姓名背得滚瓜烂熟。后来，有个新公司进驻没几天，管理员遇到其负责人张某时主动打招呼，对方连连称赞物业管理到位。

分析： 物业管理服务有很多口号，诸如"以人为本"、"客户就是上帝"等，其主旨就是尊重业主。如何运用礼貌、热情、真诚、高超的服务，使业主得到受尊重的满足，是物业管理服务的一门学问。在案例中，管理员吸取了叫错业主（或使用人）姓名的教训，事后不仅记住公司名称，还记住了负责人及相关人员，拉近了双方的距离。

任务二　物业档案的管理

任务描述

王某是一位物业管理工作岗位的从业人员，公司现在调整工作岗位，指派其负责档案管理工作，具体承担物业档案保管、更新和查询服务，以及物业档案管理的相关制度建设的工作任务。

任务分析

本任务要求搞清楚物业档案管理工作及相关制度，能够完成物业档案保管、更新、查询服务的工作任务，实现物业档案的科学管理。

相关知识

一、物业档案的保管

1. 物业档案保管的基本原则

（1）分类保管。分类保管保持了档案文件的有机联系，使档案存放条理化、系统化、科学化，有利于物业档案的保护管理和查询。

（2）以保护为宗旨，以利用为目的。物业档案的保管既要尽量延长档案的寿命以保证长远利用，又要积极创造条件保证当前的利用。

（3）以防为主，防治结合。档案保管的目的是档案利用，但利用的前提是档案要保护好，而档案保管的忧患是火、水、盗、虫、霉等“五害”，针对“五害”，必须以防为主，防治结合，物业服务企业应指派专门负责人管理档案，配备必要的档案装具设备，并设置符合防火、防盗、防光、防尘、防潮、防高温、防有害生物等要求的档案库房及配套设施设备。

2. 物业档案保管的形式

一般物业服务企业都会设置符合防火、防盗、防光、防尘、防潮、防高温、防有害生物等要求的档案库房，并配备专业的档案装具，如档案柜、档案箱、档案架等，档案管理工作人员将整理好的案卷按照档案装具的编排次序、全宗内各类档案的排列次序以及同一类档案在柜架上的排放顺序存放档案。在存放好物业档案后，编制《档案存放位置索引》以便于物业档案的利用和后续管理。

3. 保管中的检查

定期检查和不定期抽查是维护档案安全和完整的重要措施。定期检查一般是按照固定的时间段对档案目录逐卷检查，不定期检查一般是在灾害、事故或档案保管人员调换工作等情况时对物业档案先局部检查，若发现问题后再全面检查。检查时主要是从安全、完整、无误三个方面出发，确保物业档案没有被盗、被损、泄露、错放和错录等。

二、物业档案的更新

按照各类物业档案对物业管理服务工作的影响，可以对物业档案有针对性地进行随时更新或定期更新。

1. 随时更新

随时更新是指结合日常管理对物业档案进行随时注记，即一旦获得物业档案相关资料的变更，就马上对物业档案进行更新。如物业管理手册中的各项内容、设备保养卡上的维修记录等都要结合日常管理进行随时更新。

2. 定期更新

定期更新是按照规定期限对物业档案进行定期注记，即在规定的时间对物业档案进行调整。如一般每年调整一次物业基本情况和完损等级的统计资料，物业管理手册的有关内容每年核对一次等。

三、物业档案的查询服务

1. 档案查询使用的方式

为了使档案更好地发挥作用，满足查询者的需要，实体档案查询使用的方式一般有口头咨询、查阅、外借、复印及出具证明等，查阅和外借方式可以直接接触档案原件；如果是通过计算机查询使用档案，一般有口头咨询、查阅、打印和出具证明等方式。

2. 档案查询服务的流程

档案查询服务要严格遵守查询制度，首先由档案使用人持有效证件填写查询登记表，待其档案查询申请审批通过以后，由档案管理工作人员根据审批通过的方式，向档案使用人提供相应的查询内容。

四、相关法律法规知识

为了更好地组织开展物业档案的管理工作，要加强学习的相关法律法规有《档案法》、《物权法》、《邮政法》、《物业管理条例》等。

任务实施

在对物业档案进行管理过程中，要严格按照物业档案管理的制度，以保护为宗旨，以利用为目的，以防为主，防治结合，对物业档案进行分类保管。在保管过程中，要进行定期检查和不定期检查，有针对性地随时更新和不定期更新，并提供口头咨询、查阅、外借、复印及出具证明等物业档案的查询服务。

学习评价

本任务的学习评价主要是按照知识目标和能力目标的要求，判断通过本任务的学习是否能够完成物业档案管理的工作任务，以便及时、系统、准确地把握重要的学习内容、学习方法、学习过程、学习效果和学习难点，从而解决学习过程中存在的问题。

教学探讨

一、案例分析

一日，某公司负责人非常气愤地向大厦物业管理处投诉，称其业务合作单位寄来的合同及资料已连续两次被退回，管理处在退信条上写着“查无此单位”，因此，其业务单位怀疑他们的公司是皮包公司或骗子公司，不再准备与他们进行业务合作，为此公司将损失大笔生意。该公司负责人强烈要求物业管理公司处尽快给予明确答复并采取补救措施，否则，要赔偿由此而造成的所有损失。

该公司原在大厦28楼A单元办公，后因业务发展搬迁至28楼C单元办公。因其认为在同一层楼，故未到物业管理处办理退还原信箱并申请新信箱的手续，只是口头告知了一位老信报员，而在此期间，该信报员休年假，其他信报员不了解情况，在投递时发现邮件地址与信箱地址不符，故两次都被退回。

分析： 从案例中可知，该问题由两方面原因而造成，一是该公司未按规定要求办理信箱更换手续，二是信报员不够熟悉大厦内的用户情况。物业管理处应健全信件投递办理制度，并严格执行，避免因遗漏造成工作失误。物业管理处接到业主（或使用人）投诉后，应首先找信报员了解出现问题的原因；然后上门向业主（或使用人）解释事件缘由，分清双方责任，积极寻求解决办法；最后，由物业管理处出函给该公司的业务合作单位，说明两次退信的原因，并把该公司的日常表现、营业执照、入住大厦的登记手续等复印材料附上，说明该公司是合法经营的信誉公司，值得继续合作，同时附上大厦的联系电话，欢迎随时询问，也欢迎来人审查。

为了防范此类事件的发生，物业管理处应加强业主（或使用人）信息更新的管理，完善物业档案，从而为业主（或使用人）提供更优质的服务。

二、技能训练

某小区由动迁房和部分商品房组成，大部分业主家庭经济困难。因此，拖欠物业管理费的情况比较严重。物业管理处的思想沟通工作的效果并不太理想。面对这些情况，物业管理处开始对物业档案中有关业主基本情况的资料进行全面分析，根据具体情况对业主进行分类。然后，管理处精心策划相对应的公关对策，针对不同情况的业主实施相应的工作，因而逐步得到小区业主的理解和支持，物业管理费和房租的收缴率大大提高。

分析： 物业档案的收集、整理、保管等一系列工作都是为了查询利用而服务的。随着物业管理工作的正式开展，无论是维修、养护物业设施，还是了解物业的使用情况，几乎每个环节的工作都要用到物业档案。在此案例中，正因为物业管理处利用物业档案对业主情况进行分析、制定相应对策，物业管理的工作才得以顺利开展。所以，物业档案的建立与科学管理是物业管理工作健康有序开展不可或缺的环节。

拓展训练

一天深夜，某业主回到小区居民楼，搭乘电梯回家。不料电梯刚运行到一半，就突然失控下坠，一直坠落到电梯井井底，该业主当场昏迷。几小时后，该业主被人发现并送入医院救治，该业主出现了头痛发晕、呕吐鲜血的症状，医院诊断其为应急性胃溃疡出血。伤愈后，该业主随即向该小区物业管理处索赔，要求其支付医疗费、营养费、精神损失费等。

模块二　物业管理的日常工作

教学目标

● **知识目标：** 通过本模块的学习，应达到以下要求：

1. 了解绿地与绿化管理、车辆道路管理和环境卫生管理；

2. 熟悉房屋设备设施基本资料的管理，以及设备的维护与更新；

3. 掌握房屋修缮管理、设备运行管理、治安防范管理、消防管理等的工作内容、方式、管理制度和要求，并具备防范与处理物业管理纠纷的能力。

● **能力目标：** 通过本模块的知识积累和实践操作，应培养以下基本技能和基本能力：

1. 能够进行房屋设施设备的使用管理，因地制宜地确定各类物业管理工作的不同方法；

2. 能够提供各类物业管理服务。

模块概述

本模块包括三个项目：一是要明确房屋的维修养护管理和房屋附属设备管理的具体任务；二是清楚物业环境卫生管理、环境污染的防治和绿化管理的具体任务；三是要完成物业安全管理和物业管理纠纷的防范与处理的具体任务。

项目五　房屋及其附属设备的管理

项目描述

本项目从房屋查勘引入，详细地介绍了房屋维修的种类和内容，包括地基基础主体、结构工程、楼地面工程、门窗楼梯工程及屋面防水工程的维修，以及房屋日常养护的内容、程序和考核指标等内容。本项目包括房屋的维修养护管理、房屋附属设备的管理两项任务。

任务一　房屋的维修养护管理

任务描述

王某是一位刚刚走上物业管理工作岗位的从业人员，在工程部任职，希望清楚房屋维修的种类和内容，以及房屋日常养护的内容、程序和考核指标。

任务分析

本任务要求清楚房屋的查勘和维修的种类，明确房屋维修与日常养护的内容、房屋日常养护的程序与考核指标，有效地组织开展房屋的维修和日常养护工作。

相关知识

一、房屋的查勘

房屋查勘是物业服务企业了解和掌握所管房屋的完损状况而进行的一项基础工作，物业服务企业定期和不定期地对房屋的完损情况进行检查，根据《房屋完损等级评定标准》评定房屋的完损等级，随时掌握所管理物业的质量情况，从而为编制房屋修缮计划、进行房屋修缮工程设计、编制房屋修缮工程预算等提供依据。

1. 定期查勘

定期查勘是指结合房屋的特点，在合理的期限内（一般是1～3年），由具有专门知识和工作经验的人员定期逐幢逐间地检查房屋，根据所掌握的房屋损坏程度和状况，制定中、长期的维修和养护计划，并完成查勘登记表格。

2. 不定期勘查

不定期查勘就是不定期地对房屋进行检查，从而掌握房屋的完损状况。一般要在出现以下两种情况后进行不定期检查：根据气候特征，如雨季、台风、暴风雨、山洪等，着重对一般损坏房和严重损坏房等进行检查，评定完损等级；物业经过中修、大修、翻修和综合维修后，要进行竣工验收，并记录房屋的完损状况。

3. 勘查顺序与方法

房屋查勘首先应根据查勘的目的拟定查勘方案，一般采取“从外部到内部，从屋顶到顶层，从承重构件到非承重构件，从表面到隐处，从局部到整体”的查勘顺序对房屋进行查勘。查勘方法主要有直观检查法、仪器仪表检查法、计算分析法、荷载检查法和重复观测检查法等。

二、房屋维修的种类和内容

房屋维修是在房屋的经济寿命期内在对房屋进行查勘鉴定、评定房屋完损等级的基础上，对房屋进行维护和修理使其恢复原来状态或保持使用功能的活动。

1. 房屋维修的种类

(1) 房屋维修按维修对象的不同，可分成非结构性维修和结构性维修。非结构性维修是指为保障房屋的正常使用和改善居住条件，对房屋的装修、设备等部分的更新、修理和增设，主要作用是恢复房屋的使用功能，保护结构构件免遭破坏，从而延长房屋的使用年限。结构性维修是指为保证房屋结构安全、适用和耐久对老朽、破损或强度、刚度不足的房屋结构构件，进行检查、鉴定及维修。

(2) 按房屋的完损程度和维修范围的不同，房屋维修可分为小修、中修和大修。

小修是指及时修复房屋在使用过程中其构配件的轻微损坏，以保证房屋原有完损等级的日常维护工程。主要维修范围是屋面漏水、修补面层、拆换五金窗纱过梁、整修截修门窗、加固构件、排除水电暖气卫等设备的故障等，因这些问题关系到用户的基本生活，所以必须及时修理，保证用户及时使用，争取做到“水、电、卫零修不过夜”、“土建零修三日有结果”。

中修是指房屋少量部位已损坏或不符合建筑结构要求，需进行局部修理，在修理中需牵动或拆换少量主体构件或少量设备，但保持原房屋的规模和结构。主要维修范围是屋面局部修补、屋面部分面层重做、墙体局部拆或补、部分钢筋混凝土梁柱加固、整幢房屋的门窗整修、楼地面及楼梯维修等。

大修是指房屋的主体结构的大部分严重损坏，有倒塌或局部倒塌的危险，需牵动或拆除部分主体构件的全面修理，或公共生活设施必须进行拆换、改装、新装的修理工作。维修范围主要有已大部分严重损坏的主体结构、阁楼改建、翻修屋顶、拆砌墙身、房屋主要结构抗震加固等。

2. 房屋维修的内容

具体来讲，房屋维修主要包括对地基基础主体、结构工程、楼地面工程、门窗楼梯工程以及屋面防水工程的维修等。

(1) 对地基基础主体进行维修。

房屋的全部荷载是通过基础传给地基的，所以，如果地基基础发生破坏时，将会影响整个房屋的安全使用，使房屋上部结构发生倾斜、开裂、失稳甚至倒塌。因此，当地基基础发生破坏时，首先，要通过查阅原有地质勘察报告、复核原有建筑结构设计图纸、检查施工记录及竣工技术资料、收集沉降裂缝观测资料、查明建筑物的使用与周围环境的实际情况或补充勘察等，查清地基破坏的原因；然后，根据地基基础发生破坏的主要原因对地基基础加固。

地基基础加固一般采用地基加固、基础加固和地基基础综合加固的方法。通过对地基加固，可以提高地基承载力，稳定和制止地基及结构的变形和发展；通过基础加固，可以恢复或提高基础的强度、刚度和耐久性，消除可能产生的房屋过大不均匀沉降的不利因素；地基基础综合加固是在建筑物存在时对地基基础加固，施工困难，既要保证施工质量，又要保护上部结构的安全。

（2）对结构工程的维修。

按主要结构的材料分，对结构工程的维修主要有对砖砌体结构的维修和对混凝土结构的维修。对砖砌体的维修主要是对裂缝的处理、对砖墙面腐蚀的处理和对砌体的加固；对混凝土结构的维修主要是表面抹浆修补或用细石混凝土修补。

砌体裂缝的修理一般是在裂缝稳定之后进行，否则，即使修补了，裂缝仍会继续扩大。裂缝的处理要从裂缝对房屋建筑的美观、强度、耐久性和使用要求等方面的影响综合考虑后确定，严重的裂缝需要采取加固措施或拆除重砌，一般是采用水泥砂浆嵌缝法、块体嵌补法或密封法。

受腐蚀介质侵蚀的墙面应设置防护层，具体的处理要考虑墙面的腐蚀程度。对腐蚀一般的墙面，可根据防腐要求，加抹水泥砂浆、耐酸砂浆或耐碱砂浆面层，或改用沥青混凝土、沥青浸渍砖等修复；对腐蚀严重的已影响砌体强度的墙体，应作局部或全部更换，在更换时增涂耐腐蚀的油漆或涂料，如过氯乙烯漆、环氧漆等。

当砌体结构的承重构件（墙、柱、过梁等）严重开裂、腐蚀或变形，经过鉴定已经成为危险构件时，应对砌体结构进行加固。当墙、柱强度不足时，可以在强度验算确定了补加承载能力的数值后，用钢筋混凝土增加混凝土结构套层或用钢筋混凝土扩大原扶壁柱截面；当砌体严重腐蚀，表层深度酥松，即砌体加固断面的厚度较小时，可以采用配筋喷浆或抹灰的方法进行处理；当墙、柱稳定性不足时，可通过加大断面厚度尺寸、加强锚固或补加支撑等进行加固。

对于混凝土中为数不多的小蜂窝、麻面、露筋的混凝土表面，主要是保护钢筋和混凝土不受损坏，可用1∶2～1∶2.5的水泥砂浆抹面修补；对于混凝土中较大的蜂窝、孔洞、破损、露筋或较深的腐蚀等，可采用比原混凝土高一个强度等级的细石混凝土嵌填，嵌填后使新旧混凝土密切结合。

（3）对楼地面工程的维修。

楼地面按结构形式或材料构成可分为整体式楼地面（水泥砂浆、水磨石）、板块式楼地面（大理石、花岗岩、预制水磨石铺贴、楼地面砖、水泥花阶砖等）和木地板（空铺式、实铺式）等。对楼地面工程的维修要视楼地面的材料构成来进行。

对于木地板，当损坏占自然间地面面积25%以下可修复，开裂可以补腻子后涂刷地板漆，一般翘曲用钉子钉牢即可；当损坏超过25%以上、翘曲严重或缺乏材料时，可改做相应标准的高级地坪。

对于水泥砂浆楼地面，主要会出现起砂、空鼓和开裂。如果起砂，修理时可以用钢丝刷将起砂部位的面层清刷干净，用水充分湿润后抹107胶水泥浆，抹好待砂浆终凝后，覆盖锯末等洒水养护7天即可；对局部空鼓修补时，应将损坏部位的灰皮用锋利的錾子剔除掉，并从四周凿进结合良好处30～50mm，剔成破槎，用水冲洗干净，再抹1∶2.5的水泥砂浆即可；伴随空鼓出现的开裂，可以按空鼓的维修方法进行，对预制板缝出现的开裂，可先将板缝凿开，适当凿毛，清理干净，然后在板缝内先刷水泥浆，再浇灌细石混凝土，最后面层抹水泥砂浆大压平压光即可。

当水磨石或块料地面损坏时，应尽量修复，无法修复的，可改做相应标准楼地面；当面砖地面损坏或破碎时，应拆补或重铺。

（4）对门窗楼梯工程的维修。

当门窗框变形严重时，应拆下进行矫正或更换；对于受到腐蚀性物质侵蚀的门窗，应视腐蚀的严重程度进行修补或更换，一般腐蚀较轻时，用纱布仔细打磨后，再修补即可；对于腐蚀较严重而产生孔蚀时，要拆除更换带孔蚀的构件；对于附件、螺丝的松动、脱落等，松动要及时拧紧，脱落要及时更换或重新装配。

当楼梯扶手、护栏发生脱焊等损坏时，要及时加焊楼梯栏杆，或加焊金属丝网进行补救。

（5）对屋面防水工程的维修。

由于屋面结构本身而造成屋面渗漏严重的，按原样修复；若按原样维修后仍不能排除屋面渗漏的，应及时翻修。屋面上原有隔热保温层损坏的，应修复。对于钢筋混凝土材料的平屋面，出现渗漏时，应首先找出原因，然后针对破损情况采用防水材料嵌补；如果是结构损坏，则应加固重做。玻璃天棚损坏漏水的，应修复，损坏严重的可翻修，但一般不新做。

三、房屋日常养护管理的内容

房屋日常养护是物业服务企业为了确保房屋正常使用，根据所掌握房屋的资料而对房屋建筑进行的日常保养和护理，以及对出现的轻微损坏现象所采取的必要的修复和护理措施。房屋的日常养护主要有房屋零星损坏的日常维修（小修养护）、季节性预防保养和房屋正常使用维护管理等。按照养护的部位，房屋养护主要分为地基基础的养护、楼地面工程的养护、门窗楼梯工程的养护和屋面工程的养护。

1. 地基基础的养护

地基基础属于隐蔽工程，发现问题和处理问题都很困难，应给予足够的重视。主要应从以下几方面做好养护工作：

（1）杜绝不合理荷载的产生。地基基础上部结构使用荷载分布不合理或超过设计荷载、在基础附近的地面堆放大量材料或设备都会形成较大的堆积荷载，从而使地基由于附加压力增加而产生附加沉降。因此，应从内外两方面加强对日常使用情况的技术监管，防止不合理荷载的产生。

（2）防止地基浸水。地基浸水会使地基基础处于不利的工作状态，因此，对于地基基础附近的用水设施如上下水管道、暖气管道等注意检查，防止漏水。同时，要加强对房屋内部及四周排水设施如排水沟、散水等的管理和维修。

（3）保证勒脚完好无损。勒脚位于基础顶面，可以扩散上部荷载，并均匀传递给基础，同时还起到基础防水和美观的作用。所以勒脚的养护是地基基础养护的重要部分。

（4）防止地基冻害。基础保温是地基基础正常发挥效用的关键，所以在季节性冻土地区，要注意基础的保温工作，尤其是对于持续供热要求设计的房屋，与地基基础接近处为采暖地下室。

2. 楼地面工程的养护

楼地面工程的材料多种多样，如水泥砂浆、大理石、水磨石、地砖、塑料、木材、马赛克、缸砖等。楼地面工程的养护通常需要注意以下几个方面：

（1）保证经常用水房间的有效防水。对厨房、卫生间等经常用水的房间，一旦发现问题应及时处理或暂停使用，切不可将就使用，以免形成隐患。

（2）避免室内受潮与虫害。室内潮湿不仅会使大部分材料发生不利的化学反应而变性失效，还会影响使用者的身体健康。因此，必须针对材料的各项性能指标，做好防潮工作，保持室内有良好的通风等。

建筑虫害包括直接蛀蚀与分泌物腐蚀两种，由于通常出现在较难发现的隐蔽部位，因此，必须对虫害预防工作予以足够的重视，更须做好预防工作。

（3）控制与消除装饰材料产生的副作用。装饰材料的副作用主要是针对有机物而言的，常在适宜的条件下产生大量有害物质，危害人的身心健康，影响正常工作与消防安全。所以，在选用有机装饰材料时，必须对它所能产生的副作用采取相应的控制与消除措施，如化纤制品除静电、地毯防止螨虫繁殖等。

3. 门窗楼梯工程的养护

门窗、楼梯、护栏是保证房屋使用正常、通风良好的重要部位，应在管理使用中根据其不同类型加以养护，使之处于良好的工作状态。

（1）严格遵守使用常识与操作规程。

门窗是房屋中使用频率较高的部分，要注意保护，严禁撞击或悬挂物品。在使用时，应轻开轻关；风雨天，要及时关闭并固定；开启后，旋启式门窗扇应固定；避免长期处于开启或关闭状态，以防门窗扇变形，关闭不严或启闭困难。要保证楼梯扶手及护栏的整洁、稳固，禁止搭晾湿物或进行不当损坏等。

（2）经常清洁检查。

门窗应经常清扫，防止积垢而影响正常使用。当检查时发现门窗变形或构件短缺失效等现象，应及时修理或申请处理，防止对其他部分造成破坏或发生意外事件。楼梯扶手及护栏要定期擦洗，保持清洁，并在日常巡视时，保证扶手完好、无颜色脱变，保证护栏完好、无脱焊。

（3）定期更换易损部件。

对于使用中损耗较大的部件应定期检查更换，保持整体状况良好。需要润滑的轴心或摩擦部位，要经常采取相应润滑措施，如有残垢或腐锈，还要定期清除，以减少直接损耗，避免更大损失。

4. 屋面工程维修养护

屋面工程具有维护、防水、保温、隔热、采光等功能，施工工艺复杂，容易受到多种因素的影响，尤其是防水层。因此，屋面在使用过程中需要有一套完整的保养制度，以养为主，维修及时有效，不仅节省返修费用，提高经济效益，更主要是延长其使用寿命。

（1）定期清扫。

一般非上人屋面每季度清扫1次，防止垃圾、杂物及非预期植物的堆积；上人屋面要经常清扫。在使用与清扫时，应注意保护排水设施如落水口的通畅，以及防水关键部位如大型或体形较复杂建筑的变形缝，从而保证各种设施处于有效使用状态。

（2）定期检查记录处理。

定期组织专业技术人员对屋面各种设施的工作状况按规定项目内容进行全面详查，并填写检查记录。对非正常使用的损坏，要查找原因，防止产生隐患；对正常损坏要详细记录其损坏程度。检查后，对所发现的问题及时汇报处理，并适当调整养护计划。

（3）加强屋面使用的管理。

在屋面的使用中，要防止污染、腐蚀，禁止产生不合理荷载与破坏性操作。屋面增设的各种设备，如天线、广告牌等，要保证不影响原有功能，还要符合整体技术要求。在施工过程中，要有专业人员负责，并采取必要的保护措施，以免对屋面产生破坏或形成其他隐患。

5. 通风道的养护管理

由于通风道在房屋建设和使用过程中都是容易被忽略而又容易出现问题的部位，因此对通风道的养护管理应该作为一个专项加以重视。在房屋使用过程中应注意：住户在安装抽油烟机和卫生间通风器时，必须小心细致地操作，不要乱打乱凿，以免对通风道造成损害；不要往通风道里扔砖头、石块或在通风道上挂东西，以免挡住风口和堵塞通道；物业服务企业每年应逐户对通风道的使用情况及有无裂缝破损、堵塞等情况进行检查，发现不正确的使用行为要及时制止，发现损坏要认真记录，及时修复；若发现通风道有小裂缝，应及时用水泥砂浆填补，若严重损坏，则在房屋大修时应彻底更换。

四、房屋日常养护的程序和考核指标

1. 房屋日常养护的程序

为实现房屋日常养护作业的合理、经济和高效，一般应按照以下程序开展有关工作。

（1）收集养护项目。物业服务企业工作人员应定期对辖区内的业主进行走访，主动收集业主对物业维修的具体要求，并发现业主未提到的或忽略的物业公共部分的损坏。为了提高服务质量，物业服务企业还可以通过组织咨询活动、设置保修箱或建立接待值班制度接受业主的报修。

（2）编制计划。收集了项目之后，除室内照明、上下水及房屋险情等必须及时处理的情况外，其他项目由物业服务企业工作人员统一安排。其中，属于小修范围的，可以编入下个月的小修养护表中，并按计划组织实施；超出小修养护范围的，可以编入中修计划表，然后由维修管理部门实地察看后，根据年、季度维修计划安排实施方案。

（3）落实任务。物业服务企业工作人员根据小修养护表，列出小修养护单，由维修管理部门工作人员根据小修养护单对各待养护项目进行小修工程施工。

（4）监督检查小修养护工程。在小修养护工程施工过程中，物业服务企业技术人员应每天到施工现场解决工程中出现的问题，监督检查当天小修工程的完成情况。

2. 房屋日常养护的考核指标

房屋的日常养护主要是使用定额指标、经费指标、服务指标和安全指标进行考核。

（1）定额指标。

达到小修养护工程定额指标，是完成小修养护工作量、开展好日常服务的必要保证。因此，维修养护工作的劳动效率要100%达到或超过人工定额，材料消耗要不超过或低于材料消耗定额。

（2）经费指标。

小修养护的经费主要是通过收取物业管理费来筹集的，不足的部分只能从物业服务企业开展多种经营的收入中弥补。因此，在保证物业安全使用的前提下，为了实现物业服务企业的有效运作，应合理组织日常养护工作，发挥劳动潜力，充分回收利用旧料，努力降低小修养护成本。

（3）服务指标。

物业服务企业工作人员对房屋的日常养护，最终目的是为了给业主提供更好的服务，服务指标主要是走访查询率、养护计划率和养护及时率。月/季走访查房率是当月/季走访查房户数占辖区内业主总户数的百分率，在计算时，对月/季内走访同一户超过一次按一次计算，一般来讲，物业服务企业工作人员每月应走访查房辖区内50%以上的业主，每季度对辖区内的业主逐户走访查房一遍；月养护计划率是当月完成计划内项目的户次数占当月养护计划安排的户次数的百分率，工作人员应按每月编制的日常养护计划表依次组织施工，一般情况下，月养护计划率要达到80%以上，如有特殊情况则可统一调整；养护及时率是指当月完成的小修养护户次数占当月全部报修应小修的户次数的百分率。

（4）安全指标。

确保业主的使用安全，是日常养护的首要指标，是考核的重要依据。建设部颁布的《房地产经营、维修管理行业经济技术指标》规定，必须确保住用安全，杜绝塌屋死亡事故，保证安全生产，杜绝重大伤亡事故。

五、相关法律法规知识

为了更好地掌握房屋附属设备的管理工作，还应了解各类用途物业的附属设备管理工作细化量化的标准，可参照《全国物业管理示范大厦标准及评分细则》、《全国物业管理示范住宅小区标准及评分细则》和《全国物业管理示范工业区标准及评分细则》学习制定房屋附属设备管理工作的标准和考评细则。

任务实施

在对房屋进行维修养护管理时，最基本的是对房屋进行定期和不定期的查勘，在查勘鉴定之后评定房屋的完损等级，然后按照特定的程序对房屋进行养护或维修，使其恢复原来的状态或保持其使用功能，最后，按照具体的定额指标、经费指标、服务指标和安全指标等对工作的实施情况进行考核。

学习评价

本任务的学习评价主要是按照知识目标和能力目标的要求，判断通过本任务的学习是否能够完成房屋查勘、房屋维修和房屋日常养护等各项工作任务，以便及时、系统、准确地把握重要的学习内容、学习方法、学习过程、学习效果和学习难点，从而解决学习过程中存在的问题。

教学探讨

一、案例分析

某日上午在一住宅楼内，一个 4 岁的男孩在上楼时从三楼楼梯口摔至二楼楼梯，送往医院后诊断为开放性脑损伤。在出事地点，二楼至四楼之间的楼梯护栏有两个平行四边形的大口，每个宽四五十米，长七八十米，足可掉下一个成年人。在另一个楼梯道内，也有一个同样大的空隙。据业主介绍，去年也有一个小孩从楼梯护栏空隙掉下来跌伤了眼睛，业主曾多次反映到物业管理处，但却一直不见有维修。

分析： 房屋的日常维修养护和计划修理工作是物业管理服务的基本业务，也是物业服务企业最基本的工作内容。通常管理人员是通过走访查房和住房的报修两个渠道收集维修养护信息。本案例中，造成小孩摔伤的直接原因是楼梯栏杆垂直杆件间距过大。而这一事实已存在相当长的时间，并在一年前曾致使一个小孩掉下跌伤眼睛。一般来说，对物业管理区域内公共配套设施的维修养护，急修项目是在接到报修后 24 小时内修理，一般项目是在接到报修后 72 小时内修理。加焊楼梯栏杆的垂直杆件为房屋公共部位配套设施，理应由物业管理处负责维修养护，而物业管理处在多次接到业主报修后一直没有维修，现在造成小孩开放性脑损伤，属于没有很好地履行物业管理服务合同所规定义务的行为，应承担责任。

针对本案例，物业管理处首先应一方面主动深入现场，找有关人员进行调查，了解事故发生的具体情景；另一方面，查证交付使用的物业是否符合国家规定的验收标准。同时，要以积极主动的态度去争取问题的解决，用人道主义的精神去关怀受伤害的家人，以法律为依据，讲清责任，承担责任，求得受伤害家人的理解，使问题得到妥善解决。然后，在日常的物业管理工作中，物业管理处应树立为业主服务的管理理念，要求房屋管理员在日常的巡视中，要检查楼梯扶手及护栏，保证扶手完好、无颜色脱变，保证护栏完好、无脱焊，确保完全符合要求，从而防患于未然。

二、技能训练

刘先生午饭后将其小车停放在楼前，下午时楼上的一块玻璃突然掉落，砸在小车前挡风玻璃上，将挡风玻璃砸碎，并划伤了小车的前盖。该玻璃系过道窗户上的，窗户是铁皮钢窗，年久失修。刘先生认为物业管理中心收取了物业管理费，对楼宇负有管理义务，楼宇公共部位的玻璃掉落砸坏小车，物业管理中心有责任修理车辆，恢复小车的原貌。

分析： 首先，分析物业管理中心是否对小车负有保管的责任。有的物业管理中心与业主签订了车辆保管合同，收取了车辆保管费，形成了事实上的保管合同关系。在合同成立的情况下，物业管理中心就形成了对保管车辆负有毁损、丢失的损害责任。如果物业管理中心没有与业主签订保管合同，也没有收取保管费用，则可以定为无偿停靠，物业管理中心可以不赔偿。其次，要看物业管理中心对掉落的玻璃是否负有管理责任。《民法通则》第126条规定，建筑物或者其他设施以及建筑物上的搁置物、悬挂物发生倒塌、脱落、坠落造成他人损害的，它的所有人或者管理人应当承担民事责任，但能够证明自己没有过错的除外。该规定中明确了所有人和管理人的责任。该玻璃是公共过道窗户上的，系物业管理中心管理的场所，物业管理中心应当尽到一个管理人应当尽到的义务，有责任去消除这种隐患，尽快地对窗户进行维修，由于年久失修，造成玻璃掉落，砸坏小车前挡风玻璃和前车盖，物业管理中心应当承担不可推卸的过错责任，赔偿车主修理费用。

任务二　房屋附属设备的管理

任务描述

王某是一位刚刚进入物业服务企业工程部的从业人员，希望搞清楚房屋附属设备的种类、基础资料的管理，从而尽快胜任房屋附属设备的运行管理和维修养护管理的工作任务。

任务分析

本任务要求搞清楚所管物业的各种房屋附属设备，明确各种房屋附属设备的基础资料、运行和维修养护等管理的具体内容，能够独立开展各种房屋附属设备的管理工作，保证各种房屋附属设备的正常使用。

相关知识

一、房屋附属设备

房屋附属设备是指附属于房屋建筑的各类设备的总称，是房屋建筑实体的有效组成部分，是发挥物业功能和实现物业价值的物质基础和必要条件。房屋附属设备管理一般是指通过保养、维修手段保障房屋附属设备的安全、正常运行，延长设备的使用寿命。随着我国经济社会的快速发展和现代科技的进步，人们提高生活质量的要求与日俱增，对房屋附属设备的功能与质量的要求也在不断地提高，对物业服务企业责任和服务水平的要求也更高。

二、房屋附属设备的种类

房屋是由建筑本体、给排水、燃气等有关工程所构成的综合体。房屋附属设备通常是根据用户的要求和物业的用途而设置的，我国城市房屋附属设备主要有以下几类：

（1）给排水系统。给排水系统包括供水设备设施、排水设备设施、房屋卫生设备、热水供应设备等。

（2）电气工程设备系统。电气工程设备系统是指物业供配电、照明和电器控制的服务设备设施。

（3）安全设备系统。安全系统是与业主的人身安全、财产安全等关系密切的各类设备系统的总和，一般由消防系统、安防系统、防雷系统、防险照明系统构成。

（4）空气调节系统。空气调节系统主要有通风系统、空调系统和供暖系统。

（5）燃气系统。燃气系统是接城市燃气管网而形成的物业管网，由用气设备和燃气供应设备所组成。

（6）智能化技术设备系统。智能化技术设备系统主要由楼宇自动化、办公自动化和通信自动化三大系统组成。

三、房屋附属设备管理的内容

房屋附属设备管理的工作一般由物业服务企业的工程部门开展，并由专人负责。房屋附属设备管理的内容一般包括基础资料管理、运行管理和维修养护管理。

1. 基础资料管理

基础资料管理是房屋附属设备的基础管理，是物业公司为有效实现房屋附属设备的功能所搜集的有关资料信息、建立的管理准则和运用的基本管理手段。基础资料管理工作的内容主要有以下三方面。

（1）设备档案管理。设备档案管理一方面对设备技术档案进行了保管，另一方面为设备的运行、维护和管理等提供了资料信息依据。房屋附属设备的档案资料主要包括四类：①设备原始资料；②设备保养资料；③设备维修资料；④设备管理资料。

（2）管理准则。管理准则包括设备管理的标准和规章制度。设备管理的标准化为设备管理职能的实施提供了共同的行为准则，为设备的技术经济活动提供了基本的依据和手段，主要包括：技术标准，即各类设备的验收标准、完损标准及维修等级标准等；管理标准，即报修程序、信息处理标准、服务规范标准和考核及奖惩标准等。设备管理的规章制度主要由三部分构成：生产技术规程，主要是设备的安全操作规程和维修保养规程等；管理工作制度，包括运行管理制度、巡查制度、安全管理制度和预防检修制度等；责任制度，包括岗位责任制度、记录与报告制度、安全制度和交接班制度等。

（3）宣传教育。宣传教育工作主要是针对两类对象：对业主进行宣传教育，重点是有关合理和安全使用设备的宣传教育；对本企业员工的培训，内容主要有员工的思想教育、职业道德教育和技术业务岗位培训等。

2. 运行管理

房屋附属设备的运行管理是指物业服务企业在设备日常运行与使用过程中采取的各项管理工作，具有广泛性、日常性和安全性的特点。设备运行管理主要包括以下两方面的内容。

（1）设备运行时的劳动组织。设备运行时的劳动组织主要包括两个方面：在合理分工协作的基础上合理配置劳动力，即合理确定每个工作岗位的人数，可以按照设备定员、按照岗位定员或按照比例定员；根据设备操作的技术要求与岗位设置的要求，采取合理的劳动组织形式，如作业组组织和工作轮班组织等，以提高劳动效率。

（2）设备运行时的安全管理。房屋的附属设备种类繁多，具有一定的危险性，在使用、操作、维修的过程中，稍有疏忽就很容易发生事故，而且，设备的合理使用和安全操作也是减少维修损失、延长设备寿命的一个重要环节，所以应对维修操作人员进行安全作业培训与教育，对业主进行安全教育和宣传，建立设备的安全管理措施，并制定实施安全责任制度。

3. 维修养护管理

房屋附属设备的维修养护管理是指物业服务企业为保证设备完好率，对物业设备进行日常的常规性保养和日常巡视、检查、维修以排除运行故障，使设备处于正常良好的运行状态。其内容包括养护、检查和计划维修。

（1）养护。

设备的养护可以及时处理在运行过程中出现的问题，随时改善设备的使用条件与状况，保证设备的正常运行，延长设备的使用寿命。主要内容包括设备的清洁、润滑、紧固、调整、防腐等工作。同时，针对不同类型的设备，应根据技术特点和使用条件的不同，分类、分片对设备进行有重点的养护，通常分为日常养护、一级养护、二级养护和设备点检等。

1）日常养护。日常养护指设备操作人员对设备的经常保养工作，主要包括定期检查、清洁润滑、小故障及时排除、做好维护及其必要的工作记录等。

2）一级养护。一级养护是由设备的操作人员与维修人员按照保养维护计划对设备进行的保养维修工作，主要包括对设备进行局部解体、清洗、调整，以及按照设备的磨损规律对设备进行的定期保养等。

3）二级养护。二级养护是维修人员对设备进行的全面清洗、部分解体、局部维修、更换或修复磨损部件，以保证设备达到完好状态的保养工作。

4）设备点检。设备点检是根据维修养护的要求，由设备检修人员利用检测仪器或感觉器官，对某些关键部位进行的检测工作。

（2）检查。

检查是对设备的运行情况、工作精确度及磨损程度进行检查和校验，是设备维修养护管理的重要环节。按照工作时间的间隔，分为日常检查和定期检查，日常检查即每天检查和交接班检查，并同设备的养护相结合，由操作人员实施；定期检查同设备的维修相结合，按照计划日程表由专业的检修人员实施。通过检查，及时查明设备的隐患，针对发现的问题，制定改进的工作方案，有目的地做好维修前的准备工作，提高维修质量和缩短维修时间。

（3）计划维修。

设备的计划维修，是以设备的磨损理论和故障规律为依据，通过修复或更换磨损部件、调整精度、排除故障来恢复设备原有功能所进行的技术活动。

设备的磨损主要是由于在设备运行过程中的使用损耗和自然力作用的腐蚀老化，主要分为初期磨损、正常磨损和剧烈磨损三个阶段。一般来讲，要按照设备的磨损阶段，注意设备的合理使用和安全操作，通过对设备的检查掌握设备的磨损状况，了解各类零部件的磨损规律，掌握其使用年限，做好设备的维修养护计划。设备发生故障有一定的规律性，按照设备故障发生的次数及变化规律大致分为初期故障期、偶然事故期和磨损故障期三个时期。一般来讲，在初期故障期，要把握好安装、运输、调试和验收等工作，细致研究并掌握设备的合理使用和操作的方法；在偶然事故期，要加强安全操作管理，做好日常的维修养护；在磨损故障期，要进行预防维修和改善性维修。

四、相关法律法规知识

为了更好地掌握房屋附属设备的管理工作，还应了解各类用途物业的附属设备管理工作细化量化的标准，可参照《全国物业管理示范大厦标准及评分细则》、《全国物业管理示范住宅小区标准及评分细则》和《全国物业管理示范工业区标准及评分细则》学习制定房屋附属设备管理工作的标准和考评细则。

>>> 任务实施

在对房屋的附属设备进行管理的过程中，应首先明确房屋具体有哪些附属设备，然后按照管理环节确定管理的对象，并针对具体的管理对象，开展相应的管理工作。

>>> 学习评价

本任务的学习评价主要是按照知识目标和能力目标的要求，判断通过本任务的学习是

否能够胜任房屋附属设备的运行管理和维修养护管理的工作任务，以便及时、系统、准确地把握重要的学习内容、学习方法、学习过程、学习效果和学习难点，从而解决学习过程中存在的问题。

教学探讨

一、案例分析

某住宅小区业主李先生一天夜间加班回家，搭乘电梯时发现电梯内是暗的，于是就走楼梯回家。回家后立即向物业管理处报修，而维修人员对业主说："天已经很晚了，估计大家也不用电梯了，今天就我一人值班，明天早晨检查后再说吧。"李先生对维修人员的答复感到非常愤怒。

分析： 物业服务企业提供的服务是一种公共性服务，对其管理区域内的房屋及附属设施设备的管理、保洁、保安、绿化、小区日常事务管理等履行管理服务义务。当发现住宅的共用部位、共用设施设备损坏或接到物业损坏报修时，都应当立即采取保护措施，并按照物业管理服务合同的约定进行维修，做好物业维修、更新及其费用收支的各项记录，妥善保管物业档案资料和有关的财务账册。对水电、电梯故障等急修项目报修，应在 24 小时内完成维修，对门窗、水卫设备、屋面渗漏水等一般项目报修，应在 72 小时内完成维修。

物业管理处维修人员在接到电梯故障项目报修时，应在 24 小时内完成维修。针对维修人员的答复，物业管理处一方面应向李先生致歉，另一方面应迅速安排维修人员进行维修，用实际行动纠正错误，并对该接电话的维修人员进行处分，还要组织员工学习讨论，树立守法观念，强化服务意识，明确岗位职责，坚决杜绝此类事件的发生。

二、技能训练

某大厦建成后，由 A 物业公司管理。运行一段时间后，业主委员会决定由 B 物业公司来管理大厦。B 物业公司在顺利接管大厦后，立即着手解决业主对原物业管理意见较大的问题，温度的控制就是其中之一。工程部经理组织空调、自控专业的主管和技术骨干进行专题研究。经过认真仔细的讨论，所有与温度有关的因素都要进行重新检查，然后进一步分析，找到故障原因。经过几天紧张的检查，他们收集了大量的有关数据，并进行分析，最后发现问题出在冷热水的温度控制不好，进而怀疑冷热水电磁阀有问题。而大厦内空调电磁阀有近 3 000 个，而且都是进口产品，不可能仅用半年多就坏了。为了证实这一判断，他们又对电磁阀进行试验，终于找到故障的症结——水管内水的压力超过了电磁阀所能承受的压力，当电磁阀关闭时，仍会漏冷热水，因此温度无法有效控制。针对此问题应如何解决?

分析： 空调温度控制是每一个高档办公楼必须做好的一个服务项目，为客户提供一个舒适的工作环境。物业公司除了要有"全心全意为客户服务"的理念，同时必须有过硬的技术能力，否则服务难以到位。面对案例中的问题，B物业公司领导应该果断决定调换所有电磁阀，由工程部立即采购合格配套的电磁阀，并组织人员调换，从而解决长期存在的温度忽高忽低的问题。

拓展训练

某大厦中央空调镍化锂机组是用蒸汽作为动力来制冷，由附近的热水站统一供应蒸汽。中央空调进气管口径为100mm，每天用蒸汽起步计量为7.2t，而在5至6月份时，每天实际用蒸汽量仅为2～3t。为此，每天要多付3～4t的蒸汽费。面对这一情况，物业管理中心应该怎么办?

项目六　物业环境管理

项目概述

本项目首先从机构设置、基本措施、保洁范围、工作流程、作业指导书等方面详细介绍了环境卫生管理，从水体污染的防治及噪声污染的控制和治理两大方面阐述了环境污染的防治工作；然后从机构设置、绿化建设、绿化的日常维护等方面系统分析了绿化管理。本项目包括物业环境卫生管理和环境污染防治、物业绿化管理两项任务。

任务一　物业环境卫生管理和环境污染的防治

任务描述

李某是一位刚刚进入物业服务企业环卫部门的从业人员，希望清楚物业环境卫生管理的机构设置和基本措施，以及环境污染防治的工作任务。

任务分析

本任务要求清楚物业环境卫生管理的机构设置、基本措施和保洁范围，明确物业环境卫生管理工作的流程以及环境污染的防治。

相关知识

一、物业环境卫生管理

物业环境卫生管理是由物业服务企业通过宣传教育、监督治理和日常清洁工作，保护物业区域环境，防止环境污染，定时、定点、定人、定量、定质通过清、扫、擦、拭、抹等专业性操作，进行生活垃圾的分类收集、处理和清运。

1. 物业环境卫生管理机构的设置

（1）外包模式。物业服务企业将所管理的物业区域内的日常保洁工作委托给专业的清洁服务公司具体实施。物业服务企业只安排1～2名主管负责环境卫生的监督检查即可。

（2）企业自身承担模式。物业服务企业下设环卫部门专门负责环境卫生的管理与服务，招聘专业的清洁人员进行日常的清扫保洁工作。环卫部门的班组设置及人员配备，根据物业的类型、布局、面积及清洁标的物等的情况灵活设置。常见的是设置一个公共卫生清洁班，直接由部门经理负责，对于一个较大的物业服务企业来说，其环卫部一般下设三个班组，即楼宇清洁服务组、公共区域清洁组、高空外墙清洁组。

2. 基本措施

物业环境卫生管理的基本措施包括制定管理制度、制定清洁工作计划、抓好卫生设施建设和加强环卫宣传教育四个方面。

（1）制定管理制度。科学完善的管理制度是进行环卫工作的有力保障，物业服务企业应在国家和地方有关法律规定的基础上制定保洁管理工作的规章制度，主要包括：清洁员的岗位责任制、劳动纪律要求、奖罚条例，清洁卫生检查制度、清洁质量总结表、消杀服务检查表。

（2）制定清洁工作计划。清洁工作计划是具体实施清洁管理的主要依据，因此，清洁工作计划应明确每日、每周、每月的工作安排，以便实施和检查。

（3）抓好卫生设施建设。搞好清洁工作，除应具备日常使用的清洁机器工具、物料外，还应有相应的环卫设备，如环保车辆，包括清扫车、洒水车、垃圾运输车等，以及便民设施，如垃圾清运站、果皮箱、垃圾桶等。物业服务企业应多方位筹集资金，添置新设备，同时做好设备的保养工作。

（4）加强环境卫生的宣传教育。良好的环境卫生，既需要物业服务企业的管理，也需要业主的保护与配合。因此，应通过宣传教育，增强业主保护环境卫生的观念意识，自觉遵守有关规定，配合物业服务企业搞好环境卫生的管理工作。

3. 物业环境卫生管理的范围

物业服务企业保洁人员负责环境卫生的范围可以分为三个方面：

（1）公共部位的保洁。是对楼宇内从底楼（含地下）到楼顶天台的所有公共部位，包括楼梯、大厅、天台、电梯间、公用卫生间、公共活动场所和楼宇外墙等的保洁。

（2）共用部位的保洁。是对物业管理区域内的共用地方，包括道路、空地、绿地、公共停车场和公共娱乐地方等的保洁。

（3）清理生活废弃物。即对物业管理区域内生活废弃物（垃圾和粪便）的清理与保洁。

4. 工作流程

为达到精确的环境卫生工作标准，应先设计工作流程，理清环卫工作的脉络，方便过程控制。其中，环卫人员的工作流程主要是对员工的工作职责进行分配，使员工了解自己在工作中所处的位置及相互之间的工作关系；主管人员的工作流程使绩效考评思路更加清晰，从而更有效地对物业管理区域内的环境卫生进行管理。作业指导书是对工作流程的进一步细化，有利于指导操作人员的工作，有利于主管人员有效控制管理质量，方便业主的参与。

二、环境污染的防治

1. 大气污染的防治

物业环境大气污染的产生主要有三个方面：一是生活污染源，即人们在做饭、取暖、洗涤等过程中，所用燃料放出的有毒、有害气体、烟雾等造成的污染；二是工业污染源，即工矿企业在生产过程中和燃料燃烧过程中排放的煤烟、粉尘及无机、有机化合物；三是交通污染，即各种交通工具运行时排放出的发动机燃料燃烧后的尾气等造成的污染。大气污染的防治主要包括发挥大气的自净作用、采用植物净化、运用先进的科学技术和加强对大气污染的监测管理等措施。

2. 水体污染的防治

水体污染的防治主要包括：对于饮用水，要确保达到饮用标准，要按照规定进行消毒；发现工业废水的排放影响到饮用水时，要及时切断废水来源并加以处理；要教育居民不要把固体废弃物扔进水里，防止污染水体；对已经污染的水体，要警告人们不要再饮用；在物业区域内的沟渠、池塘里种植水草、荷花等，既能净化水体，又能美化环境。

3. 噪声污染的控制和治理

噪声污染的控制和治理主要是适当控制噪声源，合理规划物业管理区域的布局，增加噪声防护设施等。防治噪声污染的方法主要有：加强精神文明教育，引导人们增强尊重他人的意识；制定必要的管理办法，防治生活噪声；加强绿化工作，增加植物覆盖面积，设置噪声防护林带；限制进入物业区域的车辆数量等。

三、相关法律法规知识

为了更好地熟悉物业环境卫生管理工作，应了解各类用途物业的环境卫生管理工作细化量化的标准，可参照《全国物业管理示范大厦标准及评分细则》、《全国物业管理示范住宅小区标准及评分细则》和《全国物业管理示范工业区标准及评分细则》学习制定物业环境卫生管理工作的标准和考评细则。

任务实施

在开展物业环境管理工作时，应明确管理的对象，根据管理对象安排和实施具体的工作。在对物业环境卫生进行管理时，一般要制定四项基本措施保障环卫工作的有力开展，然后各岗位按照特定的工作流程，参照清洁作业指导书，对保洁范围实施环卫管理；防治物业环境污染时，主要是大气污染的防治、水体污染的防治及噪声污染的控制和治理。

学习评价

本任务的学习评价主要是按照知识目标和能力目标的要求，判断通过本任务的学习是否能够胜任物业环境卫生管理和环境污染防治的工作任务，以便及时、系统、准确地把握重要的学习内容、学习方法、学习过程、学习效果和学习难点，从而解决学习过程中存在的问题。

教学探讨

一、案例分析

张先生是某小区 601 室的业主。某凌晨 2 点左右突降暴雨，张先生发现雨水从 7 楼直接渗入到他的房间，家中的用品都不同程度地被水浸湿，装修也遭到一定的破坏。张先生发现，家中之所以进水，是因为楼顶的排水管道被饮料瓶堵塞，致使雨水不能及时从雨水管道排出，从而沿屋面缝隙从 701 室屋顶、墙顶等处流入家中。张先生找物业服务企业索赔，而物业服务企业认为自身没有过错。

分析： 这是因物业保洁服务不到位而导致的纠纷。物业保洁服务是业主和物业公司关注的焦点，是十分重要的形象工程，是对物业环境的清洁、保养。物业公司对物业管理区域内的住宅公用部位、公用设备和设施有定期清洁养护的义务。案例中明显是物业公司疏于管理，致使楼宇排水管被异物堵塞，造成暴雨时排水不畅，结果雨水侵入张先生家中造成损失。

针对本案例，物业公司应认真开展调查，争取弄清饮料瓶的来历，以便分清责任，并查找每日巡查记录，证明自己是否完全履行了物业管理服务义务。在日常管理中，物业服务企业应加强对员工爱岗敬业的职业道德和业务技能的培训，使员工具备高度的责任心和较强的岗位技能，熟练地按照物业保洁标准作业规程进行操作，达到环境卫生管理标准的要求，并加强管理人员的巡查监督，做到事事有标准、事事有记录，防患于未然。

二、技能训练

某天夜里 11:30，现代城某楼 2702 业主陈女士投诉 2602 业主家中有钢琴声，影响到家人的正常休息，要求物业公司派人协调处理。服务中心了解情况后致电 2602 业主张女士，询问事情缘由。张女士承认家中的确有人在弹琴，她认为自己的行为虽然有些不妥，但 2702 业主通过敲打暖气管、用力踩踏木地板等报复楼下的业主，也是不对的。通过物业公司的协调，双方业主商定弹琴时间定于每晚 10:00 以前。一周后的晚 9:20，物业公司又接到陈女士投诉，反映 2602 家中钢琴声大，影响了家中读小学孩子的正常睡眠，觉得原来商定的时间过晚，要求物业公司通知 2602 业主立即停止弹琴，如不合作，后果自负。物业公司本着负责的态度，电话询问张女士能否提前停止弹琴，以照顾楼上上学的孩子，但遭到张女士的拒绝。遇到这种情况，物业管理人员应如何进行下一步工作？

分析： 案例中2602房主家里的钢琴声对于2702房主已构成噪声污染，而且两户业主之间已构成了矛盾。遇到业主互相投诉，物业公司要主动两边跑、两边做工作，积极为业主解决矛盾，减少纠纷。针对案例中的情况，客服中心人员应当直接到2602房主家中，同张女士协商此事，请她换位思考。再通过对两家的沟通与协调，尽量达成新的协议，将时间提前，促使双方互相谅解。

任务二　物业绿化管理

任务描述

赵某是一位刚刚进入物业服务企业绿化管理部门的从业人员，希望了解绿化管理的机构设置和绿化管理的具体工作任务。

任务分析

本任务要求搞清楚物业绿化管理的机构设置，明确物业绿化建设和绿化日常维护的具体工作任务，美化物业区域内的环境，为业主提供一个优美的居住和工作环境。

相关知识

绿化是构成物业区域内美化优化环境的重要因素，能够调节物业区域内局部的生态平衡。绿化管理是一项功能与美观相结合的工作，是物业服务企业通过设立绿化管理机构、配备专职管理人员和制订绿化管理制度，对物业区域内的绿化过程实施的一系列管理活动。

一、物业绿化管理机构的设置

1. 外包模式

物业企业将所管理的物业区域内的绿化工作委托给专业的园林花木公司负责，并由有关人员负责与该专业公司签订外包合同、督促检查合同落实的情况。

2. 企业自身承担模式

物业企业成立专门的绿化管理部门，具体负责管理区域内的绿化管理工作，并聘用绿化工人进行日常的养护工作。其机构设置及人员配备应根据具体的管理范围、任务繁简程度等情况进行，一般设经理1名，技术主管或办事人员若干名。

二、物业绿化管理的主要内容

物业绿化管理既是一年四季日常性的工作，又具有阶段性的特点，如对植物的修剪、整形，主要内容包括绿化建设和绿化的日常养护。

1. 物业绿化建设

物业绿化建设主要包括绿地设计、进行树木的选择与配置、施工三步，具体操作如下：

（1）绿地设计。进行绿地设计时，应按照道路“实用、经济、美观”的原则，讲究功能与美观相结合的原则，对物业管理区域实施美化。

（2）树木的选择与配置。选择绿化植物的种类时，应选择生命周期较长、抗病虫害能力较强、清洁无臭无毒的植物；在配置绿化植物时，可采用规则式和自然式等不同形式，物业的园区采用规则式，远离物业的地方采用自然式，结合起来，则形成混合园林。

（3）施工。施工是达到设计效果的重要一环，直接影响绿化的质量和日后的养护工作，影响花木的生长及绿地美化的效果和各种功能的发挥，绿化工程可由园林工程部门建设，也可由物业服务企业自行组织施工。

2. 绿化的日常养护

绿化的日常养护需要经常性的管理，物业服务企业应落实专业专职养护人员，严防失管失养，放任自流；绿化的日常养护需要针对性管理，不同种类的花草树木具有不同的品行，对赖以生存的客观环境十分敏感，因而养护管理必须具有针对性，做到“适地适树”，以便“适者生存”；绿化的日常养护还需要动态性的管理，植物的功能和观赏效果不是短时间内所能显示出来的，而要有一个逐步提高和完善塑造的过程，并随着季节的变化而变化，因此养护管理要在不同时期掌握不同的养护重点。

绿化部门经理要对辖区内的园林绿化的概况有一个全面的了解，熟悉该物业区域的花草名称、特性和培植方法，掌握花草树木浇水与施肥、病虫害防治等基本规范和要求；绿化技术人员要对辖区所有的绿化带每周至少巡视一遍，并做好绿化巡视记录，填写《绿化养护周检表》，对发现的问题及时通知绿化养护部门处理，每月汇总并分析绿化巡视记录，对存在的重大问题和经常发生的问题，制定并采取相应的措施予以处理；养护管理人员应按照规定对本辖区绿地进行浇水、施肥、防治病虫害等具体工作，按规定每隔一段时间清除杂草一次，对新栽绿地，自栽种之日起 10 天内，需早晚浇水一次，待成活后，根据花草生长情况可酌情减少浇水次数，持续一星期干旱后要浇水一次，对病虫害每星期检查一次，如有病虫害应及时消杀治疗，每季度应施肥一次，保证树木花草生长良好。

三、相关法律法规知识

为了更好地掌握物业区域的绿化管理工作，还应了解各类用途物业区域内绿化管理工作细化量化的标准，可参照《全国物业管理示范大厦标准及评分细则》、《全国物业管理示范住宅小区标准及评分细则》和《全国物业管理示范工业区标准及评分细则》学习制定绿化管理工作的标准和考评细则。

任务实施

在组织绿化管理工作时，首先要了解机构设置，分清职责。然后开展具体工作，通过绿地设计、选择树林合理配置和具体施工三步进行绿化建设，绿化建设起来以后各岗位负责人员要保证绿化的日常养护。

学习评价

本任务的学习评价主要是按照知识目标和能力目标的要求，判断通过本任务的学习是否能够胜任物业绿化管理的工作任务，以便及时、系统、准确地把握重要的学习内容、学习方法、学习过程、学习效果和学习难点，从而解决学习过程中存在的问题。

教学探讨

一、案例分析

某小区内的公共绿化带种满了各种花草，一片生机。但是紧临 7 栋 2 单元前的公共绿化带里，各种花草却被青葱、萝卜、小白菜等蔬菜取代，种植面积大约有 $30m^2$，菜丛中还可看见粪便等物，苍蝇飞舞，还不时散发出难闻异味。数名业主多次与物业管理处和种菜的业主交涉，一直未果。种菜的业主声称：种有蔬菜的绿化带属于自己所有，种植何种植物由自己决定，而且物业管理处也同意其种菜的行为。但物业管理处的负责人表示：拔掉花草种上蔬菜的绿化带属于小区公共地带，任何人不得私自改变用途，更无“同意种菜行为”一说。

分析： 业主侵占绿地、私自种植蔬菜的类似事件主要是一个观念问题。绿地种植蔬菜只是改种其他绿色植物而并没改变绿地的用途，没有对其他人产生不利影响。但是，如同本案例中种植蔬菜的业主一样，这种行为是将归全体业主所有的公共部位——绿地据为己有，侵犯了全体业主的合法权益，破坏了环境的整体规划，甚至会因乱施肥污染小区的居住环境。

针对本案例，物业管理处应首先采取怀柔策略，与种菜业主进行协调沟通，进行规劝。然后，主动与业主委员会沟通，做好其他业主的工作，说明物业管理处的苦衷，获得他们的支持，展开舆论攻势，积极宣传《城市绿化条例》及相关法规，明确指出侵权业主所占绿地是归全体业主所有的公共部位，其行为是对全体业主权利的侵犯，属于侵权行为。最后，与业主委员会共同发出整改限期通知。

二、技能训练

某住宅小区的一棵梧桐的枯枝被风刮落，掉到停在楼下车位的一辆私家车上，砸坏了车的前挡风玻璃，但未伤及于人。车主向物业管理中心提出索赔，原因是物业管理中心对树木养护不当，所以应赔偿一切损失。而物业管理中心认为树木的折断是外力的作用，不可预见，因而不该赔偿。

分析： 该案例中枯枝掉落砸坏车辆玻璃系绿化管理不到位的问题，由于业主的车辆是停在车位上，因此，全部责任在于物业管理中心，物业管理中心应该赔偿车主的修理费用。而且，案例中的情况，反映了物业管理中心在绿化的养护管理上存在问题，特别是枯枝砸车事件完全可以避免，枯枝是可以看到的，只要在日常维护中细加修整就可预防此类事件的发生。

拓展训练

某小区休闲区前原来有一片敞开式绿地。绿地上亭榭多姿，曲径通幽，池水泛光，花木含情。春、夏、秋的傍晚时分，众多业主都喜欢在这里驻足小憩。然而，其中也有一些人不太自觉，随意在草地上穿行、坐卧、嬉戏，导致绿地局部草皮倒伏、植被破坏、黄土裸露，不得不反复补种和重植，成为小区管理中的一个难题，物业管理处想了许多办法都未奏效。请问你如何解决问题。

项目七　物业安全管理和纠纷防范与处理

项目概述

本项目从机构设置和主要内容两个方面介绍了物业安全管理，包括治安管理、消防管理和车辆道路管理；清楚物业管理纠纷的形成原因、防范措施和处理途径，能够正确防范和处理物业管理纠纷。本项目包括物业安全管理、物业管理纠纷的防范与处理两项任务。

任务一　物业安全管理

任务描述

李某是一位刚刚进入物业服务企业保安部门的从业人员，希望搞清楚物业安全管理的机构设置，以及治安管理、消防管理和车辆道路管理的具体工作任务。

任务分析

本任务要求了解物业安全管理的机构设置，熟悉治安管理、消防管理和车辆道路管理的工作内容，为业主提供一个安全舒适的工作和生活环境。

相关知识

物业安全管理是物业服务企业采取各种措施和手段，保证物业所有权人或使用人的人身和财产的安全，维持正常的生活和工作秩序的一种管理工作。物业安全管理包括治安管理、消防管理和车辆道路管理。

一、物业安全管理的机构设置

物业安全管理的机构设置与所管辖的物业类型、规模有关，物业面积越大、配套设施设备越多，班组设置也越多越复杂。物业服务企业的保安部门机构设置一般如图 2—1 所示。

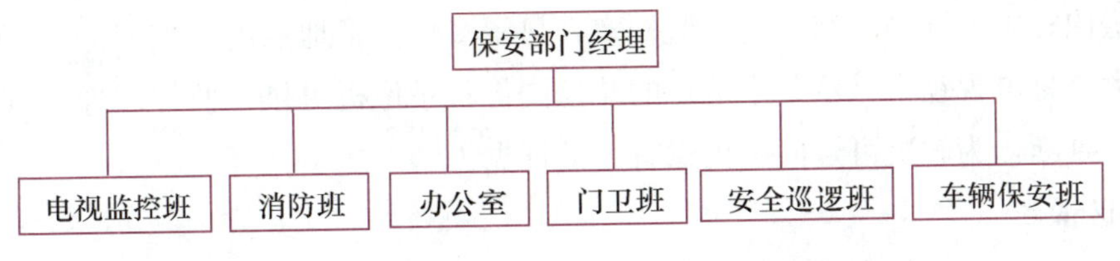

图 2—1　物业服务企业的保安部门机构设置

这种机构设置的优点是：每个班治安任务专一，便于熟练地掌握工作业务，也便于设施设备的管理。但由于每个专业班成员不可能同时上班，所以不利于治安工作的统一管理。

二、物业安全管理的内容

1. 治安管理

治安管理是指物业服务企业为防盗、防破坏、防意外及人为突发事件而对所管理的物业进行的一系列安全管理活动。主要内容有：

（1）门卫治安管理。门卫是物业安全的第一卫士，在物业治安管理中占有极为重要的地位，“友善与威严共存，服务与警卫并举”是门卫的基本要求。门卫要做好以下工作：①认真做好非办公时间人员出入登记工作；②严格制止闲杂人员、小商贩、推销人员进入辖区；③疏通车辆和人员进出，维护门口交通秩序，保证车辆及行人安全，使物业门前畅通无阻；④认真执行值班登记制度，详细记录值班中所发生的、处理的各种情况，发现可疑人员和事情后及时处理并迅速报告领导；⑤坚持执行业主的大宗及贵重物品凭证出入制度，确保业主的人身和财产安全；⑥积极配合其他保安人员，做好各项安全防范工作，把好管区大门关。

（2）巡逻治安管理。巡逻是物业安全的又一保障，门卫治安管理和业主的防范不可能防止所有不法分子的进入，加强对物业公共区域的保安巡逻可以消除一些不安全因素。保安巡逻有定时巡逻和不定时巡逻，有穿制服巡逻和着便衣巡逻，有白天巡逻和夜间巡逻，物业服务企业可根据物业的类型、业主的需求等选择保安巡逻的方式。巡逻保安必须做好以下工作：①巡视检查辖区内是否有不安全因素，发现情况及时采取有效的措施进行处理，并认真记录巡逻过程，做好巡逻交接班工作；②对形迹可疑人员进行必要的询问，劝说推销人员、小商贩等尽快离开辖区；③制止辖区的打架斗殴事件，制止辖区内尤其是电梯、公共走廊等处的大声喧哗、随地吐痰、吸烟等不文明行为；④配合其他部门工作，发现工程设备、清洁卫生等方面的问题及时向有关部门反映；⑤协助解决业主遇到的其他困难。

（3）电视监控管理。要提高物业治安管理水平，除了依靠治安管理人员，还要建立并完善治安管理的技术防范措施，电视监控系统就是物业治安管理的重要组成部分。电视监控系统主要由电子摄像头、电视屏幕和录像机三部分组成，电子摄像头一般安装在大楼的重要位置，如出入口、电梯内、电梯厅、停车场、公共走廊等公共地方，以及一些重要设备设施用房内；电视屏幕安装于电视监控室，显示多个摄像地点的监控图像，若有需要就可将整个大屏幕电视锁定显示某个地点的监控图像；录像机可录下监控图像，以帮助保安人员分析和判断，为解决可疑问题提供有力的证据。

2. 消防管理

由于火灾是物业区域内常见的灾害事故，而一旦发生火灾，就极有可能给业主的生命财产造成严重的危害，因此，消防管理在物业安全管理中占有头等重要的地位。消防管理是指物业服务企业依照法律规定，为保护业主的人身和财产安全，在物业管理区域内开展的防火和灭火管理工作。

（1）消防管理的机构设置。

物业服务企业的消防管理机构一般从属于公司的安全保卫部门，即在保安部门下设消防管理班或消防管理科，消防管理机构配备专职消防管理员，物业服务企业的全体员工都是义务消防人员。专职消防员按管理分工负责日常消防工作的运作、消防工作的检查、消防设备的维护和消防监控等。

（2）消防管理人员的职责划分。

消防管理人员的职责主要有：对物业服务企业和本部门的经理负责，认真学习消防知识，掌握各种消防器材操作技术及使用方法，对辖区内的消防工作进行管理、指导、督促、检查和整改等；落实各项防火灾安全制度和措施，严格贯彻执行消防法规；组织消防宣传教育，加强业主和使用人的消防意识，并负责所辖区域内动用明火作业的签批和现场监护工作；定期巡视、试验、检查、大修、更新各种消防设施、设备和器材，指定专职工作人员管好所辖区域内的各种消防设施、设备和器材，做好巡查记录，对于消防设施的故障和不足，应及时专门报告给主管领导，并做出维修计划；负责消防监控报警中心，24小时日夜值班，做好值班记录和定期汇报工作，发现火警、火灾时，立即投入现场指挥和实施抢救。

（3）消防管理的内容。

消防管理的内容主要有建立高素质的消防队伍、制定完善的消防制度和消防设备的管理，核心是“三落实”，即队伍落实、制度落实和器材落实。物业服务企业应在保安部设专职的消防班组，由年轻力壮、身体素质好、反应灵敏、行动迅速、责任心强、勇于献身的有一定文化水平的人员构成，最好是选择男性；完善的消防制度主要包括消防中心值班制度、防火档案制度、消防岗位责任制度、消防安全检查制度、专职消防的定期训练和演习制度，以及其他有关消防的规定；消防设备的管理主要是对消防设备的保养与维护，物业服务企业必须定期检查消防设备的完好、规范程度，对使用不当的地方应及时改正，要禁止擅自更改消防设备的行为，公共走火通道必须保证畅通，绝对不允许放置其他物品等。

（4）高层建筑消防管理的主要措施。

高层建筑消防管理的主要措施有：防火分隔，即消防部门要对高层建筑进行内部分区，设置防火和防烟区域，对电梯井、管道等处进行分隔；设置自动报警设施，消防部门要在楼房适当位置安装自动报警装置，当出现情况时警报自动响起，并配备自动灭火装置，如自动喷水设备；设置火灾事故照明设备和疏散标志，即在高层建筑的楼梯间、走道、人员集中场所和发生火灾时必须坚持工作的地方，设置事故照明设备，在人员疏散的走道楼梯等处设置灯光显示的疏散标志；一旦发生火灾而无法控制时，应迅速报警、拉响警报，然后安排专门的人员紧急扑救并把好大门。

3. 车辆道路管理

车辆道路管理是物业服务企业通过建立高素质的保安队伍、建立健全各种安全保卫制度和健全技术防范设施，对所管辖物业区域内的道路交通、车辆、停车场（或停车位）等实施的一系列管理活动。

（1）道路管理。

物业服务企业对管理区域内道路管理的内容主要是对已建成道路、设施设备的维修及部分道路的改造。物业服务企业的工作职责主要有：掌握各类设施的布局、结构情况；负责对道路的日常巡查，随时发现、及时纠正，对违反物业管理规定的现象作出相应处理；执行物业辖区内道路的维修计划；负责道路设施的日常养护工作等。

（2）交通管理。

交通管理的任务是正确处理人、车、路的关系，尽量做到人车分流，重点是机动车行管理。物业服务企业不仅要加强对司机和广大业主的宣传教育，还要制定居住区道路交通管理规定，其主要内容有：建立机动车通行证制度，禁止过境车辆通行；根据区内道路情况，确定部分道路为单行道；禁止乱停乱放车辆；限制车速，铺设减速墩，确保行人安全。

（3）车辆管理。

物业区域内的车辆管理主要包括对机动车、摩托车、助动车、自行车的管理。物业服务企业的主要职责是禁止车辆乱停乱放和防止车辆丢失、损坏。车辆管理工作琐碎，因此必须建立严格的管理制度，包括门卫管理制度和车辆保管规定。

（4）停车场（或停车位）管理。

物业辖区一般都设有专用的机动车停车场或固定的停车位。停车场分地面停车场和地下停车库两大类。其管理要点主要有：场内区位要明确；场内光线要充足；场内标志要清楚；车辆进出要严格；防盗和防损措施要得力。

三、相关法律法规

为了更好地掌握物业安全管理工作，要加强相关法律知识的学习，包括《民法通则》、《合同法》、《物权法》、《消防法》、《物业管理条例》、《高层居民住宅楼防火管理规则》等。

任务实施

在组织开展物业安全管理工作过程中，应首先了解物业安全管理的机构设置，合理进行职责分工。在实施治安管理时，要做好门卫治安管理、巡逻治安管理和电视监控管理；在开展消防管理时，要了解消防管理的机构设置和消防管理人员的职责划分，掌握消防管理的内容和高层建筑消防管理的主要措施；在进行车辆道路管理时，主要是对道路、交通、车辆和停车场（或停车位）进行管理。

学习评价

本任务的学习评价主要是按照知识目标和能力目标的要求，判断通过本任务的学习是否能够胜任物业安全管理的工作任务，以便及时、系统、准确地把握重要的学习内容、学习方法、学习过程、学习效果和学习难点，从而解决学习过程中存在的问题。

教学探讨

一、案例分析

某日凌晨5时左右，某小区刘先生家突发火情。自发扑救的邻居打开楼内所有消防栓箱，不仅找不到消防水带，甚至打开的阀门连消防水都没有。消防人员赶到时，因消防通道停有业主车辆，消防车无法驶入，难以靠近发生火灾的楼宇，消防队只好奔赴另外的取水点取水扑救。由于以上原因，贻误了火灾扑救的时机，致使火势疯狂蔓延，造成包括刘先生家在内的6户居民受损。

分析： 消防管理涉及物业辖区内的人身、财产安全，是物业公司各项管理中的重点工作，物业公司应按照规定配置消防设施和器材，设置消防安全标志，并注意抓好以下工作：一是要加强消防设备设施及消防器材的配置，使用先进的消防安全系统；二是要加强消防设备设施的维修保养，使这些设备设施始终处于良好的使用状态；三是要加强辖区内的消防巡查，重点检查易出现隐患的区域或部位，巡查消防设备设施是否齐全完好；四是要加强消防宣传，树立“群防群治”的意识，树立全民全员的消防安全意识；五是要做好火灾处置预案，定期组织消防演习，培训员工和用户的火灾应变处理能力。

针对案例中的情况，管理公司应深刻认识自己的错误，与刘先生等6户居民协商，在分清责任的情况下，给予一定的赔偿。消防部门应处罚小区物业主管人员，并要求物业公司限期整改消防隐患。此外，物业公司应大力落实各项消防措施，加强消防巡查，并充分利用这一典型案例，宣传《消防法》有关规定，要求广大业主配合做好消防工作，不得随意使用、挪用消防器材，树立消防意识，促成小区的安全环境。

二、技能训练

某小区的花坛间、楼道里，停放了很多废旧的自行车，锈迹斑斑、灰尘遍布。虽然车棚有专人守护，每辆自行车也只要5元钱的保管费用，但这些自行车的车主不愿出钱而乱停放。在小区的楼道间里，以居委会、物业管理中心的名义张贴着通知：“小区里许多废旧自行车乱停乱放多年，为维护小区环境，请车主尽快将其清理掉，逾期将视作无主垃圾处理。”但是，在截止日期过后情况依旧，业主根本没有理会。物业管理中心负责人表示，这些自行车虽然车胎坏了、钢圈生锈了、坐垫也没了，但毕竟是业主的财产，车钥匙、相关证件都在车主手里，物业管理中心也不方便处理。针对此问题，物业管理中心应如何解决?

分析： 首先，需要明确的是法律保护私有财产不可侵犯。小区里的废旧自行车虽因不妥善保管已影响到他人的利益，但物业管理中心不能按垃圾废弃物随意处理，应对废旧自行车进行摸底登记，弄清车主。然后，物业管理中心应主动与居委会、业主委员会及支持清理废旧自行车的业主做好沟通，营造有利于废旧自行车清理工作的舆论环境，同时，开展不同方式的劝说工作，做好废旧自行车车主的思想工作，争取问题的有效解决。

任务二　物业管理纠纷的防范与处理

任务描述

王某是一位物业服务企业客户服务中心的从业人员，希望明确物业管理纠纷的形成原因，能够胜任防范和处理物业管理纠纷的工作任务。

任务分析

本任务要求明确物业管理纠纷的形成原因、防范物业管理纠纷的有效措施和处理物业管理纠纷的有效途径，从而提高从业人员对纠纷的处理能力，减少纠纷的产生，提高物业服务企业的管理服务水平，促进和谐社会的形成。

相关知识

纠纷一般是指争执的事情，与异议不同，异议是指不认同、不赞成，提出质疑或拒绝，两者在程度和起因上明显不同，要加以区分。物业管理纠纷是指在物业管理与服务过程中，相关法律关系主体之间因对同一项与物业有关、与物业管理服务有关或与具体行政行为有关的权利和义务有相互矛盾（对立、对抗）的主张和请求，而发生的争执。在物业管理实践中，物业管理纠纷主要发生在业主与物业服务企业、业主与开发商之间。

一、物业管理纠纷的形成原因

物业管理在我国起步比较晚，相应的法律法规也不够健全，近些年随着经济的发展物业管理在我国城市建设和发展的过程中显得越来越重要也越来越普遍，而人们对物业管理这样一种新生事物认识还不够全面，从而使得物业管理纠纷越来越多，归纳起来主要有以下几个方面：一是物业管理行业尚未完全规范化；二是物业管理行为法律法规不健全；三是物业服务企业服务意识不到位；四是业主对物业消费认识不足；五是政府主管部门的不作为或效率低下；六是房地产项目开发时留下隐患。

二、物业管理纠纷的防范措施

物业管理纠纷是困扰着业主和物业服务企业的一大难题，目前我国的法律法规中还没有关于物业管理纠纷的明确规定。为了有效地防范物业管理纠纷，需要在物业管理实践中做到以下几点：

1. 弄清法律关系，明确物业管理的地位

在物业管理过程中，物业服务企业和业主之间是平等主体之间的委托服务合同关系，业主是物业管理的服务对象，业主有权选聘或解聘物业服务企业；具有法人资格的专业的物业服务企业是实施物业管理的实体，物业服务企业通过合同或契约接受业主的委托，代表业主运用经济手段经营管理物业，为业主提供有偿的服务。

2. 规范物业服务企业自我管理服务行为

为了避免纠纷的产生，物业服务企业要认真签订服务合同，要遵守法律法规，坚持物业管理的基本原则，要树立"以业主为本"的管理服务理念，加强物业服务企业自身的规章制度建设。

三、物业管理纠纷的处理途径

由于目前我国的法律法规中对物业管理纠纷还没有明确的界定，因此，物业管理纠纷主要依据《物权法》、《物业管理条例》、《物业服务收费管理办法》、《物业服务收费明码标价规定》、《前期物业管理招标投标管理暂行办法》、《业主大会规程》、《房屋建筑工程质量保修办法》、《住宅室内装饰装修管理办法》、《住宅共用部位共用设施设备维修基金管理办法》、《城市异产毗连房屋管理规定》和《城市新建住宅小区管理办法》等法律法规，按照合法原则、地域管辖原则、尊重协议（或合同）原则、着重调解原则等进行处理。处理物业管理民事纠纷的方式有当事人协商、调解、仲裁和诉讼，处理物业管理行政纠纷的方式有行政复议和行政诉讼。

四、相关法律法规知识

为了更好地防范与处理物业管理纠纷，要加强相关法律知识的学习，了解相关规定与处理办法，特别是《民法通则》、《合同法》、《物权法》、《物业管理条例》、《住宅共用部位共用设施设备维修基金管理办法》、《物业服务收费管理办法》、《物业服务收费明码标价规定》等。

>>>任务实施

在日常的物业管理工作中，应弄清法律关系，明确物业管理的地位，规范物业服务企业自我管理服务行为，尽量避免物业管理纠纷的产生；而当物业管理纠纷发生时，应首先分析成因，理清当事人之间的法律关系，根据具体情况，采用当事人协商、调解、仲裁、诉讼、行政复议或行政诉讼等方式解决问题。

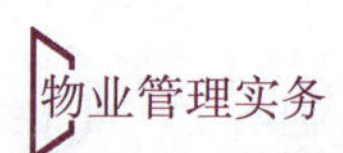

学习评价

本任务的学习评价主要是按照知识目标和能力目标的要求，判断通过本任务的学习是否能够胜任物业管理纠纷的防范和处理工作任务，以便及时、系统、准确地把握重要的学习内容、学习方法、学习过程、学习效果和学习难点，从而解决学习过程中存在的问题。

教学探讨

一、案例分析

2000年7月1日某房地产开发公司委托其物业管理有限公司（简称“F物业”）对其开发的住宅小区实行物业管理，委托管理期限自2000年7月1日起到2002年7月1日止。2000年9月16日，该小区的宋女士在收房后，和其他业主一样与F物业签订了《业主公约》、《前期物业管理服务协议》，其中规定宋女士每月向F物业按0.5元/m^2交纳物业管理费。但是，从2001年2月1日起，宋女士就拒绝交纳物业管理费。F物业诉请法院判令宋女士向其交纳2001年2月—2002年9月30日的物业管理费1 120元，并按每天0.21%支付滞纳金。

而宋女士表示，自己从2001年2月1日起未交纳物业管理费是事实，但这是有原因的，而且其他业主也支持。首先，委托管理期限是自2000年7月1日起到2002年7月1日止，所以原告无权要求自己交纳2002年7月至9月的物业管理费。其次，原告未按合同约定为其提供服务，所以无权向自己收取物业管理费，主要表现有：未按合同约定每半年公布一次财务状况，小区内老人活动室及公共停车场被物业擅自出租并私吞租金，小区内下水道堵塞，公共场地用于养鸡，绿化地用于种菜，地下车库用于堆放废品，景观池没有开放，消防存在安全隐患，垃圾未及时清理。此外，业主都已按规定向物业交纳水费，但却被自来水公司告知该小区已欠水费60余万元。因此，她请求法院驳回原告的诉讼请求。宋女士的观点在该小区中得到大多数业主的支持，宋女士不交纳物业费的抗争方式，随后被许多业主效仿。

分析： 从本案例的本质属性看，应属于对合同的履行是否存在违约行为，并如何承担责任。从案例的情况可看出，F物业与宋女士签订的《业主公约》、《前期物业管理服务协议》系双方真实意思表示，且内容不违反法律规定，故双方均应按协议履行。

F物业与该房地产开发公司所签订的委托管理合同虽于2002年7月1日止，但此日期后F物业仍然为小区提供物业管理服务，而且业主也未提出终止要求，那么F物业与宋女士之间的物业管理服务关系依然存在，所以，宋女士提出的F物业无权要求自己交纳2002年7月至9月的物业管理费的说法不成立，按照物业管理服务“谁享用、谁付费”的原则，宋女士仍然负有支付相应物业管理费的义务。从F物业履行物业管理服务合同的实际状况看，其所提供的物业管理服务确实存在瑕疵，属于物业服务企业未按合同要求提供服务或其服务质量与合同约定不符的违约行为。依照物业服务收费应当遵循费用与服务水平相适应的原则，物业服务企业提供服务的质量应按质定价，适当减少业主应交纳的物业管理费用。另外，由于F物业履行合同中有一定的违约行为，所以，其所要求宋女士交纳的物业管理费滞纳金不能成立。

因此，宋女士应按照原物业管理费一定的百分比向F物业交纳2001年2月—2002年9月30日的物业管理费。而F物业也应看到自己在履行物业管理服务合同方面的不足，向业主说清自己的难处，求得理解，主动按照合同法的要求给予业主适当的减免，并积极改进服务质量，与业主保持良好的沟通，以使问题在改进中逐渐得到解决。

二、技能训练

某高层住宅小区建于1988年，商品房预售许可证是在1998年10月1日前核发的。按照《住宅共用部位共用设施设备维修基金管理办法》的规定，该小区物业管理处要求业主依照规定，按购房款的2%交纳物业管理维修基金，引起小区业主们的强烈反对，大多数业主认为维修费应从管理费中支出，就是要交钱也应由开发商支付。因此，管理处决定暂缓收缴维修基金，但小区内的电梯、消防设备已趋于老化，电梯困人现象时有发生，消防设备几近瘫痪，居民投诉不断。

分析： 针对案例中的情况，一方面，物业管理处可以将维修基金分步筹集，先把收到的维修基金转入指定的代管银行建立专户，并按物业维修基金建立程序操作，不足部分可分几年筹集。而且，还可以从每月的物业管理费盈余中提取部分资金做维修基金，从而减轻业主负担。另一方面，物业管理处应向业主宣传有关维修基金的国家法律法规，使业主了解维修基金在物业管理中的作用，以及收取维修基金的严肃性、规范性，催促业主继续交费。另外，物业管理处应利用所收到的维修基金有计划地对小区内的电梯及消防设备进行维修及更换，排除后患。

拓展训练

近日，某商业大厦内一客户的轿车丢失。当客户进入大厦时，大厦停车场的车辆管理员对该车辆进行了发卡工作，停车卡上写有“本大厦停车场只提供车辆的场地使用，不负责车辆的保管，请各位车主自行保管！”。当客户发现车辆丢失后，立即向物业管理处要求索赔，但物业管理处拒绝赔偿，于是双方发生争执。请结合本项目知识给出解决方案。

模块三　居住性物业管理

教学目标

● **知识目标：** 通过本模块的学习，应达到以下要求：

1. 了解居住小区的含义、功能，了解高级公寓、别墅的种类和特点；

2. 熟悉居住小区物业管理的原则和模式，以及居住小区、高级公寓、别墅物业管理的特点和要求；

3. 掌握居住小区物业管理的目标和内容、达标的考核要求，掌握高级公寓物业服务的内容和别墅物业管理的重点。

● **能力目标：** 通过本模块知识积累和实践操作，应培养以下基本技能和基本能力：

1. 分清各类型居住性物业包括居住小区、高级公寓、别墅的含义、特点及分类；

2. 能够根据不同类型的居住性物业的特点，确定具体的物业管理目标；

3. 具备对各类型居住物业管理的实际操作能力。

模块概述

本模块包括三个项目：一是能够清楚居住小区物业管理的内容，能够对居住小区物业管理进行物业服务质量的考核工作；二是能够依据高级公寓物业管理的内容和要求开展具体的物业服务工作；三是要依据别墅物业管理的具体任务开展具体的物业服务工作。

项目八　居住小区的物业管理

项目概述

本项目要求搞清楚居住小区的特点和功能，明确居住小区物业管理的目标和要求，能够依据居住小区物业管理的常规性的公共服务、针对性的专项服务和委托性的特约服务的服务质量达标考核要求进行考核与评价。本项目包括居住小区及居住小区物业管理的目标和总体要求、居住小区物业管理的内容和具体要求两项任务。

任务一　居住小区及居住小区物业管理的目标和总体要求

任务描述

李某是某物业管理岗位的新员工，被分派到某居住小区的从事居住物业服务工作，他希望明确居住小区的特点和功能、居住小区物业管理的目标和总体要求，以便自己开展工作。

任务分析

为完成本任务，需要搞清楚居住小区的特点和功能，明确居住小区物业管理的目标和总体要求，实现居住小区的物业服务的社会效益、经济效益、环境效益和心理效益的统一。

相关知识

一、居住小区的特点和功能

1. 居住小区的特点

居住小区是一定区域内多栋住宅建筑的联合，是集居住、服务、经济、社会功能于一体的社会缩影，所以相对于其他物业，居住小区更注重物业的整体性和相关性。概括而言，居住小区的特点主要有：①规划建设集中化，使用功能多样化；②居民结构整体化，配套设施系统化；③产权多元化，管理复杂化；④使用和运行的社会化。

2. 居住小区的功能

居住小区是一个集居住、服务、经济、社会功能于一体的社会的缩影，一个完整的居住小区既有成片的住宅、公共建筑配套的市政公共设施、生活服务设施、商业网点和室外绿化等生活的物质环境，又有人际关系和社会公德的社会环境，还有经济环境。居住小区的功能主要有：①居住功能；②服务功能；③经济功能；④社会功能。

二、居住小区物业管理的目标和总体要求

1. 居住小区物业管理的目标

居住小区物业管理不仅要对住宅小区内的房屋建筑及其设备进行维护修缮和整治，还要为居民创造整洁、文明、安全、生活方便的居住环境。具体而言，居住小区物业管理的目标就是要实现社会效益、经济效益、环境效益和心理效益的统一。

(1) 社会效益。居住小区的社会效益表现为为居民提供一个整洁、文明、安全、生活方便的居住环境。这种安全、舒适的居住环境是融交通、绿化、卫生、文化、教育和娱乐为一体的整个社区环境，不仅体现在人际关系的调节，也体现在社会安定团结的维护。小区实行物业管理后，小区复杂繁琐的管理工作和各种投诉的处理都由物业管理公司负责，

政府只需制定有关的政策规定，对小区实行指导、协调和监督。

（2）经济效益。居住小区的经济效益从以下几方面表现出来：首先，居住小区物业管理是一种企业行为，经济效益应放在经营的首位，物业管理通过各种有偿服务，增加管理费用的来源。其次，业主方面的经济效益表现为通过物业管理企业对物业专业和科学的管理，维护好房屋住宅及附属设备、设施，延长其使用寿命。

（3）环境效益。居住小区是城市大环境中的小环境，是与广大居民的身心健康最为密切的环境。物业管理企业通过对小区内的绿化、上下水及用煤、液化气的专业管理，不仅有助于人的身心健康，还将对城市建设产生积极的影响。居住小区物业管理的好坏，直接关系到环境效益的好坏。

（4）心理效益。心理效益是反映在居民心态中的一种主观愿望，一种居住环境理想的境界和心理价位，也可以叫做期望值。通过物业管理企业专业的服务，如果住宅和环境的安全、舒适、优美程度已经达到或超越业主的期望值，居民就会产生一种满足感和幸福感，即所谓的心理效益。

2. *居住小区物业管理的总体要求*

居住小区物业管理是一项服务性很强的工作，关系到千家万户的生活、休息、安全、卫生等多方面。居住小区管理中的服务工作具有长期性和群众性的特点，因此，物业管理企业必须坚持“服务至上，寓管理于服务之中”的原则，树立“为业主服务，对业主负责的指导思想”，居住小区物业管理服务的基本要求，概括为以下几个方面：

（1）物质环境管理要求。物质环境管理要求主要表现在增强住宅功能、搞好小区配套设施建设和创造小区优美环境三个方面。要增强住宅功能，即要求在房屋的使用管理中，一方面要求住户按建筑用途设计使用，不得随意滥用和擅自改变房屋的设计功能和结构；另一方面物业管理企业要把握住宅建设和房屋装饰的发展趋势，不仅要在入住后期的室内装修规定中积极引导居民，增强厨房、卫生等生活设备安装的合理性和舒适性，而且可以就开发前期的住宅设计建设献计献策，提高房屋的结构、空间、采光等功能。同时，物业管理企业还要制定相关管理制度和规定，要定期对房屋共用部分进行日常管理和维修养护，最大程度地延长居住建筑的经济寿命；在小区配套设施建设方面，物业管理企业要按照“统筹考虑，添建补缺”的原则，就近配置消防、卫生、治安、交通服务设施等公共建筑设施，要对共用设施设备定期组织巡查，做好巡查记录，做到及时维修；在创造小区优美环境方面，要做好小区道路、广场、停车场、绿地等每日最少一次的清扫。根据花卉、绿篱、树木等品种和生长情况，及时修剪整形，保持观赏效果，做到公共建筑、公共设施、公共地带、住宅和道路旁都有绿地，充分利用雕塑、假山、水池、喷泉等建筑小品来装饰小区环境，使小区拥有一个布局合理、搭配有序、构成系统的优美环境。

（2）社会环境管理要求。物业管理企业要注意协调和理顺各方面的关系，充分发挥小区管委会的作用，调动各方面的积极性，进行综合治理，共同做好小区内的各项管理工作，同时不定期组织居住小区文化活动，加强小区的精神文明建设，创造良好的社会环境。

（3）财务管理要求。物业公司是以管理与服务为中心的经营型企业，为了提高公司经济效益，扩大收入来源，公司的财务管理要统筹各经营单位，自然比经营业务单纯的企业来得复杂些，财务管理在这里就显得尤其重要。同时物业管理公司要在小区管理中采取有效的措施，提高管理费的使用效率，节约使用管理经费，以最大限度的资金来满足良好居住小区管理的需要。做好物业财务管理工作对居住小区至关重要。

（4）居住小区物业管理的新思路。随着社会经济的发展和人们对居住标准的提高，物业管理企业现有的相关服务项目和服务标准越来越难满足业主的需要，如何开拓新型服务市场，实现居住小区专业化、社会化、契约化和经营型管理的转化过程，是当前物业管理中一个尤为重要的问题。

三、相关法律法规知识

为了更清楚地明确居住物业及管理的特点和要求，要加强《民法通则》、《合同法》、《物权法》、《物业管理条例》、《住宅建筑设计规范》、《住宅共用部位共用设施设备维修基金管理办法》、《物业服务收费管理办法》、《物业服务收费明码标价规定》等知识的学习。

任务实施

通过学习本任务的知识，要搞清楚居住小区的特点和功能，明确居住小区物业管理的目标和要求，不断提高居住物业的服务水平和业主满意度。

学习评价

本任务的学习评价主要是按照知识目标和能力目标的要求，判断通过本任务的学习是否能够明确居住物业及其管理服务的特点与要求的目标，以便及时、系统、准确地把握重要的学习内容、学习方法、学习过程、学习效果和学习难点，从而解决学习过程中存在的问题。

教学探讨

一、案例分析

在南京某些临街小区，有一些规模虽小但是很有特色的小饭馆、小酒吧，它们设在居民楼内，是小区业主利用自己的住房改建的，多半设在一楼。这些小店给周围居民带来了生活上的便利，能够满足一些小区业主的现实需求。但就像一枚硬币有正反两面一样，这些店铺也产生了一些负面影响。例如：有的店铺经营到半夜，人声嘈杂，严重影响了其他业主的休息；经营餐饮的店铺会产生油烟，由于没有增加排烟设备，对小区的周围环境造成了很大的污染。如果你是该小区的物业管理人员，从法律角度来讲，你认为这些业主有权将自己的住宅用来从事经营性活动吗？

分析：《物权法》规定：业主不得违反法律、法规以及管理规约，将住宅改变为经营性用房。业主将住宅改变为经营性用房的，除遵守法律、法规以及管理规约外，应当经有利害关系的业主同意。这里的“法律”应当理解成全国人大及其常务委员会颁布的规范性文件，“法规”应当理解为国务院颁布的行政法规，而不是地方性的规定。对于一般的商品房，目前国家并没有出台相应的法律禁止业主将其改为经营性用房，但不排除国家以后会出台相关的法律法规。同时，业主能否将商品房改为经营性用房，还要看业主所在小区的业主大会或业主委员会有没有制定禁止将住宅改变为经营性住房的管理规约。如果业主大会或业主委员会基于大多数人的意思，根据法定的程序制定该禁止规约，那么个别业主应当遵守。

该条例中的“需经有利害关系业主同意”条款，应当理解为受到经营行为影响的业主同意，其范围视具体情况而定。对于距经营物业较近的住宅业主，如果影响范围较大或者对影响范围有争议，则可以提交业主大会或者业主委员会讨论。为免日后纠纷，业主委员会可以建议双方用合同形式表明态度，合同对经营的项目、营业时间等进行详细约定，对于违约后果，双方可以按合同要求赔偿。

二、技能训练

顾某与张某是某居住小区的901室业主，某公安分局为101室业主，保安公司为101室承租人。2007年3月3日，保安公司向居住小区的物业管理公司递交了G7轴墙上开门洞的申请，并且附上了设计所出具的施工图。物业公司提请开发商工程部确认，开发商工程部收到申请后批示：待正规设计图纸及有关手续齐全后同意施工及验收。保安公司于3月上旬开始施工，顾某与张某发现后加以阻止。3月下旬，保安公司未经任何部门同意又开始施工，并在该房屋（2—7）轴墙上距地坪110cm处开凿了95cm×105cm的门洞，在G7(G—G）轴墙上开凿了90cm×200cm的门洞，在G(7—8）轴墙上开凿了90cm×200cm的门洞。为此，双方发生纠纷，因协商未果，诉至法院，请求判令公安分局以及保安公司停止侵害，恢复承重墙原样。

一审过程中，被告委托房屋质量监测站对开洞后的房屋结构安全性进行检测。结论为：开凿的三个洞口符合结构力学分析上对承重墙开洞规则，对底层剪力墙整体配筋要求不产生影响，且已进行加固，不影响该大楼的安全使用。

一审法院认为，对承重墙的报建应报业主委员会同意及所在地房地产管理部门批准后方可实施，两被告未履行前述手续即擅自施工的行为是错误的，应予批评。依据有关部门的鉴定，被告开凿门洞的行为未破坏大楼的整体承重结构，也未给大楼安全造成影响。一审法院判决并没有支持顾某和张某的诉讼请求。顾某和张某不服一审判决，提起上诉。

二审法院经过审理，撤销一审判决，支持了顾某和张某的诉讼请求。

分析： 本案中的保安公司未征得其他所有人的书面同意，擅自开凿门窗改变承重墙的外形和承重墙结构的完整性，侵犯了顾某和张某对共有墙体的财产所有权。鉴定报告不能证明变动承重结构是否合法以及该变动是否侵害他人利益。二审法院经过审理，认为物业管理公司和开发商无权批准该施工项目；并且根据《城市异产毗连房屋管理规定》以及当地的法律法规，承重墙结构属于承重结构，是整栋建筑物的共有部位，属于全体房屋所有人共有。所有人和共有人对共有部位应共同合理使用，不得损害他方利益。一方所有人如需改变共有部位的外形和结构时，除须经过有关部门批准外，还须征得其他所有人的书面同意。一方所有人或使用人不能超越权利范围，侵害其他共有人的权益。

任务二　居住小区物业管理的内容和具体要求

任务描述

张某是一位从事物业管理工作不久的物业管理员，公司准备指派其负责某居住小区的物业管理工作。他希望明确居住小区物业管理的具体内容和服务质量考核的相关标准，以便更好地开展工作。

任务分析

本任务要求明确居住物业管理的相关专业知识和专业技能，能够承担房屋维修、设施设备的使用管理、环保环卫管理、绿化管理、治安管理、消防管理等工作任务。

相关知识

一、居住小区物业管理的内容

居住小区物业管理的内容按照服务的性质和提供的方式可以分为常规性的公共服务、针对性的专项服务和委托性的特约服务三大类。

1. 常规性的公共服务

常规性的公共服务是物业管理企业面向全体小区业主提供的最基本服务，具体包括：房屋建筑主体的定期维护与保养，公共、市政设备设施的维护管理，环境卫生管理，绿化管理，治安管理，消防管理，车辆管理等，目的是确保小区整体物业的完好和正常使用，这也是物业管理最基本的工作。因此，物业管理公司有义务按时提供这类服务，其服务类型和要求具体见表3—1。

表 3—1　　物业管理公共服务一览表

序号	公共服务类型	公共服务的要求
1	房屋建筑主体的定期维护与养护	房屋建筑主体的定期维护和养护可分为小修养护、计划养护和季节性养护 3 种类型。物业管理人员可以定期或不定期地对辖区内住用户走巡查访，并且在走访中查看房屋，主动搜集住用户对房屋维修的具体要求，及时发现住用户尚未发现或忽略的房屋险情及公用部位的损害，物业管理公司可以通过建立查房手册来提高走访查房的实际作用。同时，为了方便住用户随时报修，物业管理公司可以在辖区内的繁华地段和房屋集中的地方设置便民报修信箱，供住用户随时投放有关的报修单和预约上门维修的信函。建立接待值班制度，配备一名专职或兼职报修接待员，负责全天接待记录住用户的电话、信函和来访。通过走访巡视和接待报修等方式收到小修工程服务项目时，按项目的轻重缓急和劳动力情况，作出维修安排
2	公共、市政设备设施的维护管理	保证供水、电、热、气以及电梯和消防系统的正常运转，保证道路、污水排放管道畅通无阻；保证公共配套实施达到国家的相关标准，运营正常；保证小区内道路通畅，道路平坦清洁，排水通畅。物业设备设施在使用过程中常会发生污染、松动、泄露、堵塞、磨损等多种故障，从而影响设备设施的使用，因此，要经常地对设备进行检查、养护和调整，维修养护的方式主要有清洁、紧固、润滑、调整、防腐及外观的表面检查。要对长时间运行的设备设施巡视检查、定期切换、轮流使用，进行强制养护
3	环境卫生管理	小区公共场所中大堂、楼道、大厅、道路、花坛、绿地、停车场等容易脏的地方每天都要进行清洁，甚至保证每天清洁多次；地毯、玻璃、裙墙、建筑小品、公共健身器材等部位除了日常要注意保持干净外，在一定时间内要集中进行彻底清洁。小区垃圾要每天清运，场地要每天清扫，小区道路达到“六不”、“六净”标准，即“不见积水、不见尘土、不见杂物、不漏收堆、不乱倒垃圾和不见人畜粪；路面净、路沿净、人行道净、雨水口净、墙坑墙根净、果皮箱净”
4	绿化管理	加强小区的绿化养护，对绿化带、区内小公园、道路两侧的树木、花草及建筑小品设专人管理。宅旁庭院绿化树种选择要体现多样化，布局方式不同化，以便居民识别，做到布局的人性化。住宅周围常因建筑物的遮挡造成大面积的背光区，因此，要适宜地选择一些耐阴的树种，如桧柏、水腊等。宅间绿化布置形式要多种多样，主要包括树林型、草坪型、绿篱型、围栏型、花园型、独院型等。小区主要道路要绿树成荫，道路两侧宜采取乔木、灌木、草地、花卉等多种手段绿化，创造生动活泼的居住气氛
5	治安管理	做好预防工作室治安管理的关键。保安员要时刻警惕，防止可疑人员进入住宅区域或综合大楼，防止各类刑事案件和治安事件的发生。小区主出入口要 24 小时站岗值勤；制定保安工作、班次、军训、内务、保安巡逻路线；在主要入口处和易发生事故区域安装闭路电视监视器，发现异常情况及时采取措施。保安部应与当地公安机关保持密切的联系，及时了解社会治安状况，配合公安机关搞好物业周围的安保工作
6	消防管理	负责消防组织机构的建立和消防工作的组织及安排，做到“防先于消，消防结合”；负责管理处各部门消防责任制的制定和日常消防工作的监督、指导；负责消防的监督、检查和日常管理工作，定期检查清理楼宇内的防火通道，保证所有消防通道畅通
7	车辆管理	制定完善的停车场管理制度并遵照执行，加强小区停车场的管理，保障停车有序和安全；熟悉掌握住宅区（大厦）车辆流通情况、车位情况，合理部署安排，优先保证业主使用车位；负责指挥区内车辆行驶和停放，维持小区交通、停车秩序；负责对小区道路和停车场的停放车辆进行巡视查看，保证车辆安全

2. 针对性的专项服务

针对性的专项服务是为满足小区内一些物业业主和使用人的一定需要而提供的各项服务工作，当住用人需要这种服务时，可自行选择。专项服务的目的是为了提高小区内住用人的生活和工作条件，在高档公寓和别墅的物业管理中，这些特约性服务更是必不可少的。由于专项服务没有特定的服务对象，服务项目又涉及生活的方方面面，服务内容就比较复杂，总体来看，专项服务的内容包括6大类，如表3—2所示。

表3—2　　物业管理针对性的专项服务一览表

序号	专项服务类型	专项服务的内容
1	日常生活类	为小区住户提供多层次、全方位的服务，包括为住户代购食品、粮食、燃料、菜蔬副食及日常用品等；提供洗涤、裁剪、制衣、补衣等服务；房屋装修，房屋设备修缮、看管，房屋清洁，房屋绿化养护，代缴水电费，代搬家服务等；代接送小孩入托，接送幼童上学，介绍家教等
2	商业服务类	开办餐饮店、酒吧、茶馆、咖啡店等便民服务，代送餐服务等；开办小型商场、饮食店、美发厅、修理店等，安装、修理和维护各种家用电器和生活用品
3	文体卫教类	开办图书室、录像室，举办展览和文化知识讲座等；开办托儿所、幼儿园、小学、中学等教育机构；提供家庭病房服务，设立卫生站，提供出诊和疫苗接种服务；开办各种体育场所，如游泳池、健身房、网球场，举办小型体育活动和比赛
4	金融服务类	代办各种财产保险、人寿保险等业务
5	经纪代理中介服务	提供物业市场营销和租赁服务，包括商业策划、代理业主对物业进行市场推广，制定并实施销售和出租方案，为业主寻找买主和租户
6	社会福利类	提供社会福利性质的各项服务工作，如照顾孤寡老人、拥军家属等

3. 委托性的特约服务

委托性特约服务实际上是服务的补充和完善，当小区物业业主或物业使用人提出该方面的要求时，物业管理企业应在可能的情况下尽量满足其要求。当小区内有较多的住用人有某种需要时，物业管理企业可以将此项特约服务纳入专项服务。

二、居住小区物业管理的达标考核要求

物业管理的达标考核是提高物业管理服务质量、确保管理服务质量达到预定标准的重要措施。建设部2000年制定的《全国物业管理示范住宅小区标准及评分细则》是一个全面质量管理的标准（如表3—3所示），是一个包括了条件评价、过程评价和目标评价的指标体系，各个部分配比有合理的权重，更能客观反映出物业管理企业所提供的管理服务质量。

表 3—3　　全国物业管理示范住宅小区标准及评分细则

序号	标准内容	规定分值	评分细则
(一)	基础管理	32	
	1. 按规划要求建设，住宅及配套设施投入使用	1	符合 1.0，不符合 0
	2. 已办理接管验收手续	1	符合 1.0，不符合 0
	3. 由一家物业管理企业实施统一专业化管理	1	符合 1.0，不符合 0
	4. 建设单位在销售房屋前，与选聘的物业管理企业签订物业管理合同，双方责权利明确	1	符合 1.0，基本符合 0.5，不符合 0
	5. 在房屋销售合同签订时购房人与物业管理企业签订前期物业管理服务协议，双方责权利明确	2	符合 2.0，基本符合 1.0，不符合 0
	6. 建立维修基金，其管理、使用、续筹符合有关规定	1	符合 1.0，已建立但管理、使用、续筹不符合规定扣 0.5，未建立 0
	7. 房屋使用手册、装饰装修管理规定及业主公约等各项公众制度完善	2	完善 2.0，基本完善 1.0，不完善 0
	8. 业主委员会按规定程序成立，并按章程履行职责	2	符合 2.0，基本符合 1.0，不符合 0
	9. 业主委员会与物业管理企业签订物业管理合同，双方责权利明确	2	符合 2.0，基本符合 1.0，不符合 0
	10. 物业管理企业制订争创规划和具体实施方案，并经业主委员会同意	1	符合 1.0，不符合 0
	11. 小区物业管理建立健全各项管理制度、各岗位工作标准，并制定具体的落实措施和考核办法	2	制度、工作标准建立健全 1.0；物业管理服务工作程度、质量保证制度、收费管理制度、财务制度、岗位考核制度等每发现一处不完整规范扣 0.2，未制定具体的落实措施扣 0.5，未制定考核办法扣 0.5
	12. 物业管理企业的管理人员和专业技术人员持证上岗；员工统一着装，佩戴明显标志，工作规范，作风严谨	2	管理人员、专业技术人员每发现 1 人无上岗证书扣 0.1，着装及标志符合 0.5，不符合 0
	13. 物业管理企业应用计算机、智能化设备等现代化管理手段，提高管理效率	2	符合 2.0，基本符合 1.0，不符合 0
	14. 物业管理企业在收费、财务管理、会计核算、税收等方面执行有关规定，至少每半年公开一次物业管理服务费用收支情况	2	执行有关规定 1.0，未执行 0；公开 1.0，未公开 0
	15. 房屋及其共用设施设备档案资料齐全，分类成册，管理完善，查阅方便	2	包括房屋总平面图，地下管网图，房屋数量、种类、用途分类统计成册，房屋及共用设施设备大中修记录，共用设施设备的设计安装图纸资料和台账。每发现一项不齐全或不完善扣 0.2
	16. 建立住用户档案、房屋及其配套设施权属清册，查阅方便	2	每发现一处不符合扣 0.2
	17. 建立 24 小时值班制度，设立服务电话，接受业主和使用人对物业管理服务报修、求助、建议、问询、质疑、投诉等各类信息的收集和反馈，并及时处理，有回访制度和记录	2	符合 2.0，值班制度不符合扣 0.5，未设服务电话扣 0.5，发现一处处理不及时扣 0.2，没有回访记录每次扣 0.1

续前表

序号	标准内容	规定分值	评分细则
(一)	18. 定期向住用户发放物业管理服务工作征求意见单，对合理的建议及时整改，满意率达 95%以上	2	符合 2.0，基本符合 1.0，不符合 0
	19. 建立并落实便民维修服务承诺制，零修急修及时率 100%、返修率不高于 1%，并有回访记录	2	建立并落实 1.0，建立但未落实扣 0.5，未建立扣 1.0；及时率符合 0.5，每降低 1 个百分点扣 0.1；返修率符合 0.3，不符合 0；回访记录完整 0.2，记录不完整或无回访记录
(二)	房屋管理与维修养护	14	
	1. 主出入口设有小区平面示意图，主要路口设有路标，幢、单元（门）、户门标号标志明显	2	符合 2.0，无示意图扣 0.5，无路标扣 0.3，幢、单元、户号每缺一个扣 0.1
	2. 无违反规划私搭乱建，无擅自改变房屋用途现象	2	符合 2.0，每发现一处私搭乱建或擅自改变房屋使用用途扣 1.0
	3. 房屋外观完好、整洁，外墙面砖、涂料等装饰材料无脱落、无污迹	2	符合 2.0，每发现一处不完好、不整洁、脱落、污损扣 0.2
	4. 室外招牌、广告牌、霓虹灯按规定设置，保持整洁统一美观，无安全隐患或破损	2	符合 2.0 未按规定设置 0；按规定设置，但不整齐或有破损每处扣 0.1，有安全隐患每处扣 0.5
	5. 封闭阳台统一有序，色调一致，不超出外墙面；除建筑设计有要求外不得安装外廊及户外防盗网、晾晒架、遮阳篷等	2	符合 2.0，每发现一处不符合扣 0.2
	6. 空调安装位置统一，冷凝水集中收集，支架无锈蚀	2	符合 2.0，每发现一处不符合扣 0.5
	7. 房屋装饰装修符合规定，未发生危及房屋结构安全及拆改管线和损害他人利益的现象	2	符合 2.0，每发现一处不符合扣 0.5
(三)	共用设施设备管理	15	
	1. 共用配套设施完好，无随意改变用途	1	符合 1.0，每发现一处不符合扣 0.5
	2. 共用设施设备运行、使用及维护按规定要求有记录，无事故隐患，专业技术人员和维护人员严格遵守操作规程与保养规范	2	设施设备运行按规定记录 0.5，无事故隐患 0.1，遵守操作规程 0.6，每发现一处不符合扣 0.2，遵守保养规范 0.4，每发现一处不符合扣 0.1
	3. 室外共用管线统一入地或入公共管道，无架空管线，无碍观瞻	2	符合 2.0，发现一处不符合扣 0.2
	4. 排水、排污管道通畅，无堵塞外溢现象	1	符合 1.0，发现一处堵塞或外溢扣 0.5
	5. 道路通畅，路面平整；井盖无缺损、无丢失，路面井盖不影响车辆和行人通行	2	通畅平整 1.0，发现一处不通畅、不平整、积水扣 0.2；发现井盖缺损或丢失扣 0.6，路面井盖不影响通行 0.4，发现一处不符合扣 0.2
	6. 供水设备运行正常，设施完好、无渗漏、无污染；二次生活用水有严格的保障措施，水质符合卫生标准；制定停水及事故处理方案	2	设备运行正常、设施完好、无渗漏、无污染 0.6，发现一处不符合扣 0.2；保障措施严格 0.4，无措施或措施不严 0；水质符合卫生标准 0.5，不符合 0；有处理方案 0.5，无处理方案 0
	7. 制订供电系统管理措施并严格执行，记录完整；供电设备运行正常，配电室管理符合规定路灯、楼道灯等公共照明设备完好	2	符合 2.0，发现一处不符合扣 0.5

续前表

序号	标准内容	规定分值	评分细则
（三）	8. 电梯按规定或约定时间运行，安全设施齐全，无安全事故，轿厢、井道保持清洁；电梯机房通风、照明良好；制定出现故障后的应急处理方案	2	符合 2.0，发现一处不符合扣 0.5
	9. 三北地区，冬季供暖室内温度不低于 16℃	1	符合 1.0，不符合 0
（四）	保安、消防、车辆管理	10	
	1. 小区基本实行封闭式管理	1	符合 1.0，不符合 01
	2. 有专业保安队伍，实行 24 小时值班及巡逻制度；保安人员熟悉小区的环境，文明值勤、训练有素、言语规范、认真负责	2	符合 2.0，无专业保安队伍扣 1.0，其他每发现一处不符合扣 0.2
	3. 危及人身安全处有明显标识和具体的防范措施	2	符合 1.0，不符合 0
	4. 消防设备设施完好无损，可随时起用；消防通道畅通；制订消防应急方案	2	符合 2.0，发现一处不符合扣 0.5
	5. 机动车停车场管理制度完善，管理责任明确，车辆进出有登记	2	制度完善 0.5，基本完善 0.3，不完善 0；因管理责任造成车辆丢失扣 0.5（管理单位公开承诺赔偿的不扣）；每发现一台车辆乱停放扣 0.1，出入无记录扣 0.2
	6. 非机动车车辆管理制度完善，按规定位置停放，管理有序	2	符合 2.0，制度不全或不落实的扣 1.0，乱停放每部车扣 0.2
（五）	环境卫生管理	14	
	1. 环卫设备完备，设有垃圾箱、果皮箱、垃圾中转站	1	符合 1.0，每发现一处不符合扣 0.2
	2. 清洁卫生实行责任制，有专职的清洁人员和明确的责任范围，实行标准化保洁	2	未实行责任制的扣 1.0，无专职清洁人员和责任范围的扣 0.5，未实行标准化保洁的扣 0.5
	3. 垃圾日产日清，定期进行卫生消毒灭杀	2	每发现一处垃圾扣 0.2，未达到垃圾日产日清的扣 0.5，未定期进行卫生消毒灭杀扣 0.5
	4. 房屋共用部位共用设施设备无蚁害	1	符合 1.0，每发现一处不符合扣 0.2
	5. 小区内道路等共用场地无纸屑、烟头等废弃物	2	符合 2.0，每发现一处不符合扣 0.2
	6. 房屋共用部位保持清洁，无乱贴、乱画，无擅自占用和堆放杂物现象；楼梯扶栏、天台、公共玻璃窗等保持洁净	2	符合 2.0，每发现一处不符合扣 0.2
	7. 商业网点管理有序，符合卫生标准；无乱设摊点、广告牌和乱贴、乱画现象	2	符合 2.0，每发现一处不符合扣 0.2
	8. 无违反规定饲养宠物、家禽、家畜	1	符合 1.0，不符合 0
	9. 排放油烟、噪音等符合国家环保标准，外墙无污染	1	符合 2.0，每发现一处不符合扣 0.2

续前表

序号	标准内容	规定分值	评分细则
（六）	绿化管理	7	
	1. 小区内绿地布局合理，花草树木与建筑小品配置得当	1	符合1.0，基本符合0.5，不符合0
	2. 绿地无改变使用用途和破坏、践踏、占用现象	2	符合2.0，基本符合1.0，不符合0
	3. 花草树木长势良好，修剪整齐美观，无病虫害，无折损现象，无斑秃	2	长势不好扣1.0，其他每发现一处不符合扣0.2分
	4. 绿地无纸屑、烟头等杂物	2	符合2.0，每发现一处不符合扣0.2
（七）	5. 精神文明建设	3	
	1. 开展有意义、健康向上的社区文化活动	2	符合2.0，基本符合1.0，不符合0
	2. 创造条件，积极配合、支持并参与社区文化建设	1	符合1.0，基本符合0.5，不符合0
（八）	管理效益	5	
	1. 物业管理服务费用收缴率98%以上	2	符合2.0每降低1个百分点扣0.5
	2. 提供便民有偿服务，开展多种经营	2	符合2.0，基本符合1.0，不符合0
	3. 本小区物业管理经营状况	1	盈利1.0，持平0.5，亏本0

《物业管理示范住宅小区标准及评分细则》共有8个大项59个条款，标准加大了对基础管理的要求，考核评分标准中占了32分。基础管理的内容，大部分属于物业管理服务的基础条件，连同其他大项的有关基础条件的内容，标准对属于管理服务条件评价方面的权重约占了总分数的1/3。因此，物业管理服务要想创造品牌效应，就必须下工夫搞好这些服务内容，同时，要建立包括公众制度在内的各种规章制度和服务规范，创造一个文明和谐的居住小区环境。

三、相关法律法规知识

为了更好地完成物业管理的早期介入工作任务，要加强《民法通则》、《物权法》、《物业管理条例》、《建设工程质量管理条例》、《物业服务收费管理办法》、《物业服务收费明码标价规定》、《物业管理示范住宅小区标准及评分细则》等知识的学习。

任务实施

居住小区物业管理涉及千家万户的生活，物业管理人员必须清楚居住小区物业管理的具体内容，明确居住小区物业管理达标考核的要求，要求物业管理人员运用现代化的管理手段，快捷有效地为业主提供高质的服务。

学习评价

本任务的学习评价主要是按照知识目标和能力目标的要求，判断通过本任务的学习是否能够依据居住小区物业管理的内容和具体要求提供高质量的物业服务，以便及时、系统、准确地把握重要的学习内容、学习方法、学习过程、学习效果和学习难点，从而解决学习过程中存在的问题。

教学探讨

一、案例分析

一日，某小区某业主王先生匆忙地来到物业公司，一进门就大声叫喊，要物业公司帮忙，说他家原来那伙装修工人赖着不走，不让别人干活。保安主管一面安慰业主不要着急，一面安排护卫班长先到现场。

随后，保安主管陪王先生一起回家。只见业主房内有七八名装修工人和一名工头，另外还有一名被业主称为工头相好的女子。该女子情绪激动，百般纠缠。主管反复劝说数十分钟仍然无效。这时，业主强烈要求管理处帮助把人请出家门。

在此情形之下，护卫员们听从了业主要求，动手推拉那名女子出屋，当即遭到谩骂，但护卫员们坚持骂不还口，非常理智（物业管理人员必须学会控制自己的情绪，不能“你不仁我就不义”，否则有理也会变成无理）。其他几名装修工人也被劝出房间。那名女子被请出房外后，变本加厉，用污言秽语跟业主对骂，并辱骂护卫员，还恶人先告状，拨打110报警。

110到后，该女子态度仍很蛮横，毫无收敛之意，还与业主动了手。在调解不成的情况下，110将该女子与那名工头一起带离现场，其后，王先生和保安主管也被叫到派出所作了问询笔录。一场风波总算平息。

然而，没想到事情过去两个月后，该女子将业主王先生作为第一被告，物业公司作为第二被告，告上法庭，要求赔偿医疗费、误工费、恢复名誉。后经法院判决，此事物业公司无过错。倘若当初在劝说其离开房间无效时，主动请有关部门来处理，事情的结局是否可能更好些呢?

分析： 业主是物业公司的衣食父母，物业公司不能漠视他们的要求。但对他们的要求，还是要先掂量掂量是否正当。凡属正当的，都应当尽力相助。不过，相助过程中要注意遵照法规行事，避免“帮了人家、坑了自己”。

二、技能训练

某花园是20世纪90年代建成的住宅小区，由于当时设计的遗留问题，原设计首层架空层并作为商铺出租，现部分商铺送货车辆夜间进出、卸装货物产生的噪声和小区车位少导致道路拥挤车鸣笛现象，影响了小区住户的正常生活，也引起业主强烈投诉。针对这一问题，物业管理公司管理层人员召开了研讨会并制定了限期整改方案。

经过分析发现导致噪声有以下原因：①个别业主素质低下（外来车辆居多），乱鸣笛；②小区商铺送货车辆早出晚归及装卸货物产生的噪声；③道路不通畅，出现暂时的堵车现象。

物业管理公司根据导致噪声的原因制定以下整改方案：①由车管员向小区月卡车主门上发放“温馨提示”，宣传进入小区请勿鸣笛，避免噪声发出；②外来车辆进入小区时，进出口车管员发放“进入小区，车辆慢行，请勿鸣笛”的温馨提示卡，并对进入小区的临时停车进行登记；③对首层有货车的商铺，由经理出面沟通，与商铺协商在小区内的进出口和上下货时间上达成一致，要求管理人员严格按照所规定的时间放行；④加强首层护卫员的巡逻力度，及时疏散和引导车辆，确保道路畅通，对违规鸣笛和卸载货物的车辆及时制止并对进入小区鸣笛的车主进行记录车牌在案，如车辆有三次以上鸣笛的现象将通知车主不让其车辆进入小区；⑤在小区内加大宣传力度，增设标识、挂横幅，同时严格控制外来车辆进入（特殊车辆除外），把车辆进入小区规定纳入《小区公众秩序管理规定》中，广大业主住户应共同遵守并监督。目前小区的车辆鸣笛比以前有了很大改观，晚上也清静了许多。

分析： 此问题的解决过程充分说明了居住小区管理中的某些问题是完全可以通过调节的方式加以解决的，只要管理者勇敢地面对问题，本着为业主着想的基本立场，以务实的工作态度制定并实施整改方案，并且与相关业主进行耐心细致的解释和沟通，最后一定能取得良好的管理效果。

拓展训练

某小区居民在购买住房时，详细询问发展商入住后的管理费数额、标准、服务内容等。发展商为了促销，口头承诺入住第一年免管理费，五年内可按50%收管理费。可是居民们入住后，却接到小区管理处的收费通知，物管费大大高于发展商所说的标准。小区居民纷纷投诉，拒不肯交管理费。

试问：小区居民是否应拒交管理费？物管公司应采取什么应对措施？物管公司以后应采取哪些预防改进措施？

项目九　高级公寓的物业管理

项目描述

本项目介绍了高级公寓的种类和特点、高级公寓物业管理的特点与要求，以及高级公寓管理服务的内容三个方面的知识。通过介绍高级公寓的种类和特点，明确高级公寓的物业管理的特点、要求和工作内容，为业主或租户提供高质量的物业服务。本项目包括高级公寓的种类和物业管理的特点、高级公寓管理的内容和要求两项任务。

任务一　高级公寓的种类和物业管理的特点

任务描述

李某走上物业管理岗位不久，公司安排其负责高级公寓的物业管理工作。他希望搞清楚高级公寓的特点和功能及其物业管理的特点，以便自己开展工作。

任务分析

本任务要求物业管理人员在清楚高级公寓物业的种类和特点的基础上，明确高级公寓管理服务的特点和要求，为业主提供高质量的物业服务。

相关知识

一、高级公寓的种类

1. 小型公寓

小型公寓的所处区位地段一般，设施较为完善，建筑面积 20～60 ㎡不等，附带精装修，可以直接入住，销售或出租对象一般是单身人士、年轻人或艺术家等社会中高收入人群。

2. 花园式公寓

花园式公寓一般出现在一些住宅小区花园洋房或别墅区内，部分单元并不向消费者出售。这些单元周围环境优美，居室设计高雅且温馨，且匹配完备的设备设施以出租的形式经营，常常成为企业高级管理人员及其家属的安居首选。

3. 高层豪华公寓

高层豪华公寓强调黄金地段、景观和配套，每一单元可能都是大户型，豪华精装修，家庭用具齐全并具有良好方便的酒店式服务，销售和出租的对象是那些收入较高且对生活舒适度要求较高的上层人士；高层豪华公寓有些单元是小户型，常常吸引在城市中心城区工作的年轻金领和白领一族。

二、高级公寓的特点

公寓是比普通居民住宅高一个档次的居住场所，其设计规范，设备设施配套齐全；专业化施工，主要设备和关键原材料进口，为能使业主和用户居住得更舒适和方便，高级公寓在设计、硬件配备和装修上更是别具匠心，除了设备和设施先进、完善的特点以外，高级公寓还具有以下几个特点：①户型合理，体现人文关怀；②业主或住户具有国际性和涉外性；③集综合性和多功能于一体。

三、高级公寓管理服务的特点

作为较高档次的生活社区，高级公寓管理服务的市场化程度高，同时由于高级公寓有以上的特点，物业管理服务也区别于一般的居住小区物业管理，其服务的特点如下：①管理服务的市场化程度高；②客户相对稳定，服务周期长；③管理要求严，服务层次高；④管理服务的涉外性强。

四、相关法律法规知识

为了更好地完成高级公寓物业服务的工作任务，要加强《民法通则》、《物权法》、《物业管理条例》、《物业管理示范住宅小区标准及评分细则》等知识的学习。

任务实施

通过学习本任务的知识，要对高级公寓进行分类，明确高级公寓的物业服务是为业主提供高质量的物业服务，明确高级公寓物业服务的特点和要求，不断提高物业服务质量。

学习评价

本任务的学习评价主要是按照知识目标和能力目标的要求，判断通过本任务的学习是否能够完成高级公寓物业服务的工作任务，以便及时、系统、准确地把握重要的学习内容、学习方法、学习过程、学习效果和学习难点，从而解决学习过程中存在的问题。

教学探讨

一、案例分析

去年 9 月 18 日，海富花园 B 栋 5 楼 F 座的一租住户想要搬出一部分家私。他千方百计联系此时正在国外的业主，但就是联系不上。按照管理规定，租住户搬出家私，必须有业主的书面许可证，而没有业主的书面许可，物业管理公司不予放行（这一规定有必要，现实中确实发生过个别租住户拖欠业主房租、搬走业主家私而偷偷溜之大吉的事情）。急于搬出家私的住户万般无奈，找到物业管理公司的领导，恳请给以特殊照顾。作为管理人员，遇到上述情况，你认为该怎么办？

分析： 若简单放行，恐怕损害业主的利益；若拒不放行，又会使住户感到不便（租住户和业主同样都是物业公司的服务对象，兼顾二者利益应为物业管理所必需，绝不能只对业主关心备至，而对租住户冷若冰霜）。鉴于租住户只是搬出部分家私，物业管理人员可以提出一个变通办法：租住户列出所搬出家私清单，并暂交与家私价值相当的押金，物业管理公司做好记录，并出具收取押金的收据，一旦租住户能够提供业主的书面许可，物业管理公司立刻全额退回押金（这一办法的前提是要让其正确理解，否则容易引起纷争）。这样，既维护了业主的利益，又使租户感到满意。

二、技能训练

某市的一高档公寓位于一个主干道上，开发商在楼房尚未全部卖出之际就在高层楼宇的顶部搭建了广告牌。这醒目的广告牌立刻引起了该楼业主的注意，后查清该广告牌是开发商与该小区物业管理公司协商共同制作的，目的是把广告位租给别的商家做广告，从而可以取得一笔可观的广告费用。该楼主业主认为开发商和物业管理公司的行为侵犯了自己的权益，因而至法院起诉，请求法院支持其要求开发商和物业管理公司停止侵权和赔偿损失的请求。

开发商认为该小区楼盘尚未全部卖出，另外一部分作为出租之用，开发商对没有卖出的楼房拥有所有权，除业主拥有的房产产权以外，其他的房产产权还是属于开发商所有，开发商拥有对小区楼房的部分处分权；物业管理公司则认为作为业主房产的管理者，有权代表业主处理其公共部位。所以，只要两被告协商一致，就可以把广告位租给别的商家做广告，故请求人民法院判决驳回原告的诉讼请求。

人民法院经审查查明，房地产开发公司出售广告位的楼宇占已售出房屋的五分之三，其对另外五分之二拥有房产产权，而物业管理公司在对该楼宇的业主共有部位无处分权的情况下，却同开发商协定一致出租了楼宇顶部的广告位。同时查明出租广告位的收益，房地产开发公司分得五分之二，物业管理公司分得五分之三，故法院认为被告物业管理公司侵犯了业主对楼顶的所有权，而被告房地产开发公司未经其他业主同意就将无处分权的部分一同出租，构成了对其他业主的侵权。后经法院调解，业主同意把属于业主所共有的部分出租，该收益以后归业主所有，而物业管理公司则把侵权所得的收益返还给业主。

分析： 一座楼宇的顶板是楼宇的公共建筑部分，由大厦的各个产权人共有。当开发商只拥有一部分产权，另一部分产权归已入住业主所有时，开发商就对整个楼顶无处分权。开发商如果没有就广告牌一事与其他共有人商议，就不能将楼顶出租，更不能将收益全部归为己。而高级公寓的物业管理公司不是房屋的共有人，更没有出租房屋和获得收益的权利。

任务二 高级公寓管理的内容和要求

任务描述

李某走上物业管理岗位不久，公司安排其负责高级公寓的物业服务工作。他希望了解高级公寓物业管理的具体内容和要求，以便更好地开展高级公寓的物业服务工作。

任务分析

本任务对物业管理人员提出了较高的要求，特别是保安、保洁和服务等方面。物业管理公司提供的特约性服务，要尽量做到项目多、服务全，满足业主不同层次的需求。物业管理人员要加强与业主的沟通，共同创造融洽的小区环境。

相关知识

一、高级公寓的租赁服务

高级公寓的租赁服务的总原则，是将出租好的房屋管好、修好、用好，为房屋承租单位和个人提供较好的服务。物业管理企业应采取积极有效的措施，充分利用经济规律和法律手段，促进公寓租赁服务水平的提高。对于高级公寓的租赁服务，具体要做好以下工作：①保证承租方安全、方便地使用房屋；②制定合理的租金标准；③依法维护正常的租赁关系；④严格控制租赁房屋用途的变化。

二、高级公寓的家居管理服务

高级公寓的业主一般属于富有阶层，家居管理服务的重点是追求舒适和提高品位，年轻一族对家务劳动和家政服务需求较大，老人对医疗服务依赖性较强，因此，高级公寓物业管理应视服务的需求量和社会化进程为度，规划开展相应的服务。高级公寓家居服务通常有以下服务内容：①内部清洁卫生服务；②公共区域清洁卫生；③保安消防服务；④公寓工程维修及工程顾问；⑤公寓社区俱乐部服务；⑥市场租赁服务；⑦医疗及救护服务；⑧家政服务。

三、高级公寓管理服务的要求

高级公寓物业管理内容与居住小区物业管理有相同之处，但因为其本身物业的特征和入住人士对服务的需求较高等特征，高级公寓的物业管理也有其自身的特点，主要体现在物业经营管理服务和家居管理服务当中。高级公寓物业管理的服务要求如下：①重视前期的物业管理；②房屋和设备保养维修要及时到位；③配套建设要逐步完善；④特约性服务力求项目多、服务全；⑤保安、消防服务管理措施得当；⑥关注业主和使用者的公共交往。

四、相关法律法规知识

为了更好地完成高级公寓物业服务的工作任务，要加强《民法通则》、《物权法》、《物业管理条例》、《物业管理示范住宅小区标准及评分细则》等知识的学习。

任务实施

通过以上知识的学习，要掌握高级公寓管理服务的租赁服务和家居服务两方面的工作内容，此外，物业管理人员必须掌握现代化的管理手段，熟悉高级公寓物业管理达标考核的要求，快捷有效地为业主提供高质的服务。

学习评价

本任务的学习评价主要是按照知识目标和能力目标的要求，判断通过本任务的学习是否能够完成高级公寓物业服务的工作任务，以便及时、系统、准确地把握重要的学习内容、学习方法、学习过程、学习效果和学习难点，从而解决学习过程中存在的问题。

教学探讨

一、案例分析

某物业管理公司管理的一高级公寓小区，正值装修高峰，由于业户各自联系装修队伍，装修垃圾往往由装修队伍自己清运，不但清运时粗糙作业，而且还向业户收取一定的费用。正是由于业户联系的装修队伍来源不一，良莠不齐，在垃圾清运中时有发生将电梯内部及楼层地面、墙面‘擦碰’损坏，业户十分心痛。转而要求物业管理公司出来“管一管”。如果你是该物业管理公司的管理人员，你会怎么处理？

分析： 物业管理公司应马上了解问题的症结所在，如果处理不及时，采取敷衍业户的做法，将来不但业户要吞下装修引致居住环境损坏的苦果，且物业管理公司自身以后也难辞其咎。考虑到与不同来源的装修队伍一个一个打招呼无济于事，物业管理公司可以告知业户，为维护物业完好，垃圾清运一律由物业管理公司处理，由于物业管理公司清运垃圾采用集中清运，收费将低于各装修队，业主们便会欣然接受。同时要发挥物业管理规范操作优势，在清运中避让电梯使用高峰时段，确保业户使用电梯不受影响。

在实施过程中，物业管理人员要小心搬运，不要出现摩擦与碰撞损坏电梯、楼道地面和墙面的现象，另外要规定清运时段避开业户的出行时段，保证业户们正常生活起居。

二、技能训练

一天下午就要下班时，某高级公寓的服务中心来了两位女士，一位是韩国驻华大使馆的外交官夫人，一位是她的翻译。

那位年轻一点的翻译小姐上来就发脾气："你们通知 8 月中旬通煤气，怎么又说要推迟，中国人办事就是拖拖拉拉的。"负责接待的工作人员笑着解释："很对不起，我们原来接到煤气公司的通知是 8 月中旬通气，现在它们又发来了延期的通知。"翻译小姐仍一脸的不高兴，"这位可是外国朋友，耽误了她的时间简直太不像话!"

在旁观察了一会的服务中心主管这时走过来，示意接待人员暂停解释，先对韩国女士点头致意，然后看着翻译小姐说："小姐，您也是中国人吧?"（这句问话很有艺术性，不卑不亢、不轻不重，明是无心、实是有意）。翻译小姐脸腾地红了，低下头。主管接着说："由于不可预见的因素而导致事情拖延的情况在中国有，在国外也有。现在的现实是管道煤气确实通不了，这肯定会给大家的生活带来不便。如果您需要用罐装液化石油气过渡，我们物业公司会尽全力给您提供帮助。"（不掩饰和回避问题，主动提出解决方案，表现了全心全意为客户服务的精神）。翻译小姐怔了一下，回头用韩语对韩国女士复述。

韩国女士脸上的神情稍稍变得轻松一些，她和翻译交流时，韩语中偶尔夹杂着几句英语。主管见机主动用英语与她对话，说："十分抱歉给您带来不便，当您需要时，我们会尽可能地帮助您。"说着还将物业公司的联系电话写在纸条上递给她，"请您理解我们工作的难处，我想我们今后一定会在一起愉快地共处。"韩国女士惊讶中露出愉快的神情，也用英语回答："很抱歉错怪你们，希望您理解我的心情。我担心我丈夫吃不上可口的饭菜，所以十分着急……"说着大家都笑了起来。

第二天上午，那位韩国女士又给服务中心打来一个致歉的电话，电话中双方谈得非常愉快。此后，彼此成了朋友。

分析： 高级公寓物业管理的服务对象既有中国人也有外国人，既有本地人也有外地人。物业管理工作者需要具备良好的语言表达能力，一种双方都熟悉的语言，往往就能轻而易举地搭起了沟通和友谊的桥梁。

拓展训练

王先生是某高级公寓小区的住户，由于工作变动，所在单位离小区较远，交通不便，王先生很少回小区居住。后来王先生在单位附近另买了一套住房，原来的那一套便被闲置下来。

王先生为方便小区物业管理公司管理，保证物业管理人员按时检修房间水电设备，就留了一套钥匙在管理处，并委托物业管理处人员照顾好自己的房子，遇到合适的租房人就帮他租出去。后来，管理处电话联系到王先生，告诉他房屋已经按照他的要求条件和租金租了出去，并要求王先生向物业管理公司缴纳 1 000 元的房屋中介费。王先生拒绝交费，说物业管理公司为业主服务是应该的，并且说明自己虽没有在小区居住但却一直正常缴纳管理费。双方为此事发生纠纷，诉讼到法院。王先生称物业管理公司是由业主专门委托对物业进行管理的服务公司，有义务帮助业主照看房子和出租房子。物业管理公司则拿出来双方签订的合同，声称合同中没有约定物业管理公司有帮助业主出租房屋的义务。你认为物业管理公司的收费合理吗？给出理由。

项目十　别墅的物业管理

项目描述

本项目首先介绍了别墅的种类和特点，然后提出别墅物业管理服务的特点和要求，明确了别墅小区物业管理应从安全性、私密性以及细致服务的角度出发，要充分体现业主社会地位，最后从客户服务、工程维修服务、环境管理和延伸服务四个方面明确了别墅物业管理服务的重点。本项目包括别墅的种类和物业管理的特点、别墅物业管理的重点和要求两项任务。

任务一　别墅的种类和物业管理的特点

任务描述

李某走上物业管理岗位不久，公司安排其负责别墅小区的物业服务工作。他希望明确别墅的特点、功能以及别墅物业管理服务的特点，以便自己更好地开展别墅物业服务工作。

任务分析

本任务要求物业管理人员在清楚高级公寓物业的种类和特点的基础上，明确别墅物业管理服务的特点和要求，要求通过提供高质量的居住生活环境和服务来充分体现业主的社会地位和身份，并在此基础上熟练地应用于别墅物业服务的工作过程中。

相关知识

一、别墅的种类

1. 独栋别墅

独栋别墅即独门独院，上有独立空间，下有私家花园领地，是私密性很强的独立式住宅，表现为上下左右前后都属于独立空间，一般房屋周围都有面积不等的绿地、院落。这一类型是别墅历史最悠久的一种，也是别墅建筑的终极形式。

2. 联排别墅

联排别墅又称 Townhouse，每户独门独院，设有 1 至 2 个车位，还有地下室。它是由几幢小于三层的单户别墅并联组成的，每几个单元共用外墙，有统一的平面设计和独立的门户。建筑面积一般是每户 250m^2 左右，价位较低，销售对象主要是中产阶级中上层人士，定位也多为第一居所。

3. 叠拼别墅

叠拼别墅是 Townhouse 的叠拼式的一种延伸，是在综合情景洋房公寓与联排别墅特点的基础上产生的，由多层的复式住宅上下叠加在一起组合而成，下层有花园，上层有屋顶花园，一般为四层带阁楼建筑。叠拼别墅相对于联排别墅的优势在于户型的布局更为合理，不存在联排别墅进深较长的普遍缺陷，虽然没有联排别墅的见天见地，但是优势不减，甚至更为灵动和宜人。

4. 空中别墅

空中别墅发源于美国，称为"penthouse"，原指位于城市中心地带、高层顶端的豪宅，现一般指建在高层楼顶端具有别墅形态的跃式住宅。这种空中别墅发源于美国，以"第一居所"和"稀缺性的城市黄金地段"为特征，它要求产品符合别墅的基本要求，即全景观，是一种把繁华都市生活推向极致的建筑类型。目前这类产品主要存在于城里的高档公寓顶层，在别墅区中还比较少。空中别墅的建筑形式弥补了高层建筑的诸多弊端，与普通别墅相比，具有地理位置好、视野开阔、通透等优势，给人高高在上、饱览都市风景的感觉，显示了强大的市场竞争力。

二、别墅小区的特点

别墅小区展现高档次和高品位，在居住质量、自然质量、生态环境、社区文明和安全状况等方面都超越其他类别的住宅小区，别墅小区的突出特点主要有：①规划周全，品质一流；②住户层次和品位高；③配套设施齐全，服务水平优质。

三、别墅物业管理服务的特点

由于别墅具有以上这些特点，相应的物业管理服务就必须符合非同一般的要求。一方面要求提高常规服务项目的执行标准，另一方面要搞好有针对性的管理和服务工作。别墅物业管理服务的特点主要有：①物业管理和服务要求高；②特约性服务多；③对物业服务人员素质要求高；④物业管理服务收费较高。

四、相关法律法规知识

为了更好地完成别墅物业服务的工作任务，要加强《民法通则》、《物权法》、《物业管理条例》、《物业管理示范住宅小区标准及评分细则》等知识的学习。

任务实施

通过本任务的知识学习，要求物业服务人员清楚别墅的种类和特点，明确别墅物业管理服务的特点和要求，能够从安全性、私密性以及细致服务的角度出发，快捷有效地为别墅物业业主提供高品质的服务。

学习评价

本任务的学习评价主要是按照知识目标和能力目标的要求，判断通过本任务的学习是否能够完成别墅物业服务的工作任务，以便及时、系统、准确地把握重要的学习内容、学习方法、学习过程、学习效果和学习难点，从而解决学习过程中存在的问题。

教学探讨

一、案例分析

目前，在很多别墅小区，可以看到很多这样的现象：地还是那块地，可房已经不再是原来的房了。改建、扩建在很多别墅小区早已经见怪不怪了。一些别墅业主认为买别墅就是买了一块私家领地，“我的地盘我做主”，随意改造建筑结构和环境，侵占公共空间。各个业主在互相攀比之下大兴土木，花样百出，别墅区私建行为严重失控，小区原有的生活环境和居住形态被改得面目全非，给小区的正常生活带来了极大的困扰。您认为这种改建、扩建行为合法吗？请为物业公司提出合理的建议。

分析：《物权法》规定，业主对合法拥有的房屋所有权和土地使用权享有相应的物权，业主有权在法律范围内进行使用和处分，也有权排除开发商和其他人的侵害。但业主行使使用权并不是随心所欲的，任何权利的行使都应在法律法规的许可范围之内。比如：加盖房屋，首先受到土地使用性质的约束，不是任何土地上都可以用来修建房屋的；其次，修建房屋需要规划、建设部门的批准，否则属于违法建筑，应给予拆除。物业管理公司应严格按照法律法规规定来处理，凡不符合审批手续的，应要求业主拆除并恢复原状，以确保别墅小区的原始风貌和环境，确保大多数业主享有应得的生活品质。

二、技能训练

冯先生在2006年向一对夫妇购买了××园小区的一套别墅。当时他到物业管理公司办理装修手续时，被告知物业管理费提高到每月每平方米1.2元，而且要在交清前业主拖欠的管理费后才能搞装修。冯先生为了能对房屋进行装修，与两被告签订了《××园前期物业管理服务协议》，并从2006年6月起按照每月每平方米1.2元的标准计算支付管理费给物业公司。一直到2007年6月，他共支付了4 130元的管理费。冯先生入住后发现，其他业主是按照每月每平方米0.8元的标准支付物业管理费的。冯先生认为，××园只有一个物业管理公司，所有的业主都是享受同一个物业管理公司提供的物业管理服务，应该是同质同价，物业公司也没有为他提供优于其他业主的专项服务，却欺诈性地按每月每平方米1.2元的标准向他收取物业管理费，很明显有失公平，为此冯先生请求法院依法变更收费标准为每月每平方米 0.8 元，并由两被告赔偿多收的管理费 1 059 元。

而××园物业公司则认为，冯先生在购买二手房时，公司已告诉他应交纳的管理费标准为每月每平方米 1.2 元，并签订了协议，冯先生也按照协议的约定交纳管理费至 2007 年 4 月。管理协议既然是在双方平等自愿的前提下签订的，不存在可以变更的情况。其次，冯先生所说按每月每平方米 0.8 元收费的业主都是较前期购房的业主，当时开发商每月还向其补助管理费的差额 4 万元，而合同约定两种业主是不享有这样优惠的，一种是二手房业主，一种是 2004 年 11 月后直接向开发公司购买房屋的业主，该两种业主须按照每月每平方米 1.2 元的标准支付管理费。

根据双方提供的证据分析，蓬江区法院依法判决驳回了原告冯先生的全部诉讼请求。

分析：《中华人民共和国合同法》第五十四条规定，合同有下列情形的，当事人一方有权请求人民法院变更或者撤销：（一）因重大误解订立的；（二）在订立合同时显失公平的，即一方以欺诈、胁迫的手段或者乘人之危，使对方在违背真实意思的情况下订立的合同。本案表面看起来同一小区收不同的管理费显得不合理，但物业公司有充分证据证明只有前期的购房者才享有优惠，而冯先生又没有能够提供证据证明在与物业公司签订协议时对方有欺诈、胁迫的手段，因此法院没有支持冯先生的诉求。此外冯先生没有提供证据证明物业公司的收费标准超出有关规定，且物业公司的管理费收费标准经过了物价部门的备案，结合当地的物业管理服务收费政府指导价的有关标准情况，有关收费标准没有超出经物价部门备案的收费标准，也没有损害第三人的利益，故法院依法予以确认。

任务二　别墅物业管理的重点和要求

任务描述

李某走上物业管理岗位不久，公司安排其负责别墅小区的物业服务工作。他希望了解别墅物业管理的重点和要求，以便顺利地开展别墅物业服务工作。

任务分析

本任务要求物业管理人员在搞清楚别墅物业的重点和要求的基础上，通过提供高质量的居住生活环境和服务来充分体现物业服务的功能。

相关知识

一、别墅物业管理服务的重点

别墅区别与一般的居住小区和公寓，具有高档次、高品位等特点，别墅小区物业管理应该有针对别墅物业特点的固有管理模式和侧重点，从安全性、私密性以及细致服务的角度出发，充分体现业主的地位和尊贵。别墅小区物业管理服务的重点主要有：客户服务、工程维修服务、环境管理和延伸服务。

1. 客户服务

客户服务的具体工作主要包括：①入户登记和业主档案资料管理；②信件报刊收发、分拣、传送服务；③个人行李搬运、寄送服务；④花卉代购、递送服务，代订车船机票等；⑤洗衣、送衣服务；⑥代购清洁物品服务等；⑦其他各种委托代办服务。

2. 工程维修服务

工程维修服务的具体工作主要包括：

（1）装修监督管理。保证房屋的结构和外观完整，协助住户安排家庭装修和家居布置；

（2）房屋管理及维修养护。保证别墅功能良好运行，对房屋进行定期检查，发现和排除隐患，实行 365 天 24 小时业主保修服务；

（3）设备管理及维修养护。及时检修水、电、煤等管线以及变更电房、照明、排水、排污系统，确保这些设施运转良好。

3. 环境管理

环境管理的具体工作主要包括：

（1）清洁服务。每天定时对公共区域打扫卫生，做到无垃圾、无堆积物、无积水，保证别墅小区的道路干净；定时对建筑外墙清洗及污、雨水的清理等，要常年保持环境整洁。

（2）绿化服务。根据不同园林树木的生产需要和某些特定的要求，及时对树木采取灌溉、施肥、修剪、防止病虫害、防寒、除草等园艺技术措施，实行"三分种，七分养"的养护原则，搞好区域的绿化养护工作和摆花工作，保证绿化环境优美优雅，为业主创造一个清新、优美且舒适的生活环境。

（3）保安服务。组织保安人员 24 小时不间断执勤巡视和车辆管理；防火防盗，保证业主人身、财产安全。高水平的保安服务，绝不是仅仅看门站岗巡逻，而是要做好日常保安服务的同时，有目的、有针对性地调查收集社会治安信息和动态，实事求是地给业主事先提出必要的警示，采取有效切实可行的措施，把可能发生的安全事故和隐患消灭在萌芽状态。

4. 延伸服务

别墅小区物业管理不仅要满足业主居住的公共性服务需要，更要充分考虑业主的延伸服务需求，延伸服务要有针对性，服务内容多样，尽力满足业主的各种要求，例如提供房地产市场信息、投资咨询、中介、室内装潢服务等。延伸服务的人员，要在业主需要的时候保证随叫随到，保安、工程维修服务更是要做到 365 天 24 小时服务。

二、别墅物业管理服务的要求

别墅小区作为一个物业项目，服务项目和岗位的设置都是为了更高效、更直接地为业主提供最需要的服务，由于别墅的建筑、装饰、环境，以及业主的特征，使得别墅物业管理服务提出了以下更高的要求：①保护别墅小区整体性规划的完整性；②要搞好环境绿化工作；③搞好全方位服务；④要特别抓好消防与保安工作。

三、相关法律法规知识

为了更好地完成别墅物业服务的工作任务，要加强《民法通则》、《物权法》、《物业管理条例》、《物业管理示范住宅小区标准及评分细则》等知识的学习。

任务实施

别墅物业管理的内容对物业服务人员的素质提出了较高要求，要清楚别墅物业管理服务的要求，明确别墅物业管理服务的重点，不断提高自己的服务意识和水平，为业主提供优质的服务。

学习评价

本任务的学习评价主要是按照知识目标和能力目标的要求，判断通过本任务的学习是否能够完成别墅物业服务的工作任务，以便及时、系统、准确地把握重要的学习内容、学习方法、学习过程、学习效果和学习难点，从而解决学习过程中存在的问题。

教学探讨

一、案例分析

武汉 F·天下别墅小区位于盘龙城经济开发区，小区规划有亚景园、欧景园、美景园、奥景园及地中海风情园五大风情园区，占地面积为 3 000 多亩，总建筑面积为 72 万平方米，一共两千余户，是武汉乃至华中地区目前规模最大的纯别墅区。小区绿化率为 66.35%，容积率为 0.33，是武汉别墅的标杆之作，有成为武汉市富人区的先天优势。小区内引入现代化先进防盗系统，严格的私家保安管理，实行全天候站岗巡逻，并与当地派出所建立警企共建关系，商请“片区警官”兼任别墅小区内的安全管理部指导员，定期与保安人员分析治安形势、特点以及防范的方法和技能，确保小区内的安全防范，为别墅住户提供一个舒适安全的居住环境。

别墅业主基本上都是二次甚至三次置业，他们来这里就是追求一种高品质的生活方式，因此，相对于别墅硬件，业主对软件方面的要求更是精益求精。物业管理公司就 F·天下别墅业主入住流程、服务人员的行为规范、业主的投诉管理、业主资料保密制度都制订了详细的规程，并引进“管家式”服务理念，资深管家们把自己的电话号码、个人照片都印制在名片上，并且在管辖的区域内张贴公布，让业户形成这样的意识：有困难，找管家。譬如说，业主家的公用事业费付费期限到了，管家会善意提醒，并主动询问是否需要代为办理。如需要，管家会上门服务。诸如此类的人性化贴身服务还有很多很多。此外，物业管理公司还设置了物业服务中心，实现了服务中心、管理员、高级管家之间的良性互动，使得物业管理服务工作变得更加游刃有余，赢得别墅小区业主的一致好评。

分析： 全程式管家服务是现代版物业管理的发展，其目的为业主提供更优质的服务。它对管家本身素质的要求更高、更全面，包括管家的着装、性格、气质、社会知识、生活常识、各种礼仪等方面都有着严格要求。物业管理公司只有不断地挖掘和满足业主的需求，才能得到业主和社会的认可与认同。F·天下别墅小区物业为业主提供高品质的管家服务，不仅使小区在社会上的地位不断地提高，使业主的物业保值、增值，更让让业主在庄园内充分体验到尊贵、惬意的生活方式。

二、技能训练

地处浦东一处高档的具有欧美风情的外销别墅，里面大多住着跨国公司的老板与主管，每月管理费高达1.5美元/平方米。支付这么高的管理费就应该享受到高层次、优质的管理与服务，其中免费帮助照看小孩也是服务项目之一。这项服务很受业户欢迎，经常有业户打电话来预约。

一天中午，管理处的顾小姐因要去参加她外公的追悼会而早早地吃过中饭，把下午的工作交待一番后准备离去。突然她接到别墅内A座12号瑞士太太的电话，说因下午要去参加一个聚会，想请顾小姐去家里帮忙照看一下孩子。她家共有3个孩子，最小的仅几个月。这让顾小姐感到为难：一边是自己亲爱的外公见最后一面的时候，一边是关系到公司声誉的问题。顾小姐顾不上思考太多，一口答应了瑞士太太的请求，不声不响地到她家照看小孩去了。一直到她完成任务回来后，人们才发现她没有去参加追悼会。

次日，有人问起顾小姐："当时，你完全可以回绝她，跟她说对不起，今天我已有安排了。因为如果她知道你要去参加外公的葬礼，她一定会通情达理接受的。"顾小姐说："当时也没有想太多，只是想到业户有需求，我们就应满足。因为我们的服务理念是'100%为业户第一'。我个人的事是小事，但维护公司信誉是大事。"事后，物业管理公司领导专门派人专程到顾小姐家慰问，一方面体现了公司领导对员工的关心，对顾小姐没能出席追悼会向她的家属表示了歉意；另一方面也弘扬了这种牺牲自我让客户满意的精神。

物业管理公司总经理把此事作为典型案例，要求各管理处以此作为样板，展开讨论：当公司利益和个人利益发生冲突时，你该怎么办？

分析： 本案例的发生是由于物业管理公司推出免费为业主照看小孩的服务，公司员工为了满足业主的要求，而放弃了自己亲属的追悼会。该物业管理公司员工的所作所为充分体现了业主利益高于一切和100%业户第一的高尚管理理念。

从案例中可以看出，社会在不断发展，人们的消费水平不断提高，在物质条件提高后，对服务就有了新的需求，要真正做到不断超越业户日益增长的需求，还需物业管理从业人员的共同努力。在一些高档住宅（别墅）小区推出花样繁多的服务，服务的质量应该是放在第一位的，因为没有好的服务是很难吸引业户来此处购房居住的。现在对于广大消费者来说，购房的选择范围也越来越大，除了住房的户型、地段、朝向、周边交通条件等，他们越来越看重物业管理，物业管理的好坏将直接影响到这个楼盘的销售情况和房地产开发商今后在这块土地上的开发前景。

对于走向市场的物业管理公司来说，服务的好坏、是否到位对企业的发展起着一定的推动或制约作用，公司员工的个人利益与公司的整体利益是紧密地联系在一起的，同样比两者更重要的是业户的利益，物业管理公司如何以它正确的服务理念来对待业户，也将是企业赖以生存和发展的源动力。

在一个提倡品牌和服务的行业里，服务理念的产生就需要企业领导层“动足脑筋”，它的推广和运用更需要依靠企业每一个员工，只有从上到下，齐心协力，才能让社会认可你所拥有的品牌和你所提倡的服务。

拓展训练

杨小姐系北京市某区居民，其在当地购买一别墅，并为此花费 86 万余元购买一名贵家具放于地下室，该地下室还有卡拉 OK 及音响系统、洗衣机两台、空气净化器、沙发、地毯、稳压电源。但因该别墅停电，物业公司未通知杨小姐，也未巡视，造成杨小姐的别墅地下室被淹，该名贵家具遭浸泡变形。

杨小姐与该别墅物业公司签订有独栋庭院前期物业管理服务协议，该协议约定物业公司对此房屋所在小区进行物业管理，协议约定物业公司的物业管理服务范围为该小区共用部位及共用设施设备，包括在紧急情况时进入各业主自有的物业内部，物业公司的义务为保障共用设施的正常使用。物业公司对小区内污水排水系统进行日常管理，并制定地下室返水处理预案。2006 年 5 月 25 日凌晨，该小区停电，并于当日恢复供电。物业公司未将停电及恢复供电的情况通知杨小姐。当日，物业公司也未及时进入杨小姐的庭院对污水井进行巡视检查。5 月 26 日早上，物业公司的工作人员在巡查过程中发现杨小姐所有别墅的污水井水位高。进入室内发现杨小姐地下室内的水深 30 厘米，该名贵家具、音响设备、地毯、壁纸底部及踢角线全部被水浸泡；物业公司的工作人员合闸接通电源后，污水泵启动并开始抽水。物业公司认可此次事故杨小姐无责任。

杨小姐认为，由于物业公司的责任导致其购买的上述房屋被淹，以致房屋内的名贵家具被浸泡并损毁，故起诉要求物业公司赔偿家具及物品损失 862 007 元。

物业公司辩称，其不同意杨小姐的诉讼请求，合同没有约定被告方对跑水应负赔偿责任；由于业主不在现场，被告方不能及时检查业主的房屋内的情况，无法减少损失，因此不同意杨小姐诉讼请求。

对此，请问你认为此事应当如何处理?

模块四　经营性物业管理

教学目标

● **知识目标**：通过本模块的学习，应达到以下要求：

1. 了解经营性物业及其管理的含义、特点和发展趋势，以及各类经营性物业管理的要求；

2. 熟悉经营性物业管理的内容、收入和费用，以及各类经营性物业管理的内容；

3. 掌握商业物业管理的组织实施、工业厂房管理的重点和难点。

● **能力目标**：通过本模块的知识积累和实践操作，应培养以下基本技能和基本能力：

1. 能够灵活地区分不同类型的经营性物业管理服务内容中的重点和难点，在制定和实施管理方案时解决重点，同时巧妙地化解难点；

2. 能够区分在不同类型的物业管理中各种工作岗位的设置和职责的所在以及在不同的物业管理中应当注意的相关事项；

3. 能够在面对不同类型经营性物业时，妥善处理与承租户的各种矛盾，并应付可能出现的突发事件，并能处理日常事务。

模块概述

本模块包括三个项目：一是经营性物业管理的特点和内容；二是写字楼物业管理的特点和内容；三是商业物业和工业厂房的管理。

项目十一　经营性物业管理的特点和内容

项目概述

本项目介绍了经营性物业的特点、内容、收入和费用等知识。本项目包括经营性物业管理的特点和经营性物业管理的内容两项任务。

任务一　经营性物业管理的特点

任务描述

某物业管理公司委派原从事居住小区物业管理的王某调任至经营性物业管理部门从事经营性物业管理工作，王某需要弄清楚经营性物业管理的特点及发展趋势。

任务分析

为完成本任务，首先要清楚经营性物业及其管理的特点，明确经营性物业管理的发展趋势，以便为客户提供更好的物业服务。

相关知识

经营性的物业管理由于其不同于居住性物业的特点，因而在其物业管理上有很大的不同之处，这样的管理工作需及时了解市场的变化，寻求解决和应付问题的办法，对未来的经营管理做出决定并评估这种决定对未来的影响。

一、经营性物业的特点

1. 经营性物业具有商业特点

经营性物业是以商品的形式存在的，具有商品共有的商业特性，随着人们生活水平的提高，对这类物业的需求也越来越多样化和高档化，为了满足这些需求，这些物业功能的开发也在不断拓展和延伸，于是物业特性更加突出。经营性物业的使用功能是以商业贸易的房屋出租为主、其他营业性经营为辅。尽管经营性物业是耗资巨大的特殊商品，但是只要是商品就具有商品的一般性质，那就是在交换中遵循价值规律。投资者或者租客通过付出一定的货币来获得物业一定期限或者永久的使用价值，这就决定经营性物业经营的方式是以出租或出售为主。

2. 经营性物业具有较强的经济特点

以出租出售为主的收益性物业中的房屋建筑物价值、设备设施价值、管理服务价值是不能库存的。若当天出售不出去或当天出租的客房不满，那么空置的房间就失去了当天价值与当天费用回收和补偿的机会。而且不论物业的出租出售情况如何，管理服务费的支出是相对固定的，一般不会随着物业的出租率和出售率马上调整。如果在遇到出租率很低的某天，当天就进行裁员或者减少清洁服务等等，这些是根本不可能的。由于经营性物业价值要通过出租或出售而尽快实现，因而经营性物业价值的实现具有很强的时效性、迫切性。

3. 经营性物业具有设施设备先进的特点

以房屋出租出售和其他附属性商业服务为主的经营性物业，必须保证其设施的先进性，只有具备现代化、先进性的物业才能更好地吸引租客，才能保证其出租率、出售率和营业收入。如北京、上海、南京等有着悠久商业历史的大都市，其中的大型的商业物业就是因为在不断地改良设施，不断保持先进和舒适，才能生意兴隆。

4. 经营性物业具有综合性的特点

随着社会主义市场经济的发展，人们的物质文化需求日益增长，经营性物业随之也发展成为功能多样的综合性物业。一幢现代化的综合性大楼，既有解决居住的出租型房屋，又有供购物的商业购物中心，还有餐饮店和文化娱乐休闲的设备设施等，因此，经营性物业具有综合性的特点。

二、经营性物业管理的特点

1. 经营性物业管理是一种创造性的追加劳动

经营性物业是以商品形式存在的，但经营性物业管理中的建筑物和设备设施确实是一种特殊商品。由于周边环境的影响和本身物业管理水平的差距，使其使用期限会产生极大的差异，市场价格也会有很大的变动。经营性物业出租或出售以后，其价值一方面是受市场价格波动的影响，另一方面是由其所采取的物业管理水平的高低决定，相应地其使用期限就会延长或缩短，其使用功能也会提高或降低，从而使物业价值发生了极大的变化，而这种变化凝结了物业管理这一人类劳动，也就是说，经营性物业管理的追加直接影响到整个物业价值的上升或者降低，从而使物业价值发生相应的变化。良好的物业管理，不仅提升了物业的使用功能和寿命，也会吸引到更多的租客和顾客，从而更好地实现物业的使用价值，并创造更多的价值，因而可以确切地说，经营性物业是一种创造性的追加劳动。

2. 经营性物业管理具有时间的迫切性

经营性物业的价值是不可以库存的，因而其价值的实现具有时间的迫切性。在经营性物业的管理活动中，若在物业等待出售时，仍然未能形成良好的租金方案和出租出售策略，就会失去价值回收的好机会。如果物业在待租待售以前，就形成了良好的适合市场需求的租金水平和价格策略，会提高出售率和出租率，进而抓住时机收回价值。因而，与一般的物业管理不同，经营性的物业管理必须强调充分利用时间。

3. 经营性物业必须实施现代化、专业化的管理

由于经营性物业不同于居住性物业的商业收益的特点，需要不断地更新其设备，保持其先进性，因而其设备的管理水平也必须是高起点、高品质、高质量，同时也必须具备科学先进的管理手段和专业的维护保养技术。一幢多功能、设施复杂、智能化的综合性大厦建成时，需要有了解和熟悉日后管理工作的人员验收，而且在大厦开始运行后，需要各个部门技术人员的协作才能保证大厦的正常运行。因此，无论在大厦的验收阶段还是在运行阶段，都需要高水平、专业素质的人员来进行管理。

4. 经营性物业是综合的统一管理

经营性物业管理的内容相当广泛，既有房屋出租、商业服务等经营性内容，又有装

修、设备维修等技术内容，还存在着保安、清洁、绿化、交通等日常服务，同时还要代表产权人和使用者与政府相关部门、公共事业服务部门、社会团体等组织就有关问题进行协商和协作解决，因此它是综合的统一管理。

5. 经营性物业具有极大的社会效益

在社会主义市场经济不断发展的同时，经营性物业的投资主体和投资形式呈现日益多样化的趋势。但是不管是何种投资形式，也不论谁是投资主体，维护各类投资者的利益是至关重要的，而要维护投资者利益，显然良好的物业管理是不可缺少的。因为高水平的经营性物业管理可以使物业始终处于良好的保存程度，具有正常的运行状态，并能不断地适应社会经济发展对于经营性物业功能的要求，使得经营性物业保持较高的价格水平并易于实现出租或出售。因此良好的经营性物业管理对于保护投资者利益、社会安定、城市美化、提高人民生活水平起到了不可低估的作用。

三、经营性物业管理的发展趋势

随着市场经济的发展，专业化物业管理技术和物业管理企业都将大量涌现，随着物业管理市场的不断发展和完善，其竞争将会日趋激烈，经营性物业管理成为物业管理发展的主流趋势，而传统的被动式的经营性物业管理方法必将被淘汰出市场，新的主动式和运用了高科技信息系统的管理方式将是现代化经营性物业管理的主流发展方向。

1. 主动式管理

是在主动了解客户需求的前提下，利用先进方法和技术手段以及规范化的管理服务，提高管理工作的效率和水平，从而实现经营性物业的投资经营效益。主动式经营性物业管理应达到下列目标：使环境及其他各项指标主动满足客户的要求和期望、建立和保持物业的地位和形象、发挥规模效益以确保物业管理成本的低廉。

2. 运用现代化的物业管理信息系统进行管理

要实现主动式管理，信息的收集、分析和利用是关键。在信息时代，计算机信息管理系统在经营性物业管理中的广泛运用是将来物业管理的发展方向。经营性物业管理的信息系统的运用，是指用现代的计算机技术，把有关经营性物业的管理信息物化在各种设备中，并由这些设备和物业管理人员构成一个为物业管理目标服务人机信息处理系统。如利用计算机控制楼内的空调系统、防火安全自动报警系统，建筑物内的垂直起降交通系统、照明系统以及附属设备的安全报警系统、大厦保安系统、物业出租管理系统和经营决策辅助系统等等。总之，借助自动化管理系统引进新的服务或者加强现有的服务，来达到降低成本和提高收益的目的，进而达到物业增值的目的。

随着数据通讯时代的到来，建立在准确的数据交换、私人通讯卫星、局域网、仿真传输系统基础上的通讯功能将变得非常齐全。美国的学者约翰·理查森这样描述经营性物业的通讯革命：某一天，在你离开了办公室以后，你房子里的传感器会自动告知拜访你的朋友，同时，办公室的电灯会全部自动熄灭，空调系统也会自动停止运转。由于你的公司所租用的办公大楼在控制通讯成本和提高人工效率方面的巨大的技术进步，你可以更加方便地管理自己的公司。如果未来真如约翰·理查森所描述的那样，那么物业管理公司就可以通过现有的电话通讯系统控制各个单元的照明系统和其他设施。同时如果大部分技术和功能需要用户掌握，那么物业公司就应该教会用户掌握多种技术。

四、相关法律法规知识

为了更清楚地明确经营性物业及管理的特点和发展趋势，要加强《物权法》、《物业管理条例》、《合同法》、《物业服务收费管理办法》、《物业服务收费明码标价规定》等知识的学习。

任务实施

通过学习本任务的知识，要求清楚经营性物业管理不仅要使物业保值增值，而且其管理的好坏会直接影响到相关经营的收益，相对于居住性物业，经营性物业管理要求更加现代化、专业化，需要专门的技术人员。针对这些特点，经营性物业管理不仅需要严密的团队组织、科学的管理，同时需要一些专业技术人员的参与，特别是在新的经营性物业管理技术的推广应用时，还需要整个团队有着管理的紧迫感，这样才能真正地把握其特点。

学习评价

本任务的学习评价主要是按照知识目标和能力目标的要求，判断通过本任务的学习是否能够完成清楚经营性物业管理特点的任务，以便及时、系统、准确地把握重要的学习内容、学习方法、学习过程、学习效果和学习难点，从而解决学习过程中存在的问题。

教学探讨

一、案例分析

某大厦物业管理公司接到2101室某外资公司负责人投诉。称他与几位重要外宾乘坐电梯由首层上大厦，行至2楼时一名送餐人员带着很多饭盒上电梯。该送餐员浑身汗味，送的两大包饭几乎占满了电梯地面，饭菜味充溢电梯。而且送餐员中途停梯时，堵住电梯门，逐一往外拿饭菜袋。该行为不仅耽误了用户的宝贵时间，而且还给外宾留下了不良印象。用户希望物业管理公司尊重高档大厦的形象，加强管理，避免发生类似事情。

分析： 本案例明显是属于物业公司管理不当，没有注意到对外来人员的管理。物业管理公司要吸取教训，制定相关的预防措施加强预防管理。对外来人员的管理是物业管理中的一项重要的基本管理。

物业公司一般应从以下方面控制外来人员：办理临时出入证及货物出入登记制度；要求外来人员在大厦期间遵守管理规定；送货人员应乘专用电梯，按指定通道上下楼层；管理人员要加强对外来人员的管理，指导外来人员按规定出入。

预防措施：制定外来人员管理规定，要求外来人员办理临时出入证；在大厦规定的外来人员出入口张贴管理规定，要求外来人员遵守；密切监控大厦异常情况，发现类似违规现象及时制止。

二、技能训练

一天早晨，一大厦商场餐厅门前的消防卷闸突然下落，引起天花破裂，落在餐厅外站立迎客的餐厅服务员和一名过往客人头上，其中一名服务员头破血流。该餐厅强烈要求物业管理公司迅速处理事故并负责赔偿由此造成的一切损失。

物业公司应如何处理这样突发事故？物业公司应采取怎样的预防措施？

分析： ①处理方式：物业管理公司接到事故报告后，迅速组织相关人员到达现场，立即将伤员送到医院进行治疗；对现场进行拍照取证，设置警示栏、告示牌以封闭现场；组织专业人员查明事故原因；在明确事故责任后，物业管理公司迅速清理事故现场，使用户得以恢复营业。

②预防措施：严格承建商资质审查，明确其工作标准和工作程序；对承建商工作建立完善的监督和奖励条款；培养公司内部专业人才，争取能够解决一些应急工程抢修问题。

任务二　经营性物业管理的内容、收入和费用

任务描述

某物业管理公司委派原从事居住小区物业管理的王某调任至经营性物业管理部门从事经营性物业管理工作，王某需要弄清楚经营性物业管理的内容。

任务分析

本任务要求明确经营性物业管理的内容，包括管理计划的制定、实施以及其他在管理中需要注意的事项。在这些计划逐步实施以及相关事项都完成的情况下，相关的收入和成本的核算就应当成为重点，而且通过这些核算就可以更好地调整下一年度的计划。

相关知识

一、经营性物业管理的内容

1. 制定管理计划

在接管一宗业务以后，首先要制定一份管理规划并获得委托方的认可。规划应详细说明物业管理所提供的服务以及为达到目的所采用的办法。计划的制定一般有以下六个步骤：①确立目标；②物业管理状况的检查；③形成租金方案和租金策略；④提出预算；⑤物业管理的委托合同；⑥物业管理记录和控制。

2. 加强市场宣传提升物业的租金

物业管理人员通常要进行市场宣传以使物业租金达到较为理想的水平。这种宣传一般

要围绕着物业的特性进行宣传，如宣传物业所处的位置、周围的环境、交通的通达性和便利性等。一般很少通过宣传物业租金的低廉来吸引租客，因为对于大多数经营性物业来讲，如商业物业、工业物业等，租金水平相对于物业的其他特性并不重要，物业的其他特性和质量才是吸引租客的主要因素。

3. 制定收租的方法

制定收租方法的目的是尽量减少由于迟付或拖欠租金而给业主带来损失。

4. 物业的维修

良好的物业维修管理不仅是租客的要求，也是物业管理的基本内容之一。维修不仅要包括租客的报修，还要按时对物业进行定期的检查和维修。每次检查维修都要依建筑物各部件和其附属设备的情况有所侧重，检查结果要详细记录并及时报告给业主。

良好的物业维修计划还应包括对租客就建筑物尤其是其内部设备的使用提供指导，使租客、物业管理人员以及业主共同承担物业维护的责任，并使各方利益得到应有维护。

5. 安全保卫

当前物业管理人员越来越重视物业和租客的安全保卫工作。一方面建筑物的损伤可能导致租客生命财产的损失，另一方面，外界的犯罪活动亦会导致租客的利益受到损害。

安全保卫方面的考虑必须从建筑物的初始的结构设计时就开始。政府的公共安全部门对建筑物设计过程中的保安措施尤其是防火设计都有明确的要求，同时物业管理人员须对建筑物内易造成人身伤害的部位作出明确标识，以提醒人们注意安全。为了防止犯罪活动，要设置大厦保安人员，注意锁上不常用的出入口，并在经常使用的出入口派保安人员值班。

6. 确立业主、物业管理人员和承租人的关系

作为专业物业管理人员，必须设法建立三方经常沟通的渠道，通过物业管理人员这个中间媒介，使每一方的希望、需要、抱怨能及时地让其他各方了解。为了防止由于物业管理人员给业主报告的不完备带来的缺陷，业主与租客也应当建立直接的联系渠道。

7. 组织和控制

从业主的角度来讲，如果能够及时地、经济地实现自己对于物业的期望，那么就体现出了物业管理组织与控制的有效性。此外，业主如果不过问具体事务也能对物业管理人员处理问题抱有信心的话，也充分地说明了物业管理组织和控制的有效性。

二、经营性物业管理的收入和费用

一般说来，经营性的物业主要用于出租，了解其特点、运营成本和财务核算方式，对于该类物业的收入和成本的计算工作具有相当重要的意义。

1. 经营性物业的收入

经营性物业的收入既是房地产投资者收回投资、获取投资收益的来源，也是物业管理公司进行经营管理的费用来源，该收入主要包括经营收入和其他收入两个方面。经营收入

一般指出租建筑物楼面和其他附属配套设施的租金收入；其他业务收入包括管理费，附属性的餐饮、购物、商务中心、交通等项服务所得。

2. 经营性物业的运营成本

（1）建筑物的维修费用。建筑物的维修费用取决于建筑物建造和设计的类型、建筑物的楼龄以及租约中规定的租客承担的责任范围，在租客反对对内部装修负有责任的情况下，业主实际承担维修费用的全部，所以必须安排一笔数量相对很大的准备费用。

（2）服务及设备费用。这方面包括的费用依据物业类型不同有着较大的区别，一般的租约是要尽量增加收费项目的范围，且向租客收取此项费用，不仅补偿实际成本，还要包括服务监督所需的费用，一般情况下，物业费通常按服务项目单独收取作为附加租金。在这种情况下，要弄清收费的条件，尤其应当明确是否能将未来可能增加的费用负担转嫁到租客身上。

（3）有关税费。物业出租过程中的主要税费包括房地产税、营业税、城市建设维护税、教育附加费和土地使用税。

通过对经营性物业在经营中主要的收入和费用的详细了解，就可以运用一般的财务分析的手段与方法，对有关的技术经济指标进行计算，并利用计算结果，及时对经营中存在的问题进行控制调节。

三、相关法律法规知识

为了更清楚地明确经营性物业管理的内容，要加强《物权法》、《物业管理条例》、《合同法》、《物业服务收费管理办法》、《物业服务收费明码标价规定》等知识的学习。

任务实施

通过学习本任务的知识，要求清楚经营性物业管理的内容及收入费用的核算方法。管理措施的落实和收入费用的核算带来的是可观的利润和下期工作的顺利进行，当实际运行与预算相差甚远时，就要修正管理计划，注意细节的实施，以更好地实现利润水平。

学习评价

本任务的学习评价主要是按照知识目标和能力目标的要求，判断通过本任务的学习是否能够完成清楚经营性物业管理内容的任务，以便及时、系统、准确地把握重要的学习内容、学习方法、学习过程、学习效果和学习难点，从而解决学习过程中存在的问题。

教学探讨

一、案例分析

物业管理公司接到大厦业主××银行投诉，称因当前各行各业经济不景气，物价水平下降，经营成本降低，加上大厦入住率不断提高，管理费应当有较大节余，但现在物业管理公司收取的管理费仍居高不下，为此怀疑物业管理公司可能私藏部分费用，希望物业管理公司能解释清楚，否则拒交管理费。

分析： 本案例主要涉及物业管理中的收费管理这个知识点，属于重点掌握知识点。对于物业管理中的收费问题较为敏感，受人关注，需要物业管理公司能做到账务公开、科学安排、价钱合理。本案例应从处理该事件和以后如何采取预防措施来入手进行分析阐述。

①处理方式。物业管理公司接到投诉后，迅速向用户解释管理费标准。物业管理公司指出：管理费标准与楼宇内部设施及管理服务密切相关；管理费标准是按照100%入伙率来计算的，入伙率高与降低管理费标准没有必然联系；管理费标准是经详细、科学测算，由业主委员会审核，并报物价局审批同意的。

②预防措施。实施财务公开制度，定期公布管理费支出，请用户进行监督；加强与用户的沟通，及时把管理信息反馈给用户，加深用户对物管收费的认识。

二、技能训练

某大厦物业管理公司在非办公时间实行出入登记制度。有一用户在晚8:00进入大厦，入口保安员请其登记，但该用户不理睬，径直走进电梯上了楼层。入口保安员用对讲机呼叫楼层巡查保安员截住用户，要求其出示身份证登记。但用户却说保安在侵犯他的人身自由，并向物业管理公司投诉，还扬言要报警。物业公司应如何处理该事件，又应如何预防？

分析： 对于物业管理中的保安管理就是要坚持原则，防患于未然。保安员的做法没有错，但也需要正确沟通，争取客户理解。

①处理方式。物业管理公司主管应与该用户公司的负责人及时见面沟通，并讲明了非办公时间出入登记是为了保障大厦及用户安全，看似麻烦，实际上确保了用户在非办公时间的安全，希望用户能理解配合。

②预防措施。完善出入登记制度；完善大厦出入证办理规程；加强对保安的业务培训。

拓展训练

一家台湾公司在入住某甲级写字楼时，欲申请在租房门外挂公司水牌，物业管理公司向其说明，室外挂牌需向物业管理公司申请，并由管理公司按照大厦设计的统一样式定制。谁知该公司装修竣工后，物业管理公司发现它们竟在门口挂了一块巨大的铜招牌。当管理员要求其拆下铜牌，换上统一样式的招牌时，该公司来函投诉，称自做的水牌更符合其公司的宣传需要，再说物业管理条例中未规定用户需按物业管理公司规定的水牌样式制作，选择何种样式的水牌是用户的自由，请物业管理公司不要干涉用户的自由。

对此，如果你是物业管理公司负责人，你应当如何处理？

项目十二　写字楼物业管理的特点和内容

项目概述

本项目介绍了写字楼的类型与特点、写字楼管理的特点、要求、目标、模式和内容。本项目包括写字楼管理的特点、写字楼管理的模式和内容两项任务。

任务一　写字楼物业管理的特点

任务描述

某物业管理公司的王某接手了一栋写字楼的物业管理工作，需要明确写字楼物业管理的特点，明确写字楼物业管理的目标。

任务分析

为完成本任务，要求清楚写字楼的类型和特点，明确写字楼物业管理的特点和目标，使得写字楼物业管理力争做到保值增值、“以人为本”、让客户满意和放心。

相关知识

一、写字楼的类型和特点

写字楼是为商业类型的公司、商社、财团、企业、办事处、联络处等提供的用于商务、办公的楼宇及配套的设备、设施、场地，是以出租、出售、自用为目的的单元性房地产，其主要的功能是为业主或用户提供现代化的办公场所。商务写字楼一般分为三种类型，即普通型、综合型、智能型。写字楼大多坐落于城市中心或者交通干道附近的繁华地区、商务区域，其建筑规模大、设施设备齐全、环境优越、通信便捷、专业化程度高，需要高水平、专业化的物业管理企业进行管理。

1. 写字楼的类型

要做好写字楼物业的管理工作，首先要清楚写字楼物业的分类，以便于在物业管理工作中区别对待不同的情况。通常我们可以按照如下的四种方法对写字楼进行分类。

（1）按建筑面积的大小进行划分。小型写字楼一般为 1 万 m^2 以下；中型写字楼一般为 1 万～3 万 m^2；大型写字楼一般为 3 万 m^2 以上。

（2）按写字楼功能划分。单纯写字楼就是基本上只有办公这一种功能，没有其他功能（如展示厅、餐饮等）；商住型写字楼就是既提供办公又提供住宿，分为两种形式，一种是办公室内有套间可以住宿，另一种是楼的一部分是办公区，另一部分是住宿区；综合型的写字楼就是以办公为主，同时又有其他多种功能，如兼做公寓、餐厅、商场、展示厅等，现在许多新建的写字楼还设有舞厅、健身房等。

(3) 按大楼的现代化程度划分。非智能型写字楼即传统的不具备自动化功能的写字楼；智能型写字楼即具备高度自动化功能的写字楼。根据建设部 2000 年 7 月颁布的《智能建筑设计标准》，智能建筑应兼备建筑设备自动化系统（BAS）、通信网络系统（CNS）、办公自动系统（OAS）。随着科技快速发展，写字楼自动化的程度也在不断地提高，许多新建的写字楼已实现了停车管理自动化系统、安全防范系统等。

(4) 按建造等级、所处位置和物业管理档次划分。甲级写字楼具有优越的地理位置和交通环境，建筑物的自然状况良好，建筑质量达到或超过有关建筑条例或规范的要求，包括 24 小时的维护维修及保安服务；乙级写字楼具有良好的地理位置，建筑物的自然状况良好，建筑质量达到有关建筑条例和规范的相关要求，但建筑物的功能不是最先进的（有功能陈旧因素的影响，有自然磨损存在），收益能力低于新落成的同类建筑物；丙级写字楼已使用的年限较长，建筑物在某些方面不能满足新的建筑条例或规范的要求，建筑物存在较明显的自然磨损和功能陈旧现象，但仍能满足低收入租客的需求并与其租金支付能力相适应，相对于乙级写字楼，虽然租金较低，但仍能保持一个比较满意的出租率。

2. 写字楼的特点

(1) 建筑规模大，办公单位集中，人口密度大。写字楼多为高层建筑，楼体高、层数多、建筑面积大、办公单位集中，可以拥有几十甚至上百家单位，工作人员以及往来客人形成的巨大人流将会无形中增加管理的难度。

(2) 设备系统先进，智能化水平高。为了保证写字楼的正常运转、使用便利，写字楼配备了各种复杂的设施设备，需要专业化企业负责维护管理。

(3) 功能齐全，自成体系。现代写字楼一般拥有自己的设备层、停车场，以及会所、商务、娱乐、餐饮、健身房等工作与生活的辅助设施，进而满足租户在楼内高效率工作的要求，同时也为客户的工作和生活提供了很多方便。这些特点要求物业管理内容的多样化。

(4) 使用时间集中，人员流动性大。一般说来，写字楼的集中使用时间多数在早 8 点以后、下午 6 点以前。上班时间整个写字楼是人来人往、川流不息，下班后是人去楼空，冷清异常。这一特点决定了写字楼物业管理必须做相应的特殊安排。

(5) 经营管理要求高，时效性强。由于现代写字楼本身规模大、功能多、设备复杂先进，加之进驻的多为大型客户，自然对管理服务的水平要求要高；另外，由于写字楼具有收益性物业的管理特点，高的出租率是其获得良好稳定收益的前提。经营管理不当就不能赢得客户，甚至会马上失去已有的客户，而当期空置就意味着当期损失，所以经营管理时效性强。

二、写字楼物业管理的特点和目标

1. 写字楼物业管理的特点

写字楼管理可围绕“安全、舒适、便捷”六字来展开。安全是提供安全保障的环境，让客户在其中放心地工作；舒适是创造优美整洁的环境，让用户感到舒适、愉悦；方便指的是保证设备、设施正常可靠地运行，同时提供尽可能多的服务，让用户感到方便、快捷，满足他们高效办公的需要。

（1）智能化管理。写字楼这种集中的自动化控制，大大方便了楼宇管理，但同时对管理工作也提出了新的要求：要求管理者的技术水平的提高和专业素质的过硬，要求对管理者也要进行相应的培训以适应新的管理方法。因此，写字楼的管理必须有高标准的管理要求、高技术的管理手段、高素质的员工队伍。

（2）人性化管理。上班族每天在写字楼里工作的时间一般都在 8 小时以上，因此办公环境、办公家具和办公设备的配备不仅要注重科学性，同时要体现人文关怀，这样才能充分利用科学技术塑造舒适环境，从而调动人的积极性，提高工作效率。

（3）加强治安防范，重视消防管理。写字楼的安全保卫工作非常重要，它不仅涉及国家、企业、个人财产安全及个人生命安全，还涉及了大量的商业秘密、行业机密，而且写字楼在办公时间开放，人员流动极大，给安全保卫工作带来了一定的难度。

消防工作向来是写字楼管理工作的重点。首先，写字楼设备复杂，垂直通道多，装修量大，易燃材料多，加之高层建筑风速大，易受雷击，所以火灾隐患多。其次，高层建筑一旦遭遇火灾，不易扑救，只能靠自身消防设备自救。由于其人口密度大，档次高，因而一旦有火灾，不仅不易扑救，而且损失会非常严重。

（4）加强写字楼的清洁保养。首先，清洁工作是写字楼管理水平的重要体现，尤其是外墙的清洗，是写字楼重要而经常的工作。其次，清洁也是对建筑设备进行维护保养的需要，在延长使用寿命方面也有重要的作用。

（5）完善配套服务，强化服务质量。为增强写字楼的功能，满足用户方便、快捷的工作需求，管理者应当不断丰富和完善各种配套服务，包括日常性服务、委托代办服务及各种商务服务。写字楼集管理、服务、经营于一体，这是由写字楼的性质和功能决定的，也是写字楼管理的重要特征。完善优质的服务可以提高物业管理的品位，提高写字楼经营档次。

2. 写字楼物业管理的目标

写字楼的租户将高效率工作作为主要目的，相应的管理和服务必须满足他们这一需求。一般来讲，物业管理企业对写字楼实施管理与服务时，应确立以下目标：

（1）确保和扩展大楼的使用年限及保证其功能的正常发挥。写字楼建成后，由于使用和自然力的作用会发生一定的损坏。自然力的作用因素主要有地震、重力、风力、大气与水的侵蚀作用等；人为因素包括施工质量较差、建筑材料不合格、使用不当等情况。因此随着时间的推移，房屋结构部位、维护、装修及其他部位如不加强管理，会影响到其功能的正常发挥。实施良好的不间断的专业管理服务，不仅可以确保物业在整个使用周期内的作用和功能得以正常发挥，还可以延长物业的寿命，保障业主的经济利益。

（2）完善的物业管理可以使物业保值增值。物业管理就是对物业进行不间断的维护，包括进行旧楼的更新改造、室内装修等。完善的物业管理不仅能使物业及其设备处于良好的状态和正常运行，而且可以提高物业的档次和适应性，使物业保值增值，同时也可以招徕更多的租客，使房屋获得更高的租金或利润。

（3）写字楼管理应当与“全国城市物业管理优秀大厦标准”要求相结合。“全国城市物业管理优秀大厦标准”要求对大厦的房屋建筑及其设备、市政公用设施、绿化、卫生、交通和环境容貌等项目的维护、修缮和整治达到一定的标准。

三、相关法律法规知识

为了更清楚地明确经营性物业管理的内容，要加强《物权法》、《物业管理条例》、《合同法》、《物业服务收费管理办法》、《物业服务收费明码标价规定》等知识的学习。

任务实施

通过学习本任务的知识，要求清楚写字楼的分类及特点，并根据特点和类型采取相应的管理方案，尽可能实现写字楼物业管理人性化、智能化的目标。

学习评价

本任务的学习评价主要是按照知识目标和能力目标的要求，判断通过本任务的学习是否能够完成明确写字楼物业管理特点和目标的任务，以便及时、系统、准确地把握重要的学习内容、学习方法、学习过程、学习效果和学习难点，从而解决学习过程中存在的问题。

教学探讨

一、案例分析

一天，A公司经营的写字楼来了一群不速之客。这是Y公司老板带领其下属来洽谈写字楼租赁问题。租赁意向基本达成了，Y公司老板又把北京市市政府某委员会抬出来招摇了一番，还提出建议：干脆我们把整个大楼买下来怎么样？Y公司入驻后，业务十分忙碌，人员来来往往，老板进出乘坐豪华轿车，很有气派。后来Y公司业务不顺利，开始欠租，并且绝口不再提购买整幢大楼的事。作为业主的A公司便向Y公司发出了数道催款通知，其后又发出了最后通牒，Y公司仍没有反应，只是不再经常有人来上班。A公司就立即对Y公司租区采取了封门加锁的极端措施。Y公司老板这时已不知去向，甚至连他的大多数雇员们也不知道。最后Y公司神秘地补交了部分欠租后悄然离去。Y公司走了，公安局来了。原来，Y公司在租房时所使用的营业执照文件是伪造的，Y公司老板涉嫌诈骗千万余元人民币。

分析： 作为物业经营管理单位，有义务配合协助工商管理和公安部门对这类公司进行查处。在物业项目招租招商过程中，应建立核查程序以杜绝非法公司混入。对租户或项目内小业主有关人员的管理方面，也需建立必要的管理程序和管理制度。无论发生经济犯罪还是发生刑事案件，对物业项目来说都不是什么好消息，都可能对物业项目未来的经营带来负面影响。

二、技能训练

E 公司董事会就写字楼选择问题费了不少精力，看过不少楼盘，并表示更加关注物业服务的质量，最后选择了一家地处某涉外商圈的著名大厦，高高兴兴地与其签订了租赁合同。开始安排装修工程时，不高兴的事就来了。原来这个大厦虽然没有像其他的大厦那样指定装修商，但有一个“怪癖”，就是所有进驻单位必须采用大厦提供的窗帘，而且必须由大厦负责安装。殊不知窗帘也是整个装修设计的一个有机组成部分，怎么可以分开呢？E 公司的领导人们为此苦恼不已，但最后还是拗不过对方而被迫就范。请问你对问题怎样看？

分析： 在各类物业项目中，其客户经常会有一些专业性的服务工作需要委托承包商去做，按照行业惯例和一般条件下物业管理公约或租赁合同的要求，物业管理部门应对这些承包商给予正确的指导和严格的管理，监督各承包商遵守相关的规定，确保物业项目内的正常管理秩序得到维护，最终使各方面权益得到有效保障。在有些项目中，物业管理部门做出指定承包商的规定可能有其特定或合理的原因，但正常情况下也应该不是一家（这不包括涉及楼宇自动控制系统、消防控制及喷淋系统和其他个别有必要由大厦直接安排的项目）。个别物业管理机构或其有关负责人搞强行指定或变相强行指定承包商的做法，有违行业的职业道德，在一定程度上侵害了租户或使用单位的合法权益，应予纠正。

任务二　写字楼物业管理的模式和内容

任务描述

某物业管理公司的王某接手了一栋写字楼的物业经营管理工作，希望明确写字楼物业通常的管理模式和内容。

任务分析

为完成本任务，要求清楚写字楼物业管理的模式，依据不同特点的写字楼选择不同的管理模式；明确写字楼物业管理的主要内容，包括写字楼特有的服务管理和营销管理。

相关知识

一、写字楼物业管理的模式

现阶段我国各地经济发展水平不一，城市建设水平参差不齐，也使得物业管理的发展出现差距，物业管理水平难以一概而论，但大致来看，我国写字楼物业管理模式可分为自管型和委托型两大类。

1. 自管型

自管型即房地产开发商或者业主自己组织力量进行管理。由于我国大多数地区物业管理刚刚起步，这种管理方式在我国仍占有较大的比例，主要有以下几种模式：

（1）自建自管模式。

大型企事业单位自投或部分融资兴建商务写字楼。除一部分自用外，余下部分用来出租给客户。在建筑写字楼期间，投资者往往有自己的一套班子，在工程结束转向物业管理时，其来源则更加稳定、可靠。但是这种方式存在的问题也是显而易见的，自建的物业公司缺乏各类从事物业管理的专门人才，物业管理经验不足；物业管理公司在实际运行中容易受到公司领导的行政干预，管理易变成“大而全，小而全”的统包统管等。

（2）自管与专业公司相结合的模式。

由于商务写字楼的经营、组织、管理、运作有很强的专业性，楼宇本身及设备的维护和保养有很强的技术性，因而出现了自管与专业公司相结合的模式。财务、人事、产权产籍、入住装修管理、停车场、综合营销等一般都属于自管范围；而专业性、技术性较强的方面（如保安、保洁、园林绿化、餐饮、娱乐、电梯、空调、变配电器等）的经营和专业设备的日常、定期维护和保养由专业公司承担。这种方式主要以契约方式合理地组合各类专业公司，为客户提供满意的服务。

（3）自管与顾问公司相结合的模式。

采用这种管理模式，主要是房地产开发商或者业主自建的管理公司为了向专业的物业管理公司过渡，在过渡时期聘请专业的顾问公司为其提供指导意见。顾问公司一般都是资深的物业管理公司，经验丰富，可以帮助物业公司拟定制度、人员配备、组织机构、工作规范，协助其制定设备设施的维护计划，帮助挑选符合其条件的专业公司进行合作。在顾问公司的帮助下，房地产开发商或业主自建的物业管理公司会逐渐建立专业化的日常规范，并能够适应各种突发事件的处理。

2. 委托型

所谓委托型就是写字楼在建造完成以后，通过签订委托协议书将其委托给专业的物业管理公司管理。因为房地产开发商的主要精力是开发，自己所组建的物业管理公司，由于在专业知识方面的欠缺、在精力和经费上的花费比聘用专业公司都要多，因而在发达国家，委托专业的物业公司进行管理是最常见的一种形式，专业的物业管理公司有较为丰富的经验和成熟的技巧，委托他们管理效果更好。目前在我国的深圳、广州、上海、北京等大城市的高档写字楼逐渐采用委托管理的方式。

（1）委托管理型。

物业管理公司受托对写字楼的大厦本体、设备设施、安全、清洁等方面实施维护管理，并应房地产开发商或者业主的要求提供产权产籍和物业档案资料的管理、物业的中介管理、多种经营和各类有偿服务，有的物业管理公司将具体的实务管理以分包的形式委托给专业公司，物业管理公司除挑选有资历的专业公司外，还负责对专业公司的承包内容进行监督、考核、检查。采用委托型的物业管理模式体现了社会分工及专业化的发展趋势。

（2）租赁经营型。

采用这种模式是业主将已经建好的写字楼通过签订租赁和承包协议的方式出租给物业管理公司，实现所有权与经营管理权的分离。业主不用花费时间和精力，定期获得租赁租金或承包上缴的基数即可。物业管理公司则致力于写字楼的租赁和租售后的售后管理服务，在依法经营、照章纳税、定额向业主缴纳租金或承包基数以后，有更大的经营自主权，可以通过自身的认真经营获得更多的收益。

二、写字楼物业管理的内容

1. 写字楼物业管理的日常管理

（1）房屋建筑及设备管理。

房屋使用及维修养护管理是写字楼物业管理的重要内容之一，物业管理企业在客户租用时应该告知其使用写字楼时应当注意的事项，并与客户签订使用公约，若客户需要对写字楼进行二次装修，物业管理企业有义务将在装修中应当注意和禁止的事项告知客户，并监督其装修过程，以确保楼宇结构和附属设施设备的安全性。

写字楼的机电设备是写字楼的心脏部分，主要任务是保证办公大楼的通讯网络、供水、供电、供气、空调用水和电梯等设备设施的正常运转，因此，要建立健全各项管理制度，组织一支技术熟练的专业人员队伍，同时建立各专业人员的管理值班制度。做到每天应准时开启和关闭设备，做好日常的保养和修理，有计划地对建筑和设备大修，确保各项设备处于良好的运行状态。

（2）安全管理。

写字楼的安全管理主要包括治安管理和消防管理，安全管理在写字楼物业管理中占据着非常重要的地位。应制定全面的保安计划，建立有效的保安制度，消除一切危机或者影响业主或使用人生命和身心健康的外界因素。为此，必须建立一支训练有素的保安队伍，并配备安保设备、门卫、停车场管理人员、监控室值班、定时和不定时的安全巡视，从各方面保证大厦 24 小时在保安人员的控制之中。

消防管理对于人员众多、设备复杂、存放大量文件的写字楼来说是至关重要的。物业管理除了要保持消防设施的完好和消防通道的通畅外，还要加强对员工和用户进行防火教育和宣传工作。同时建立一支以保安人员为主的消防队，并对队伍进行培训，遇到紧急情况可以随时出动，控制火势蔓延，减少损失。

（3）清洁卫生管理。

写字楼的租客对于大厦尤其是入口、大堂、卫生间、电梯、公共通道等地方的清洁卫生要求非常高。物业服务企业的清洁卫生工作要保证大楼外观整洁漂亮，保持大楼内外、周围环境的清洁，保证大楼内各共用部位的清洁和保养，并且要及时地进行垃圾清运、污水处理和灭菌灭虫等工作。

（4）前台服务。

现代写字楼租客很多，许多来客联系业务往往发生困难，因此，写字楼一般都提供前台的问询服务，并协助接待来访客人，接受外来联系电话等，除此之外，前台也为承租客户提供打字、传真、复印以及订票服务等。

（5）租赁管理。

物业管理企业有时受业主的委托，代为管理写字楼的租赁业务。写字楼客户除了业主自用部位之外并非永久性客户，有较高的流动性，这就意味着现有的客户很可能会在一个合同期后不再续约。为了保证较高的出租率，营销推广成为物业管理公司工作的重要组成部分。租赁业务主要工作包括：接待来访的潜在承租客，介绍写字楼情况，并做好促销宣传，做好与客户的联系；处理写字楼具体的租赁工作，如与承租户联络、洽谈、签约；接受和处理承租客的投诉和要求，及时做好协调工作；定期对长租客进行访问，联络感情等。

（6）委托服务。

委托服务是物业管理公司受租客委托进行的日常管理服务项目以外的特约服务，属于有偿服务的范围。提供委托服务一方面方便租客，体现物业管理公司的服务质量和水平；另一方面也是物业管理公司增加收入的重要来源。写字楼常见的委托项目有：委托清洁服务，如办公室内或公寓住所内的清洁服务，清洗轿车服务；代办服务，如快递服务、行李搬运、代购物品、礼仪服务、会员服务等。

2. 写字楼的服务管理

（1）前台接待服务。

写字楼业主和租户众多，来客联系工作往往发生困难，因此不可缺少提供问讯接待服务，包括总台问讯和电话问询等。

（2）委托代办服务。

物业公司受业主和租户的委托，与外界联系，帮助办理与生活、工作有关的日常事务，如购物、订票、邮寄等许多服务，这类服务一般由管理公司事先设立，收费也有一定的标准。

（3）特约专项服务。

特约专项服务由物业公司与业主和租户单独约定，为业主和租户提供某些针对性的专项服务，满足其特殊的需求，如入室清洁服务、保安服务等。

（4）综合配套服务。

写字楼除有办公用途外，还常常有进行商务活动、餐饮、健身等功能，相应的配套服务也应当到位。

3. 写字楼的营销管理

写字楼的出售或者出租属于写字楼的经营范畴，许多房地产开发商也将这项工作委托给物业管理公司负责，常设独立的管理部门。该部门的主要工作是，掌握市场形势，及时了解客户信息，制定相应的营销策略；具体办理客户租赁手续，处理客户迁入及迁出的各种问题。

三、相关法律法规知识

为了更清楚地明确经营性物业管理的内容，要加强《物权法》、《物业管理条例》、《合同法》、《物业服务收费管理办法》、《物业服务收费明码标价规定》等知识的学习。

任务实施

通过学习本任务的知识，要求清楚写字楼物业管理的模式，并根据写字楼的特点选择适宜的管理模式，加强写字楼物业的服务管理和营销管理，要主动和客户接触，了解客户需求，并尽可能地满足，同时做好宣传和广告工作，实现写字楼物业的现代化管理。

学习评价

本任务的学习评价主要是按照知识目标和能力目标的要求，判断通过本任务的学习是否能够完成明确写字楼物业管理模式和内容的任务，以便及时、系统、准确地把握重要的学习内容、学习方法、学习过程、学习效果和学习难点，从而解决学习过程中存在的问题。

教学探讨

一、案例分析

某高级商务办公楼内有一本地公司——A公司，主要从事机床贸易。当下市场诡谲，竞争激烈。A公司入驻高级办公楼的目的，原本是想跻身于外企云集之地，树立良好形象，提升其知名度，同时也节约交通成本（该办公楼周边的交通环境非常好）。但市场是非常残酷的，业务并未因入驻了一个好的办公楼而有进一步发展，反而较为昂贵的房租倒成了不小的负担，一年多以后，“欠租”的情形出现了。物业管理部门通知A公司，在指定的期限内如果A公司仍不付清欠款的话，将不得不采取必要措施中止部分服务。A公司对此未做出任何反应，也没有能力做出反应。期限到了，物业管理部门将其通讯线路从接线大盘上摘除，A公司通讯中断。这时A公司负责人和一个职员冲到物业管理部门的办公室，一个细声哀求，另一个则大声吵闹，并且还拿出一副要打人的架势。最终结果是

A公司按照合同乖乖地在承担了部分赔偿责任之后搬出了办公楼。

分析： 物业项目在招租招商过程中，要对租户的商业信誉及其行业前景做出适当的调查和研究判断，尽可能规避可能出现的风险。一般情况下，对“欠租”租户的处理要依据租赁合同，先进行书面催租，如果没有得到有效回应，则最好以书面形式说明期限和可能采取的措施及其可能带来的影响，接着就是采取措施了，这类措施的实施要坚决有效，要有层次，要能够解决问题，并且可以把出现后遗症的可能性降至最低。个别情况下，也要体谅某些租户特别是那些“质地较为优良”的公司或对整个招商项目较有影响的公司可能遇到的特殊困难，不排除在特定条件下做出适当的宽限和减免，采取处理措施时一般应适当留出余地。

对“欠租”租户采取措施的基础是与之签署了具备法律效力的租赁合同。因而合同文本的有效性非常重要。这些文本当然要通过律师审核，但仅仅通过律师审核是不够的，如果有条件，最好能够征询一下物业管理专家的意见。

二、技能训练

一家很有声望的制药公司进驻某高档写字大厦办公，为了加强对外宣传，该公司计划择日在大厦举行规模宏大的开业典礼仪式。届时，公司董事长及有关方面的领导将应邀参加。筹办开业典礼的策划部门负责人准备举办一场富有中华民族特色的舞狮表演，还准备一些气球。但大厦管理处考虑舞狮表演锣鼓喧天，势必影响大楼的办公环境，未予批准。策划部门负责人非常生气，称开业典礼议程已经确定下来，现改影响不好，管理处凭什么不批准。为此，策划部门负责人向管理处正式来函投诉。

分析： 物业公司主管要及时与用户进行沟通。在沟通中，公司主管应首先表明公司及管理处愿意积极配合用户办好开业典礼，管理处会设立欢迎标志和引导标志，安排保安人员、保洁人员协助维持现场秩序和清洁，还同意用户使用大堂进行开业讲话。但由于典礼安排在办公时间，而且是在大厦的公共场所，一定会严重影响大厦其他用户的办公，因此尽管业主同意舞狮表演，考虑其他业主可能有不愉快的反应，舞狮表演仍不能批准。在恰当时机，公司主管还应委婉地提示用户，管理处不予批准的依据就是《大厦用户手册》，用户应当遵守执行。

拓展训练

近年来，建筑智能化程度的高低，已成为酒店、写字楼是否现代化、是否上档次的重要标志。许多新建的酒店、写字楼尽管在综合布线系统、硬件设备上力求做到尽善尽美，甚至也在标榜自己的智能化程度达到了5A级，但由于接入服务跟不上，使得在这里工作的“高级白领”们仍然有着形形色色的烦恼，他们每次将要求提交给写字楼物业管理部门后，物业管理部门总是告诉他们等等，或者让他们自己去找某某接入服务商，搞得很麻烦。一位不愿透露名称的跨国公司中国区总裁，在谈到其公司所在的一家高档写字楼时，指出了这样的问题："我们公司有很多部门，每一部门都承担不同的业务，业务差异性决定他们对网络服务有着各种各样的需求，其中自然有高有低，但当我们将公司的需求提交给物业管理部门后，却出现了很多问题。一是等待时间太长，最快需要半个月；二是部分高端需求实现不了，比如说视频会议和跨国 IP 电话，直到现在还没法开通。"

出现上述问题的原因是什么？物业管理公司在其中如何更好地发挥作用？

项目十三　商业物业和工业厂房的管理

项目概述

本项目介绍了商业物业的分类、特点和管理要求，阐述了商业物业管理的内容以及相关的组织和实施；介绍了工业厂房物业管理的特点和内容，并明确了工业厂房物业管理的重难点。本项目包括商业物业管理的要求和内容、工业厂房物业管理的特点和内容两项任务。

任务一　商业物业管理的要求和内容

任务描述

物业管理公司的王某即将接手一项物业管理业务，其中涉及了商业物业管理，王某希望能清楚商业物业管理的相关内容和具体要求。

任务分析

为完成本任务，要求清楚商业物业的类型、商业物业管理的要求和内容，加强商业物业的营销性管理和日常的安全保卫管理、消防管理、车辆管理、房屋及附属设施设备管理和保洁工作。

相关知识

一、商业物业的类型

随着我国国民经济的发展和城市建设水平的提高，各种类型的商业场所迅速发展，商业物业管理作为物业管理的重要组成部分，其市场化和社会化程度比较高。商业物业包括各类商场、购物中心、购物广场及各种专业性市场等，其类型的划分有以下几种方式：

1. 按建筑结构划分

从建筑结构不同可划分为敞开型和封闭型商业物业。敞开型商业物业是由露天广场、走廊通道并配以低层建筑群构成，包括大型停车场、小件批发市场、电子工业供应市场、建材市场等；封闭型商业物业是指设计规模宏大、装饰豪华的公共商业楼宇，如我国的一些大城市新建和改建的一大批现代化的商场、商城、购物大厦、购物中心、贸易中心等。

2. 按建筑功能划分

从建筑功能不同可划分为综合性的商业购物中心和商业场所与公寓两用物业。综合性的商业购物中心是指除了购物以外，还包括娱乐活动、健身房、保龄球场、餐饮店、影剧院、银行分支机构等；商业场所和公寓两用物业是指物业低楼层部位是商场、批发部等，高楼层是办公室、会议室和住户用户的物业。

3. 按建筑规模划分

从建筑规模不同可划分为市级购物中心、地区购物商场和居住区商场。市级购物中心是指建筑规模一般都在 3 万～10 万平方米以上，商业辐射区域可覆盖整个城市，服务人口在 30 万以上，年营业额在 5 亿元以上；地区购物商场是指建筑规模在 1 万～3 万平方米之间，商业服务区域以城市中的某一部分为主，服务人口 10 万～30 万人，年营业额在 1 亿～5 亿元之间；居住区商场是指建筑规模一般在 3 000～10 000 平方米之间，商业服务区域以城市中的某一居住小区为主，服务人口 1 万～5 万人，年营业额在 3 000 万～1 亿元之间。

4. 按物业档次划分

从物业的档次不同可划分为经济型和豪华型商业物业。经济型商业物业一般出售大众化的一般商品，价格通常较低，装修较为普通，开支小、成本低；豪华型商业物业大多数是出售高档商品的大型商场、高级商场乃至著名品牌的专卖店，其建筑独具风格，设备设施齐全，装修豪华，设有电视监控器、应急报警开关、红外线区域消防系统、联网收款系统、空调系统、客货分用电梯、购物车辆、停车场等。

5. 按产权性质划分

按照产权性质不同可划分为临时转移产权型商业物业、统一产权型商业物业和分散产权型商业物业。临时转移产权型商业物业是指投资者通过投资，从开发商手上获得一定年限的物业产权，到期后，开发公司退还投资款，收回物业；统一产权型商业物业是指以出租的形式经营物业，此类物业由于产权统一，使得招租、管理等内容也都统一化，便于管理，经营效果也比较好；分散产权型商业物业是指把物业产权出售给多个业主形成多人共有产权，这种方式缺点是显而易见的，分散产权的业主各自为政，缺乏统一管理经常产生摩擦，给物业管理工作带来相当大的困难，不利于一个统一的物业管理体系的建立。

二、商业物业管理的要求

1. 保持购物环境和购物广场的周边环境舒适、美观

随着人们生活水平的提高，相对于繁忙的办公室，商业场所已经成为人们休闲娱乐的地方，消费者更加追求环境舒适、休闲。商场将商品放置于大空间和大间隔式的层面，商品显得更加的琳琅满目、一览无余，外墙上、商场内的广告往往铺天盖地，室外建有喷水池，室内摆设人工花卉和绿植等，商业楼宇内外的客流量和物流量较之其他物业也大很

多。这给商场的物业管理工作带来了相应的困难和要求，物业管理企业应有专业人员负责流动保洁工作，及时清除垃圾，保持场所内清洁。

2. 保持设备设施的正常运行

随着社会经济的不断发展，在我国的大中城市的大型购物广场，现代化的设备如高层电梯、自动扶梯、货梯、监控系统和中央空调等一应俱全。这些现代化设备的正常运行是开展经营活动的前提。因此，要保证自动扶梯、垂直客货运电梯、空调、照明、消防、监控等设备设施的正常运行，并在突发情况下能对其进行相应的修理，同时还要做好相应的装修管理工作。

3. 确保顾客消费便利

由于商业场所人员和车辆流动性极大，为了给前来休闲、购物的顾客提供一个便利的环境条件，在物业管理中尤其要注意车辆的疏导工作，以保证顾客出行的方便和安全。大面积的停车场是一个大型商场必不可少的配套项目，地面停车和地下停车库的设计必须视野开阔，停车方向和内部通道需要合理利用。

4. 保障商业场所的安全

商业场所的人流量极大，而且人员构成极其复杂，由于现代商业文化的普及，人们可以自由不受任何限制地进入商场购物，因而保安工作异常重要。物业管理公司应当通过完善各种保安手段和提高保安技术水平，来最大限度地保证客户、顾客的利益，在防盗的同时也注意策略和方式方法，保证顾客放心购物，保证商家免受损失。同时消防设施的配备和日常管理是必不可少的，制定完善紧急情况下的人员疏散措施，做好自救培训，在出现意外突发的危险时，确保能够在保障人身安全的情况下最大限度地减少损失。

三、商业物业管理的内容

商业物业管理的内容包括营销管理和日常管理两部分。

1. 营销管理

(1) 市场推广。物业服务企业应当认真做好宣传工作，以树立企业的良好形象，扩大企业的知名度和影响力，为企业的市场经营打下良好的基础，如果能够使得物业服务企业在商家中具备一定的口碑，并形成品牌，说明市场推广活动是成功的。

(2) 选配承租客商。在选择具体的承租客商时，物业服务企业是要对许多因素进行权衡的，不仅要能满足顾客的日常消费需要，也需要有一些时尚的消费品来吸引更多的有消费能力的顾客。理想的承租客户不仅能提供货真价实的商品和让顾客满意的服务，而且与其他商场的同类型商家相比更具竞争力；承租户所经营的商品种类应当符合整个商场的整体规划，以免出现多个经营同类商品的商家；要了解承租户的信誉和财务状况，判断其是否具有连续的支付租金的能力；要了解承租户的特别要求，是否需要特殊服务，如餐饮店和娱乐场所夜间如果需要保安，商业企业能否满足。

(3) 确定合理租金。租金应当在制定零售商业物业基础租金的基础上，根据所管理的物业所处的位置、规模、设施设备、服务水平和商品类型、规格、数量、质量、价格等方面的差异进行分类，作为价格的调剂因素，确定相应位置的租金。同时，要根据市场情况、租赁经营期限、用户经济实力和信誉水平、所租面积大小，对租金进行调整。

2. 日常管理

(1) 安全保卫管理。大型商场人员流动性大且人员复杂，给商场的安全问题埋下了极大的隐患，因而，就要求有一支高素质、高质量的安保队伍对商业场所进行实时的监控和保护。商业场所保安管理的主要工作有：保安应实行24小时巡逻制度，在经营时间段，应当安排便衣保安在商场内巡逻。在商业场所的重要部位，如财务处、电梯处、收款处、商业场所的主要出入口安装闭路电视监控器、红外线报警器等报警监控设备，进行全方位监控。在经营时间结束后，应该严格清场确保无闲杂人员。同当地警方建立工作联系，一旦发现案情，积极主动协助调查，配合公安部门工作。

(2) 消防管理。商业场所的消防管理主要从以下几个方面展开：组建一支素质高、责任心强、技术过硬、经验丰富的消防队伍，其中应当包括物业管理人员和商场的租户；通过培训，使其能够应付突发事件，协助人员逃生，并采取相应措施尽量减少损失；针对商业场所的特点，完善各种消防标志的配置如避难指示图、安全出口指示牌、灭火器的存放位置标示等；结合商业场所的经营特点，制定消防预案，对物业全体人员和租户进行培训和演练，在紧急情况下能够有效组织灭火、疏散人群、保护客户财产安全；定时、定期对消防设施设备进行检查维护，确保消防设备可以随时启用。

(3) 车辆管理。大型商场车辆来往频繁，停留时间较短，停车的便利性、交通的通达性影响到商场经济效益。所以车辆的疏导管理是商场物业管理工作的重要组成部分。车辆管理的主要内容是：要设有专人负责维持交通，引导安排车辆停放，同时指派专人负责车辆的看管，以防有偷盗事件发生。物业服务企业要与交通管理部门建立工作联系，了解周边的道路信息以及周边停车场的状况，有助于本商业场所车辆疏导工作，同时要学会处理简单的交通纠纷。

(4) 保洁工作。随着生活水平的提高，人们对商业场所环境的要求也越来越高，商业场所也越来越成为放松休闲的场所，为了更好吸引顾客和满足大众需要，搞好商业场所内外的绿化和清洁也成为物业管理的重要工作内容。保洁工作主要的内容有：对商业场所内部要进行流动性保洁，即保洁操作随时进行；专人负责随时、定时地收集垃圾杂物，并清运到垃圾存放点；依据商业场所的营业时间，定期定时对地面进行打蜡、抛光等养护工作，随时清理各种指示招牌、标示等；定期清洁商业场所外墙面、广告牌等，确保商业场所的外观和形象。

(5) 房屋及附属设施设备的管理。大型商业场所的房屋及设备设施是商业场所经营活动所必需的，而其的保养维护直接关系到商场能否正常营业。设备设施管理工作主要包括：结合本商业场所的营业时间，制定设备设施阶段性、日常性的维护工作，使得设施设备的维护工作在不影响商场正常营业的前提下，按部就班、有条不紊地进行；建立有效的巡视制度，对供电设备、给排水系统、消防系统、照明系统等定时定期检查，及时发现并解决问题，以确保其能正常运行；对设施设备的报修工作应于第一时间及时处理，保持高效率，以使商业场所不至于因为设备故障而中断经营活动。

四、相关法律法规知识

为了更清楚地明确经营性物业管理的内容，要加强《物权法》、《物业管理条例》、《合同法》、《物业服务收费管理办法》、《物业服务收费明码标价规定》等知识的学习。

任务实施

本任务的实施要建立在对商业物业特点的深入了解的基础上，商业物业作为吸引大量客人购买的收益性物业，不仅对保洁环境工作要求很高，更重要的是需要安保工作的到位，同时也要注意环境的美化、停车场的有序管理、对商场承租户人性化的服务，这些都是日常管理工作的重要部分；客户的赞誉就是最好的营销管理，在良好日常管理的基础上，也应当加大对商业物业管理业务的宣传，同时合理地确定租金，获得更好的收益。

学习评价

本任务的学习评价主要是按照知识目标和能力目标的要求，判断通过本任务的学习是否能够完成清楚商业物业管理的要求和内容的任务，以便及时、系统、准确地把握重要的学习内容、学习方法、学习过程、学习效果和学习难点，从而解决学习过程中存在的问题。

教学探讨

一、案例分析

某年 8 月某商业楼物业业主与王女士签订了一份商铺租赁合同，把自己的商业楼中的一家店面租给她，租期为两年。合同除了对租金及支付期限做了约定以外，还约定物业管理费由王女士承担。今日，该业主收到物业管理费的催缴函，说已欠付近一年的物业管理费。为此业主投诉，称租赁合同已约定由租户交付物业管理费，物业管理公司不应再向业主催缴物业管理费。

分析： 物业管理公司接到业主投诉以后，要与业主沟通，说明物业收费管理办法中的条款，即业主与物业使用人约定由物业使用人缴纳物业服务费，如果物业使用人未及时缴纳，业主负连带缴纳责任。通过解释，以求得业主的了解。同时提醒业主如果有商铺租赁的情况，应告知物业部门，做好相关工作，以避免其他问题出现。

二、技能训练

53 岁的梁大妈因在超市内偷了一块价值 10 元的猪排骨，被超市处以 800 元的罚款。

由于身上没有足够的钱缴罚款，超市保安扣押了梁大妈刚满 6 个月的孙女。超市工作人员称，梁大妈自愿接受处罚。梁大妈表示，超市罚款没有法律依据，属非法行为，扣押人质更是违法，自己是被迫签订接受处罚的协议书的。作为商场的物业管理人员，你认为这样做正确么？如果不正确，应当怎么做？

分析： 超市物业管理人员在此事件中扣留孙女及逼迫他人签订协议书都是错误的，超市保安没有权力限制他人自由，在他人认错态度良好的情况下，此类事件最好是协商解决，对屡教不改者应移交公安机关处理。

任务二　工业厂房物业管理的特点和内容

任务描述

某物业管理公司的王某被委派到一工业厂房担任物业管理工作的领导职务，希望弄清楚工业厂房物业管理的特点和内容。

任务分析

工业厂房的物业管理相对于其他物业管理比较简单，关键是要根据工业厂房的特点弄清楚其物业管理的具体内容，明确工业厂房物业管理的重点。

相关知识

一、工业厂房的类型

工业厂房包括大型工业企业的生产车间、货仓、员工餐厅等厂区内的物业及其附属设备设施。工业厂房的类型有以下几种分类方式。

1. 按产品类型或租户类型分

根据工业厂房所生产的产品的特征或租户类型，可以分为重工业厂房、阁楼式厂房、现代化单层标准楼房和孵化器式厂房四类。重工业厂房通常是根据用户的具体要求设计的，如石油、钢铁、橡胶、汽车工业等厂房是典型的重工业用房，这类物业基本上是用户所有的；阁楼式厂房是早期的多层建筑，通常为水泥结构、砖石外墙，阁楼式厂房多数是为加工业设计的；现代化单层标准厂房是为租户设计的，通常为用户所有，但也有一部分是业主所有出租给厂商的，一般租户负责对物业的维修养护和一切经营开支；孵化器式厂房通常归业主所有并出租给新企业，他们收取租金并支付大部分经营开支，一般是小型的多租户厂房，创业阶段的企业会租用这类厂房，等到实力壮大以后，再迁往更大的地方。

2. 按工业场所的适用性分

根据工业场所的适用性可以将工业厂房分为普遍性、特殊性、单一性三类。普遍性工业厂房具有广泛的适用性，它既可以用做仓储，也可以用做技术密集型工业生产或劳动密集型工业生产；特殊性工业厂房是指受某种条件的限制，仅适用于某些应用范围，例如某些带有很强绝缘性质的仓储设施；单一性工业厂房是指只适合于某一类型生产运行的物业，或者甚至于只适合某一类公司的物业，并且无法改作他用，如钢铁厂。

二、工业厂房物业管理的特点和内容

1. 工业厂房管理的特点

（1）相对于其他类型的物业，工业厂房及仓库的物业管理相对简单，服务对象单一。物业服务企业只需承担厂内清洁、绿化、安全保卫工作，维修保养只限于涉及物业本身公共设施、设备，企业的生产设备的维修保养不在物业管理的范围内。

（2）物业管理者与企业管理者之间的权责划分不明，因而在实际工作出现冲突，企业管理者往往把物业服务企业当做一个下属部门来看，对物业服务企业的工作易造成干涉，影响了物业工作的正常运行。所以物业服务企业需要与企业管理者通力合作，并引导企业管理者正确认识两者之间的关系。

（3）安全管理难度较大。特别是厂房内如果存储了易燃货物和材料，火警的危险性增大，给物业管理工作和消防安全带来了难度；工业厂房大都实行封闭性管理，安全保卫的重点是消防安全、对于厂区进出车辆的控制以及对内部员工偷盗的防范。

（4）保证厂区内的水电供应是物业管理的重点之一。供水、供电设备的正常运行和维护保养工作较其他物业管理工作则更加重要和突出。因为水电设备一旦出现问题，给企业和生产带来的损失将是巨大的。

（5）机器开动时的震荡的噪声和产生的粉尘对环境产生滋扰，这就要求物业管理企业加大在绿化工作上时间和精力的投入，一个好的绿化环境不仅能有效地消除噪声和粉尘的污染，而且也给员工创造了更好的工作环境，有利于员工更加精神振奋地投入工作；工业楼房老化磨损速度快，保养维护工作量大、费用高，高水平的物业管理才能使厂房保值。

2. 工业厂房管理的内容

（1）房屋结构安全管理。

房屋结构安全管理主要是要确保房屋结构的完好和安全使用。具体要做好以下工作：①厂房内任何地方不得用于生活居住，严禁在厂房内堆放非生产所需的易燃、易爆、易腐蚀的危害品，不得在厂房内搭建私人使用的任何生活设施；②因生产需要，生产企业以厂房做分隔改造和在内部安装大型机械设备时，不得损害厂房结构，不得超过楼层允许荷载，施工前必须与物业管理机构取得联系并提供施工图纸，经有关部门同意并在物业管理企业的协助监督下进行；③由于超载放置机器、材料等引起的楼层的破损应有相关责任人承担，同时应立即采取措施修复其应有的正常状态；④厂房内电梯应当严格按照劳动部门的相关规定使用，由合格的电梯工负责操作，一旦电梯出现问题，需及时地修缮处理，有关电梯的维修及管理使用费，应当由使用者承担。

（2）环境管理。

环境管理主要是保证厂区和厂房的安全整洁。具体要做好以下工作：①应保持厂房大楼的走道和楼梯的通畅，不得以任何形式占用公共部位。如发现损害，应及时通知管理部门负责修复并由责任人进行赔偿；②确保厂房区域内的厂房大楼和附近的建筑群体相协调，满足给排水的要求和消防安全；③为确保文明生产和美化环境，各生产企业不得占用绿化用地；④厂房外的公共用地，除管理机构确定停放自行车、汽车外，各企业不得堆放杂物、货物等；⑤为确保共用场所的清洁卫生，管理部门应督促各企业执行市容卫生管理的有关规定，对违反环卫、环保有关规定的，由环卫、环保部门处理。

（3）安防保卫。

安防保卫具体要做好以下工作：①企业必须严格遵守消防监督管理的若干规定，确保消防安全；②经协调同意临时存放在公共场地的货物、设备、材料、车辆等由企业自行看管，如委托物业管理企业治安部门看管可收取看管费；③各企业员工、车辆、货物出入厂区大门必须严格自觉遵守门卫制度；④为确保安全保卫工作的实施，根据实际需要，管理机构可组成一支精良的安保队伍，实施 24 小时值班和巡逻制度。

三、工业厂房管理的重点

1. 加强对重点设备和公共设施及公共管网的管理

为了保证工业生产的正常运行，必须对工厂的一些主要的设备进行重点管理，如变电房的管理、载货电梯的管理、工业供水供电的管理等，同时由于公共管网对于正常管网（包括电话线、污水管等）有巨大的作用，因而其养护维修工作就显得十分重要。

（1）载货电梯的管理。

电梯是现代化厂房中使用最为频繁的运输设备，其对工业生产辅助的作用相当巨大，保障电梯的正常运行，对保障企业的生产生活有重要的作用。为了更好地管理、使用、保养电梯，必须对电梯负责人员进行专门的培训，并配备专业的维修技术人员，完全按照专业技术进行管理，同时物业管理人员必须参加电梯的选型、订货、安装验收以及年检工作。

（2）工业供水供电管理。

工业用水用电不同于生活用水用电，其耗水量、耗电量大，同时一旦有水电的意外中止，其造成的损失是难以估计的。因此，水电的正常供应是工厂进行工业生产的重要保证，对于它们的管理一定不能忽视。为此，物业管理人员应当做好工厂正常供水及供电的保障工作，保证其能 24 小时供应。加强对变电房的管理，完全按照供电部门的安全规程进行管理，值班室需要配备专人 24 小时值班（含节假日），以保持电力供应。值班人员应当具备一定的专业素质和专业技术，根据用电情况适时地调节和补偿功率因素，使电网保持在较为经济的运行状态，以降低电耗，节约能源。

（3）公共管网的维修养护。

这方面的工作较为繁杂，而且如果是污水管理维修养护，可能会又脏又累，但是污水管道一旦堵塞，又得不到及时的检修，那么不仅影响了工厂工人的生活，也可能影响工厂的正常的生产。因此，公共管网的维修也十分重要。

2. 完善工业厂房的消防管理

工业厂房的消防管理至关重要，尤其不可小视，一旦发生意外，其带来的经济财产损失巨大，同时可能威胁到人的生命安全。因此，作为物业管理公司，对工厂和仓库进行管理时，必须加强对所管辖厂房和仓库的安全工作。具体工作有：工业厂房与仓库要建立严格的消防制度，明确各级消防人员的职责；配备专门的消防管理人员，熟悉和掌握各种消防器材的功能和使用；要建立严格的消防制度和消防措施，配备消防用具，如消防带、消防栓、灭火具、灭火砂等用品；要配备先进的报警系统和工具等，如烟感报警监控系统和自动喷淋灭火系统等；要不定期地组织消防教育和消防演习。

3. 加强工业厂房的安全保卫管理工作

工业厂房等要建立严格的值班保卫制度，对人员、产品的进出都要进行认真的检查登记；无关人员不得进入厂房和仓库重地；下班后厂房要严格执行值班巡逻制度和其他安全措施。

四、相关法律法规知识

为了更清楚地明确经营性物业管理的内容，要加强《物权法》、《物业管理条例》、《合同法》、《物业服务收费管理办法》、《物业服务收费明码标价规定》等知识的学习。

任务实施

工业厂房中的设备非常重要，对电和水等生产性能源以及相关的资料依赖性强，物业管理中要强调对电和水的日常检查，同时要对相关运输工具及时检修；同时为了更好地实现人性化的物业管理，要尽可能增加绿化和减少噪音，使工人在更舒适的环境中工作。

学习评价

本任务的学习评价主要是按照知识目标和能力目标的要求，判断通过本任务的学习是否能够完成明确工厂及厂房物业管理内容的任务，以便及时、系统、准确地把握重要的学习内容、学习方法、学习过程、学习效果和学习难点，从而解决学习过程中存在的问题。

教学探讨

一、案例分析

2002 年 10 月 31 日，某厂房物业管理人员进行供暖试上压时，发现该厂房的一实验室内出现了异常，暖气水从一个洗手盆往外冒，破坏了整个打压工作。物业公司的维修人员立即赶到现场，经检查发现，原来该实验室在装修时请外面的无资质施工队负责装修，施工队在施工过程中，私自将洗手池的下水接到了暖气管上，致使暖气上压后，出现往外冒的现象。维修人员立即截断了下水管，堵住了出水口，暂时解决了外冒的情况。此事引起了厂房领导的重视，厂房领导批评并处罚了该部门领导和实验室，并重申了所有施工必须经过物业公司审批，由物业公司监督施工，以保证质量。

分析： 此事反映了厂房一部分领导对装修问题的不重视，私自请无资质的施工单位施工，出现了不应该出现的问题。按照《建设工程质量管理条例》规定，应由施工方赔付，但由于实验室请的是无资质队伍，无法索赔，只能做行政上的处理，关键还应提高各级组织的质量意识和对《建筑法》知识的了解，依法办事，防止此类问题的出现。

二、技能训练

某工业厂房的仓库管理人员因夜间使用机电设备不当，致使厂房的保险丝烧断，由于第二天需要正常的电力供应维持生产，因而向物业管理公司报修。物业管理公司的维修人员觉得该工厂地点遥远，且收费不高，便答复厂房："你们反正也要交钱，就在附近找家维修店修修算了。再说自用部位的维修应由厂房自己负责。"

分析： 保险丝烧断虽是机电设备使用不当引起的，但属于因室内线路故障引起的停电事故，属于规定的物业急修项目。物业管理公司在接到报修之后，应该在两个小时内到达现场处理，24 小时内修复。自用部位和自用设备维修、更新费用，应由业主承担。如该厂房因物业公司维修人员拒绝对其保修项目的维修而投诉，物业管理公司应就此事表示歉意，并迅速安排维修人员进行维修，用实际行动纠正错误。

拓展训练

李小姐为其管理的工业厂房寻找租户，该厂房是一个标准厂房，位于郊外，面积不大，约有 6 000 平方米，该厂房周围有住宅区和直达市中心的交通干道，但没有直达外省市的高速公路和铁路。对此请你分析李小姐应该寻求哪一类的租户，并应对租户情况做哪些了解。

模块五　物业管理综合经营服务

教学目标

● **知识目标：** 通过本模块的学习，应达到以下要求：

1. 了解物业买卖代理、物业租赁代理服务、物业保险代理服务和物业产权登记代理服务等物业管理综合经营服务项目；

2. 熟悉物业租赁代理服务的形式、范围和合同的相关内容；

3. 掌握物业买卖代理服务的操作、物业租赁代理服务的步骤和物业租赁代理纠纷处理的方法、物业保险代理服务的步骤、委托登记应办理的手续和房地产登记应履行的手续。

● **能力目标：** 通过本模块的知识积累和实践操作，应培养以下基本技能和基本能力：

1. 具备物业管理综合经营服务意识和操作技能；

2. 能够组织开展物业买卖代理服务、物业租赁代理服务、物业保险代理服务和物业产权登记代理服务等工作。

模块概述

本模块包括两个项目：一是物业租赁代理服务的内容和步骤、物业租赁代理纠纷的处理方法；二是物业买卖代理服务、物业保险代理服务和物业产权登记代理服务的工作内容。

项目十四　物业租赁代理服务

项目概述

本项目要求明确物业租赁代理的形式、物业租赁代理的范围、物业租赁代理服务合同、物业租赁代理服务的流程、房屋租赁代理纠纷的处理方法等内容。本项目包括物业租赁代理服务的合同内容、物业租赁代理服务的流程和租赁纠纷处理两项任务。

任务一　物业租赁代理服务的合同内容

任务描述

刘某从事物业管理工作多年，根据公司业务的拓展，公司指派其开展物业租赁代理服务业务，刘某希望弄清楚物业租赁代理服务的形式，明确物业租赁代理服务工作的具体内容，以便顺利地开展物业租赁代理服务工作。

任务分析

本任务要求清楚物业代理服务的内容、形式和范围，明确物业租赁代理服务合同的具体内容，从而更好地从事物业租赁代理服务工作。

相关知识

一、物业租赁代理服务的形式

由于物业具有使用寿命长、价格昂贵、不可转移等特点，所以注定了在物业管理过程中，租赁这种交易形式会被业主广泛应用。对于投资房地产的业主，如果在购买房地产以后遇上房地产的低潮，物业不能及时出手，空置在那仍要缴纳各项费用，如贷款利息、管理费、维修保养费等，这相当于是在慢慢地吞食投资者的本金。这与当初投资者的目的是截然相反的，于是，投资者只好将物业投入运营，通过出租房子，收取租金，以租养息，保持资金的良性循环。而对于长线投资的业主，他对于物业的升值抱着坚定的信念，再通过测算，发现出租后的收益率要高于物业按揭的利率，于是选择出租。一般业主总是通过物业服务企业来委托代理租赁业务。物业租赁代理服务的形式主要有以下几种分类方式：

1. 按物业租赁的时间划分

按物业租赁的时间划分可将租赁的房屋划分为定期租赁和不定期租赁。房屋的定期租赁是物业管理中最常见的形式，是指如房屋不续租，则合同租期届满日为终止期限。定期租赁不因所有者或租赁者死亡而失去法律效力，即所有权的归属形式不变。房屋的不定期租赁是指房屋所有者随时可要求收回房屋，但是在公房租赁中，房屋是由国家、政府调拨分配或企事业单位分配的，分配之后，没有规定租住期限。

2. 按租赁房屋的用途划分

按租赁房屋的用途划分可将租赁的房屋划分为住宅用房、办公用房、商业用房和生产用房等。其中住宅租赁最为常见，办公用房和商业用房的租赁也随着市场经济的发展日益增多，并已形成专业化管理。

3. 按租赁房屋的性质划分

按租赁房屋的性质划分可将房屋分为公房租赁和私房租赁。公房一般是指国有产权房，它又可分为：直管公房，即房管部门管理的公房；直管房，即国有企业和国家、政府机关事业单位自行管理的公房。私房租赁是指城镇居民个人所有权的房屋出租行为，现已成为公房租赁的补充部分。

二、物业租赁代理的范围

根据《城市房屋租赁管理办法》，自然人、法人或其他组织对享有所有权的房屋和国家授权管理经营的房屋可以依法出租。房屋所有人可将房屋通过物业服务企业出租给承租人居住或从事经营活动，或以房屋作为出资与他人合作经营。但是，该办法同时禁止以下房屋的出租行为：未依法取得所有权证的；司法机关、行政机关依法裁定，决定查封或者以其他形式限制房地产权利的；共有房屋未取得共有人同意的；权属有争议的；属于违章建筑的；不符合安全标准的；已抵押，且未经抵押权人同意的；不符合公安、环保和卫生部门有关规定的；有关法律、法规禁止出租的其他情形。

三、物业租赁代理服务合同

1. 物业租赁代理合同的登记备案

登记备案的过程中，要对房屋租赁合同就以下几个方面给予审查：一是租赁主体是否合格，出租、承租行为是否合法；二是所出租的房屋是否合法；三是合同的内容是否合法有效；四是合同当事人是否按规定交纳税费。

2. 物业租赁代理服务合同的法律特征

（1）房屋租赁的标的是特定物而不是种类物。房屋租赁的标的必须是特定物，而不能像大多数其他产品一样可以用同类物代替。这反映在房屋租赁合同中即必须对标的物作详细的、区别性的描述。

（2）房屋租赁代理合同必须采用书面形式。代理关系成立的标志是业主与物业服务企业双方订立书面合同。合同形式有两种，一种是口头形式，另一种是书面形式。由于房屋租赁的特殊性，房屋租赁代理合同是一种要式合同，双方当事人要书面约定各方的权利和义务。

（3）房屋租赁代理合同必须依法办理登记。房屋租赁不允许私下进行交易，租赁代理合同订立后，双方当事人应向房产管理部门登记备案。登记备案是政府对房屋租赁行为实施管理的一种重要的行政管理手段。

（4）租赁代理关系主体的法律要求。租赁代理作为一种民事法律行为，对其主体——双方都有相应的法律要求。

（5）租赁客体的法律要求。我国对出租的房屋有明确的法律规定，可参照国家的法律条文。

3. 房屋租赁合同的内容

房屋租赁合同的内容主要有：①当事人姓名或名称及住所；②对租赁物业的描述；③租赁物业的用途；④租赁期限；⑤租金及支付方式；⑥房屋的修缮责任；⑦转租的规

定；⑧变更和解除合同的条件；⑨违约责任；⑩当事人约定的其他条款。

4. 物业租赁双方的权利和义务

(1) 出租方的权利和义务。

出租方的权利：按期收取租金的权利；有监督承租方爱护使用房屋的权利，承租人不得不经出租方同意擅自对房屋结构进行改造或装修，出现上述情况，出租方有权力要求承租人将物业恢复原状或予以赔偿；有依法或依租赁契约收回房屋的权利，比如合同期满或承租人违反合同转租、利用房屋进行违法活动等。

出租方的义务：有保障承租人合法使用房屋的义务；有对房屋进行维修和保养，保障承租人安全使用房屋的义务；参与协调由房屋原因引发的纠纷。

(2) 承租方的权利和义务。

承租方的权利：合法使用房屋的权利，即在规定的期限内，出租方不得以任何理由提前终止房屋租赁合同；要求保障居住安全的权利，即承租人有权要求出租方对房屋的自然损坏及设备破损等情况进行及时的修复，保障房屋居住的安全；对所承租的房屋，有优先购买和续租的权利。

承租方的义务：按期交纳租金，不得以任何借口拖欠或少交租金；爱护所承租房屋，不得随意对房屋结构进行改造，承租人欲对房屋进行装修，须事先征得出租方的允许；遵守房屋租赁合同，不得私自改变房屋用途或转借转租他人。

5. 租赁合同的变更与终止

(1) 房屋租赁合同的变更。

根据法律规定，凡发生下列情况之一的，可以允许租赁合同变更：因租赁一方当事人更名，房屋产权发生转移，承租人家庭分户或承租人死亡、迁移，均可变更合同；因出租房屋面积的增减、附属物的增减等，也可变更合同；因租赁双方约定改变租赁房屋的用途或增减房屋的用途，均可变更合同；租金的增减或支付方式的改变可导致协议更改；由双方约定，改变租赁期限。

(2) 房屋租赁合同的终止。

发生下列情况均可导致合同的终止：租赁期满；租赁房屋的灭失；因承租人搬迁需要终止，或因一方严重违约等。

四、相关法律法规知识

在学习本任务的同时，还要学习相关的法律法规知识，如《民法》、《合同法》、《物权法》、《侵权责任法》、《城市房屋租赁管理办法》、《房地产经纪人员职业资格制度暂行规定》、《关于房地产中介服务收费的通知》等等。

任务实施

通过对本任务知识的学习，在清楚物业租赁代理服务的内容、形式和范围，明确物业租赁代理服务合同的基础上，开展租赁代理服务工作，为业主带来更好的服务。

学习评价

按照知识目标和能力目标的要求，本任务的学习评价主要是判断通过本任务的学习是否能够完成物业租赁代理服务的工作任务，以便及时、系统、准确地把握重要的学习内容、学习方法、学习过程、学习效果和学习难点，从而解决学习过程中存在的问题。

教学探讨

一、案例分析

王某出于对该物业公司的信任，所以在物业公司统一印制的合同上签了委托代理，因为是委托代理，前三个月物业公司规定要全免租金，而另外一些自己出租店面的却不需要免租金，所以合同签订后的第二天，王某便找到物业公司，要求撤销委托，但物业公司的人员却说，店面已租出去了，时间为一年，另外委托合同是两年一签，合同一经签订，随即产生法律效力，这两年出租权都归物业公司。王某无奈，后悔不该签此合同，于是口头要求："既然已出租了一年，那就得保证按时将租金交付给我，如承租人违约，要承担违约责任，并及时通知我。"后来与王某签合同的物业公司员工龙小姐多次来王某单位，王某问店面出租的情况，龙小姐都说已将店面出租，租金可能要迟点收到，物业公司第一次是在2003年1月分两次将三个月的租金转到王某存折上。所以王某也没在意，同时，王某相信，既然已经委托了物业公司代理出租店面一年，一般不会出现少租金的现象，但是，物业公司除在王某的存折上交了三个月的租金后再也没交租金了，王某打了几次电话询问，都说租金已经转到王某的存折上，可能是银行转账出现问题，2003年8月王某再次打电话催问租金的事，物业公司才告知王某，店面承租人租了半年（其中享受了三个月的免租金的待遇，交了三个月的租金），在2003年1月就违约空出了店面，造成两个店面一直未租出去（究竟是否租出去尚不可知，未租出去只是物业公司的说法），王某在8月得知此事，非常气愤，直接向南北大市场罗总经理反映了事情经过（因物业公司是南北大市场的下属单位）。2003年8月有一个店面顺利出租，另一个店面，物业公司电话询问王某是否同意降价出租，王某认为自己的店面位置很好，开始很多人都争着要王某的店面，而且物业公司规定的租金本身就不高，所以没有同意降租金，此时，王某正好借调去省城工作，因此造成该店面长达六个月未租出去。两个店面合计二十个月未租出去，造成19 000元的损失。为此王某向法院提起诉讼。

分析： 一审法院判决：认定物业公司在店面未租出去时，没履行通知的义务，造成原告损失，有过错，应当承担赔偿原告5 000元的损失，而王某本应及时了解自己财产的经营状态，但怠于行使自己的权利，其也未能举证明物业管理公司有故意不将其店铺出租的事实，对所造成的损失应承担主要责任。

二、技能训练

2004年4月，上海某汽车工业销售总公司为开办某品牌汽车展示厅，委托某物业管理公司寻找合适的场地，后在物业管理公司的介入下，与××大厦1号楼签订租赁合同，租期3年，租金每月20.7万元，管理费每月3.2万余元。在支付72万元押金后，汽车公司着手改造装修，共花费169万余元。

由于该楼房原先为工业老厂房，当初虽通过消防验收，但已不符合现行消防法规定。同年12月8日，公安分局防火监督处出具重大火灾隐患限期整改通知书，汽车公司要求该大厦给出合理解释，该大厦未予理会。由此汽车公司无法申办工商营业执照，展示厅只能搬离。汽车公司起诉要求该大厦返还押金、赔偿经济损失。该大厦则提起反诉，要求汽车公司支付拖欠的租金、支付违约金并承担恢复原状的费用。

法院认为，房屋出租人具有保证承租人正常使用房屋的义务，该大厦明知出租的房屋将作为汽车展示厅，却未办理消防安全手续，应承担违约责任。据此，法院作出如下判决：双方租赁合同解除，该大厦返还汽车公司押金72万元并赔偿损失91万余元，汽车公司承担厂房恢复原状费用15.2万余元。

物业管理公司在租赁代理服务工作中，应做好哪些工作，注意什么问题？

分析： 物业管理公司在开展租赁代理服务时，应该考察出租人与承租人双方的资信度，鉴定物业的各项设施设备是否符合有关法律法规的要求，是否存在安全隐患，各种手续是否已经办理，各种证件是否齐全等等，做好这些前提工作，确保双方的权益不受侵害。

任务二　物业租赁代理服务的流程和租赁纠纷处理

任务描述

某物业管理公司合法开办物业租赁代理服务业务以来，出现了数起物业租赁代理纠纷，个别工作人员对于纠纷的处理不够妥善，因此需要进一步明确物业租赁代理服务的流程和处理物业租赁代理纠纷的有效方式。

任务分析

在本任务中，要求明确物业租赁代理服务的流程和物业租赁代理纠纷的处理方式，能够按照物业租赁代理服务的流程规范开展物业租赁代理业务，能够合理高效地处理物业租赁代理服务过程中产生的纠纷。

相关知识

一、物业租赁代理服务的流程

1. 业主放盘，了解情况

首先，当业主前往物业服务企业的租赁代理服务部门放盘时，作为业务人员，应热情周到地接待业主，从专业人士的角度为业主提供一切顾问咨询，而业主在物业出租中心最担心的莫过于收不到（或是不能准时收到）租金，电话费、水电费、管理费的拖欠，房屋的人为损坏等。所以许多服务项目就是针对这些问题而特殊设定的，如代取租金、代管物业单位、代缴电话费等，这些项目有一些是有偿的，也有一些是完全无偿的，目的只是向业主提供一些方便，并维护业主及物业服务企业的合法权益，使业主和物业服务企业都避免一些不必要的损失。因此，业主不必再为收取租金而奔波，到了约定时间，物业服务企业会通过银行等渠道将业主的租金转账。其实在委托租赁代理过程中会有很多类似的问题出现，并经常伴随着一些新问题，而物业服务企业工作的重点就是尽量避免问题的出现，以真正对业主做到"您之所托，我必做到"。

2. 填写物业租赁委托书

在业主了解了服务细节以后，业务员应辅助业主正确地填写物业租赁委托书，除清楚地填写业主姓名及物业地址外，还应与业主一起根据市场行情填写适当的租赁价格、收款方式及要求提供的服务项目等，然后应及时地与业主联系沟通，随时就租赁条件达成一致。为了在情况有变时业主能方便地联系到自己，业务员除了应递上自己的名片外，还应与业主确定最直接、最有效的联系人和联系方式。

3. 寻找客户，洽谈业务

拿到业主所填写的委托书以后，业务员应及时地将业主的资料输入电脑进行分类，从自己建立的客户档案中寻找条件比较接近的客户，然后就可以开展洽谈工作了。从一开始双方就一拍即合的例子在一般情况下几乎是不存在的，这就需要业务人员的"耐心、细心、恒心"，尤其是在市场不景气的时候，租客往往会比较挑剔，甚至会提出许多不合理的要求，而这正是一位优秀的业务人员大显身手的好时机，同时也是一次难得的锻炼机会，双方要比耐心和毅力，所以在每一项业务的整个过程中，洽谈是最为重要的。当双方就各自的权利与义务达成一致后，就可以准备签订合同。

4. 收集准备有关资料文件，签订合同

在双方签订合同前，业务员应按照双方所达成的各项条件填写合同，并收集出租人与承租人双方的有效证明文件，如个人有身份证、护照的复印件，公司需提供营业执照或商业登记、法人代表证明书、法人代表委托书等，然后请双方在租赁合同（由房管局统一印刷）的有效位置签名盖章。

5. 办理租赁登记手续

房地产租赁的行政主管部门是当地的市国土局、房地产管理局（以下简称房管局）。根据规定，房屋租赁实行登记制度，未经租赁管理机构登记的租赁行为是不受法律保护的。双方应在签订租赁合同后，前往房管局的租赁登记所办理登记手续，并准备以下文件：出租人的房地产权利证书或证明其产权的其他有效证明；出租人应向租赁登记所提交的房屋租赁申请书；房屋租赁合同；出租人与承租人双方的身份证明文件或其他合法资格证明；其他涉及的法律、法规所应当提供的证明文件。

一般房管局租赁登记所在收到上述文件的10日内，对符合规定的，会予以登记并由租赁登记所发给《房屋租赁证》；不符合规定的，也应予以书面答复。如属前者予以登记的，租赁登记所会将登记的资料在20天内抄送有关税务部门，出租人应当依法向租赁登记所缴纳房屋租赁登记费（房屋租赁管理费）；而当事人双方（出租方、承租方）则应向税务部门缴纳印花税等税款，至此，租赁登记完成，并受到法律保护。如果租赁合同发生纠纷，双方可以自行协商并请求房管局的登记所调解，在调解不成的情况下，还可以向当地仲裁机构申请仲裁或向人民法院起诉。

6. 完成交接手续

完成登记后，业主应将所有的房屋钥匙、信箱钥匙、大堂防盗门钥匙（密码）移交给租户，同时将有关资料送管理处备案，并按照双方所签订的租赁合同的承租日期，将日期前所发生的所有费用（管理费、水电费、煤气费等）与业主结算清楚，从承租日开始由承租人承担所有费用。

7. 存档备案

业务人员将登记后的有关资料输入电脑存档备案，并更改事前的业主档案、客户档案，建立新的租户档案。至此，整个租赁工作完成。

二、物业租赁纠纷的处理

物业租赁纠纷的类型主要有：①租金纠纷，包括租金标准、租金交纳以及租金的调整等方面；②租赁期间因使用、修缮、改建等引起的纠纷；③租赁期间因互换房屋使用权引起的纠纷；④租赁合同解除的纠纷。

针对租赁纠纷的处理，国家都有明确的规定，租赁双方处理纠纷应参照国家政策法规和双方的合同具体约定。如双方可以约定，承租人按照合同规定交租一次给付确有困难的，可以分期给付。又如经鉴定房屋确有倒塌危险，出租人不在当地，承租人来不及事先告知或告知后出租人拖延不修的，承租人可以代修，所花费用可以折抵租金等等。

解决房屋租赁纠纷的方式主要有协商、调解、仲裁和诉讼等。

三、相关法律法规知识

在学习本任务的同时，还要学习相关的法律法规知识，如《民法通则》、《合同法》、《物权法》、《侵权责任法》、《城市房屋租赁管理办法》、《房地产经纪人员职业资格制度暂行规定》、《关于房地产中介服务收费的通知》等。

任务实施

在对本知识准备的学习中，首先要熟悉物业租赁代理的流程，了解物业租赁代理纠纷的处理方式，并以此为基础，通过对比不同的案例，熟悉各种物业租赁代理纠纷采取的不同措施，从而提高工作效率，提高业主的满意度。

学习评价

本任务的学习评价主要是按照知识目标和能力目标的要求，判断通过本任务的学习是否能够按照物业租赁代理的流程完成租赁代理业务、及时有效地处理好物业租赁代理纠纷的任务，以便及时、系统、准确地把握重要的学习内容、学习方法、学习过程、学习效果和学习难点，从而解决学习过程中存在的问题。

教学探讨

一、案例分析

坐落在某市浦东新区博山东路 7—15 号的罗山综合楼 A（1—4）层房屋系罗山中学出资建造，罗山中学至今未取得该房屋所有权证。1998 年 9 月 16 日，罗山中学与上海爱心物业管理公司签订了一份《房屋租赁代理协议书》，根据协议书约定，罗山中学全权委托上海爱心物业管理公司负责将上述房屋对外租赁。同年 9 月 18 日，上海爱心物业管理公司与上海古松建设有限公司签订了一份协议，该协议约定，上海爱心物业管理公司将罗山中学委托其出租的上述房屋介绍给上海古松建设有限公司，并收取上海古松建设有限公司服务费 30 万元。同日，罗山中学、上海古松建设有限公司签订了一份《协议书》，《协议书》约定：罗山中学将博山东路 7—15 号罗山综合楼 A（1—4）层、建筑面积为 2 300 平方米的房屋租赁给上海古松建设有限公司使用，一次租断价格每平方米 2 000 元，租期自罗山中学交付上海古松建设有限公司钥匙之日起 25 年；在租赁期内，上海古松建设有限公司有权自行决定将上述房屋转租他人。该《协议书》对付款方式及双方的责任、义务等均作了约定。《协议书》签订后，上海古松建设有限公司先后给付罗山中学房屋“租金”140 万元。1998 年 12 月 15 日，上海古松建设有限公司与上海弘丰咨询有限公司签订了一份《房屋使用权转让协议》，上海古松建设有限公司将上述房屋中的第三层建筑面积为 585 平方米的房屋转租给上海弘丰咨询有限公司使用，转让年限自 1999 年 1 月 1 日至 2024 年 6 月 30 日止。同年 12 月 28 日，上海古松建设有限公司与陈社林签订了一份《房屋使用权转让协议》，该协议约定，上海古松建设有限公司将上述房屋中的底层、建筑面积为 200 平方米房屋转租给陈社林使用，转租年限自 1999 年 1 月至 2024 年 6 月 30 日止。陈社林于 1998 年 12 月 15 日进入该房装修。1999 年 1 月 28 日、2 月 28 日，上海古松建设有限公司与王春斌分别签订了一份《房屋使用权转让协议》及《附加协议》，上海古松建设有限公司将上述房屋中的第二层建筑面积为 414.72 平方米的房屋转租给王春斌使用。同年 3 月 25 日，上海古松建设有限公司与上海毅德投资顾问有限公司分别签订了一份《房屋租赁协议》及《租赁合同》，原审被告将上述房屋中的第四层办公室四间、一至二层部分房屋转租给上海毅德投资顾问有限公司使用。上海古松建设有限公司对上述房屋中的第四层部分房屋进行了装修。

原审认为，罗山中学未取得博山东路 7—15 号罗山综合楼 A（1—4）层房屋所有权证，即与上海古松建设有限公司签订房屋租赁协议书，违反了有关法律规定，应认定无效。造成该协议书无效的主要责任在于罗山中学。而上海古松建设有限公司明知罗山中学未取得房屋所有权证却与其签订协议书，也有一定过错，应承担相应的责任。罗山中学基于该“租赁”关系而取得的房屋“租金”应返还上海古松建设有限公司。鉴于上海古松建设有限公司实际使用了上述房屋，故应支付相应的房屋使用费。因罗山中学未能提供证据证明其在1998年9月19日即将上述房屋交付上海古松建设有限公司使用，故其要求将给付使用费的日期确定为1998年9月19日，本院难以支持。考虑到原审第三人陈社林已在1998年12月15日进入上述房屋装修，故罗山中学将上述房屋交付上海古松建设有限公司使用的日期可认定为1998年12月15日。罗山中学收回上述房屋后，应承担上海古松建设有限公司支出的房屋装修费现值。上海古松建设有限公司要求罗山中学赔偿30万元中介费、8万元招商费用，支付100万元违约金，因缺乏依据，本院难以支持。各第三人在迁出上述房屋后，其损失亦可另案诉讼。原审依照《民法通则》第六条、第五十八条、第六十一条之规定，判决如下：(1) 罗山中学与上海古松建设有限公司于1998年9月18日签订的《协议书》无效；(2) 上海古松建设有限公司及第三人应在判决生效之日起三十日内迁出浦东新区博山东路7—15号罗山综合楼A（1—4）层；(3) 罗山中学应于判决生效之日起三十日内返还上海古松建设有限公司房屋“租金”140万元；(4) 上海古松建设有限公司应在判决生效之日起三十日内按0.83元/平方米·天的标准给付原审原告自1999年12月15日起至迁出日的房屋使用费（计算方法：0.83×2 300×天数）；(5) 浦东新区博山东路7—15号罗山综合楼A（1—4）层房屋中第四层由上海古松建设有限公司所使用的房产装修归罗山中学所有；罗山中学应在判决生效之日起三十日内赔偿上海古松建设有限公司装修损失20.8万元。

原审判决后，当事人均未提起上诉。上海古松建设有限公司在申诉中以原判认定租赁协议无效没有法律依据为由，要求再审。再审中，罗山中学认为：(1) 租赁协议不合法。协议约定的租金过低，是显失公平的；双方约定部分租金在产权证取得后再支付，现因产权证不能取得，造成这部分关键内容无法履行；约定的租赁期25年超过相关的法律规定；房屋出租时无消防合格证明，违反了《消防法》的规定。(2) 原审审理基本上是在“合同法”司法解释实施前，按当时的法律对本案进行判决，原审判决并无不当。(3) 本案不但涉及原审原、被告的实体利益，还牵涉到其他第三人，现判决书已实际执行，目前房屋已经租给案外人，考虑到社会和经济秩序的稳定，原判决不宜撤销。上海古松建设有限公司认为：原审判决违反《中华人民共和国合同法》第五十二条的规定及最高人民法院《关于适用〈中华人民共和国合同法〉若干问题的解释（一）》第二、三、四条的规定，故原判应予撤销。

分析： 本案的争议焦点是如何适用法律确认诉争租赁合同的效力。最高人民法院《关于适用〈中华人民共和国合同法〉若干问题的解释（一）》第三条规定：人民法院确认合同效力时，对合同法实施以前成立的合同，适用当时的法律合同无效而适用合同法合同有效的，则适用合同法。第四条规定：合同法实施以后，人民法院确认合同无效，应当以全国人大及其常委会制定的法律和国务院制定的行政法规为依据，不得以地方性法规、行政规章为依据。本案原审中，罗山中学认为，建设部《城市房屋租赁管理办法》第六条规定“有下列情形的房屋不得出租：未依法取得房屋所有权证的”，据此要求确认租赁合同无效。罗山中学的此一主张，是以行政规章作为确认合同无效的依据，显然与最高人民法院上列司法解释的规定不相符合。本案诉争的房屋，是由罗山中学提出申请，在获得有关管理部门批准后建造的，建成后由工程质量监督管理部门核验合格，故房屋的产权并无争议，房屋的建筑质量也符合使用条件，而当时的法律并未规定未取得产权证的房屋，禁止出租。双方签订合同时意思表示真实，合同的内容也并不为法律所禁止，该合同应为有效。《合同法》第二百一十四条规定：租赁期限不得超过二十年。超过二十年的，超过部分无效。本案双方签订租赁合同时，国家法律和行政法规没有对租赁期限作出禁止性或强制性的规定，当事人的签约行为没有违反有关禁止性或强制性规定，法院在审理合同法实施前成立的合同纠纷，应以当时的法律规定作为审查合同效力的依据。故罗山中学的诉讼请求，无法律依据，不应予以支持。原审适用法律有误，应予纠正，原审所作的判决应予撤销。

法院再审判决如下：(1) 撤销本院（1999）浦民初字第 6557 号民事判决；(2) 对上海市罗山中学请求确认其与上海古松建设有限公司于 1998 年 9 月 18 日签订的《协议书》无效的诉讼请求不予支持；(3) 上海市罗山中学与上海古松建设有限公司于 1998 年 9 月 18 日签订的《协议书》终止履行。

二、技能训练

小李由于工作调动，计划将原住房出租，与物业管理公司签订了物业租赁委托书。物业管理公司很快根据小李的要求找到承租人小刘，并在 2008 年 6 月 3 号辅助双方签订了物业租赁合同，租期 3 年。双方约定在租期内，出租人不提高租金，承租人不人为损坏房屋。小李于 2009 年 5 月发现小刘私自将室内原来白色的墙面改变成紫色，遂要求提高租金，小刘不同意。双方发生激烈的争吵，甚至一度达到动武的程度，这时，物业管理公司的有关工作人员了解情况后，对双方进行调解。后来，双方达成一致，出租人将房屋墙面恢复到原来的白色，而承租人按照租赁合同，不提高租金，租赁合同继续生效。双方对这样的结果都很满意。

分析： 房屋租赁引起的纠纷，当承租人与出租人不能协商解决的时候，物业管理公司的工作人员要在第一时间、在情况还没有恶化之前尽可能地对双方进行调解，以原物业租赁合同为基础，考虑到双方的权益，尽量使双方都满意。

拓展训练

某物业管理公司受理了业主何某的物业租赁委托，帮助何某找到承租人陈某，双方于

2009年1月6日签订了物业租赁合同，按照合同要求，租期2年，何某一次性收取了半年的房租。2009年7月2日何某再次上门去收取租金的时候，发现里面住的却是胡某，胡某说，他是于2009年6月28日与陈某签订了租赁合同，租期一年并一次性缴纳了一年租金，随即出示了所签订的合同。两人都联系不到陈某，过后，何某要求胡某搬出去，胡某不服。双方不能协商解决。问题：你认为在这种情况中，物业管理公司有没有责任？该案例给物业管理公司什么启示？你认为什么样的结果可以达到双赢呢？

项目十五　物业买卖代理和其他经营性服务

项目概述

本项目要求明确的首先是物业买卖代理服务的内容和操作步骤、物业保险代理服务的流程；其次是物业产权登记代理服务的实施等内容。学习本项目旨在能够开展物业买卖代理服务业务和物业保险代理服务等经营性服务业务工作。本项目包括物业买卖代理服务、物业保险代理服务和物业产权登记代理服务三项任务。

任务一　物业买卖代理服务

任务描述

胡某从事物业管理工作多年，根据公司业务的拓展，公司指派其开展物业买卖代理服务业务，刘某希望清楚物业买卖代理服务的流程，以便顺利地开展物业买卖代理服务工作。

任务分析

本任务要求清楚物业买卖代理服务的内涵，明确物业买卖代理服务的实施步骤，以更好地为买卖物业的业主服务。

相关知识

一、物业买卖代理的含义

物业买卖代理是指业主在买卖（购买或出售）房屋时，委托物业管理机构代理买卖（购买或出售）的行为。房屋代理买卖一般是在房地产三级市场上完成的。物业服务企业的买卖代理活动，既是为业主提供的一项经营性服务，又是为自身扩大市场、长远发展所采取的一项重要举措

二、物业买卖代理服务的操作流程

1. 业主放盘

业主前往物业买卖代理服务部门放盘，公司应清楚业主放盘的原因和目的，并客观准

确地提供市场状况和建议。

2. 业主填写委托书

物业服务企业应指导业主填写委托书，包括详细确实地填写物业地址、房屋类型、装修标准等，并协商最终制定出能真实反映出物业价值的价格、付款方式及要求等。需要注意的是，在填写联系人及联系电话时，应考虑方便及时，并尽可能地联系到业主本人，并要让业主明确以下几点：第一，时间就是金钱，保持及时清晰的联系和沟通是非常重要的，低进高出是投资成功的基础，把握时机，时间至关重要；第二，既然是全权委托，就应该给予充分的信任，中间应尽量避免第三人、中间人，这些人由于事不关己所以容易误事；第三，在整个过程中要抱平常心，由于投资都会存在高潮、低潮，所以在有价无市的时候，要能够接受现实，并准确地修改自己的计划；第四，除需要准备齐全的资料外，还需要根据情况将物业尽可能地内外装修。

3. 对资料的整理分析

指导业主填完委托书，并对上述的资料进行整理、分析，应将所收集到的业主资料（产权证、合同、公证书、平面图、发票、委托书等）的复印件及时地将相关信息输入电脑存档。每一位经纪人员都要对所有的资料了如指掌，然后根据所得的资料的真实情况寻找买主。

4. 洽谈买卖

在寻找买主的时候必不可少的是广告宣传，可采取散发、张贴海报、传单等方式，用来吸引顾客。接着准备接听电话、安排来访或直接与买主进行洽谈。这些都是对每一位经纪人员的考验。一个好的经纪人应尽量地牵线搭桥、促成买卖。然后，组织接待来访者看房。在接待客户时要注意：第一，切忌一问三不知，这样等于赶走顾客；第二，应直接带买主看房，避免中间出现第三者；第三，要避免访客中有其他中介经纪人或市场调研员等；第四，应明确买主的目的是自住、短线投机还是长线投资。

5. 确定价格并收取定金

物业服务企业在适当的时机应督促买卖双方确定价格及其他事宜。一旦与买主确定了价格及付款条件要求后，要尽快在最短的时间内劝说买主成交，并收取定金，以免错失良机。买主付了定金以后，接着就要准备各项文件、表格、资料等准备过户，并结清卖方前期所拖欠的所有费用（如管理费、水电费、电话费、煤气费等），维护买主和物业服务企业的利益。

6. 完成过户工作，保存资料

办理过户一定要前往房地产管理局交易所按照国家的有关规定、政策进行，并自觉遵守国家法令、法规，缴纳有关税费。私下自行签订买卖合同、自行过户都是无效的，是不受国家法律保护的。完成过户后，要保存好各项资料及过户的有关手续，应及时知会管理处调整记录，将有关资料输入电脑，登记备案，并更改备注以往所有资料。

三、相关法律法规知识

在学习本任务的同时，还要学习相关的法律法规知识，如《民法通则》、《合同法》、《物权法》、《侵权责任法》、《城市房地产转让管理规定》、《房地产经纪人员职业资格制度暂行规定》、《关于房地产中介服务收费的通知》等等。

任务实施

通过对本知识准备的学习，在明确物业买卖代理服务的操作流程的基础上，结合自己的实际工作情况，开展物业买卖代理服务工作。

学习评价

本任务的学习评价主要是按照知识目标和能力目标的要求，判断通过本任务的学习是否能够顺利完成物业买卖代理服务的工作任务，以便及时、系统、准确地把握重要的学习内容、学习方法、学习过程、学习效果和学习难点，从而解决学习过程中存在的问题。

教学探讨

一、案例分析

2008 年 7 月 9 日，刘某与某物业管理有限公司签订房地产买卖委托书，约定刘某委托某物业代理有限公司为其购买房屋。同日，刘某与被告李某签订认购书。认购书约定，被告李某将所有位于武汉市武昌区××路××号的商品房出售给刘某，价格是 528 000 元；刘某已对李某所要出售的房产做了翔实的了解，并愿意购买该房地产；刘某须支付定金20 000元，定于 2008 年 7 月 9 日支付购房定金人民币 5 000 元，由××物业管理有限公司代为收取，余下人民币 15 000 元刘某于 2008 年 7 月 12 日补足，同样由××物业管理有限公司代为收取；刘某与李某同意于 2008 年 7 月 16 日签订房地产买卖合同的同时由刘某支付首期房款人民币 160 000 元（含定金）给李某，购房余款 368 000 元刘某办理银行按揭贷款后由银行直接将该款项划转给李某；在认购书签订生效后，如李某因各种非政策因素不能将该房地产售给刘某，李某应在终止交易 2 日内退还原告所付的购房定金，并赔偿违约金 4 万元；在认购书签订生效后，刘某若因自身原因而单方毁约，所交的定金不予退回，并赔偿李某 20 000 元。2008 年 7 月 11 日，刘某合计支付定金 20 000 元给某物业管理有限公司。2008 年 7 月 16 日，刘某没有依约与李某签订房地产买卖合同。2008 年 10 月 26 日，李某与何某签订房屋买卖合同，将房屋卖给何某。另查明，被告李某的房屋已抵押给农业银行××支行。

分析： 在房屋买卖活动中，审查出卖人是否拥有房屋的所有权是一项最基本的活动，刘某称没有看到过李某的房地产权证违反常理，而且在刘某、李某签订的认购书中的第一条第二项中明确约定“乙方已对甲方出售的房地产做了翔实的了解，并愿意购买该房地产”，因此李某应向原告出示了房契，而房契中已明确写明了他项权情况，所以刘某主张李某没有将房屋已抵押的情形告知不予采信。双方为了买卖房屋而签订的认购书是双方真实意思表示，已成立生效，双方均应依约履行。认购书第二条第二项约定“双方定于 2005 年 7 月 16 日签订房地产买卖合同”，但在双方约定的时间内，刘某没有依约到场签订房地产买卖合同，刘某的行为已构成违约。《中华人民共和国担保法》第四十九条规定：“抵押期间，抵押人转让已办理登记的抵押物的，应当通知抵押权人并告知受让人转让物已经抵押的情况；抵押人未通知抵押权人或者未告知受让人的，转让行为无效。”虽然本案中李某没有举证证明其有否通知抵押权人，但因双方没有约定通知的时间，法律也没有明确规定通知的时间，因此被告可以在合理的期限内通知抵押权人，而合理的期限应到签订房地产买卖合同时截止。因为刘某没有依约去签订房地产买卖合同，无法确认李某是否告知了抵押权人，因此刘某不能以该房屋存在抵押不可以转让的理由不依约履行签订房地产买卖合同的义务。由于刘某违约，其交付给××物业管理有限公司的定金应属李某所有。刘某要求李某双倍返还定金无理，不予支持。

二、技能训练

王先生通过物业服务企业购买一套二手住宅，看房后交了 1 万元购房定金。之后，王先生和业主、物业服务企业签署了三方《房屋买卖合同》，约定如下：买卖双方同意该物业交付使用的时间为卖方收齐楼款当天，但需在当年 6 月 30 日前交付使用；物业服务企业作为代理人有权代收代付定金、楼款及相关税费；卖方签署本合同后不出售该物业的，视为违约，卖方应双倍返还定金并退还所有已收房款。经买卖双方同意后，物业服务企业公司将王先生所交的 1 万元定金中的 5 000 元转交给业主，剩下的 5 000 元暂由物业服务企业代业主保管；同时，王先生向物业服务企业支付了 5 000 元中介费。此后，王先生多次催促物业服务企业尽快收取楼款和办理交易过户手续，但物业服务企业均称业主工作忙没时间办理手续，并称业主拒绝再收取剩余的 5 000 元定金。两个月后，业主称由于之前考虑欠周，不能在约定的 6 月底交楼，希望把时间推迟至年底；而王先生只同意交房时间推迟到 8 月底，并表示如果业主 8 月底还不能交楼的话，则要按市场价向其收取房租；对此，业主表示不同意。又过了一个月，物业服务企业告诉王先生，业主要终止交易，且业主提出因其只收了 5 000 元定金，所以在退还定金后只赔偿王先生 5 000 元。

分析：首先，三方签订的《房屋买卖合同》是合法的，交付时间应以合同为准，业主称要推迟到年底交房，应视为违约。物业服务企业作为中间人，应起到监督双方履行合同的作用，在本案例中，物业管理企业没有很好地履行自己的责任与义务。本案例的结果是，王先生向市房地产物业服务管理所投诉，经该所调解，业主返还所收取的 5 000 元定金给王先生，并再支付赔偿金 1 万元；物业服务企业也将另外 5 000 元定金和 5 000 元中介费全部退还给王先生。

合同生效的要件有：①当事人订立合同，应当具有相应的民事权利能力和民事行为能力；②意思表示真实；③不违反法律和社会公共利益。依法成立的合同，自成立时生效。

当事人对合同的效力可以约定附条件。附生效条件的合同，自条件成就时生效。附解除条件的合同，自条件成就时失效。当事人对合同的效力可以约定附期限。附生效期限的合同，自期限届至时生效。附终止期限的合同，自期限届满时失效。当事人一方有权请求人民法院或仲裁机构变更或者撤销所签订商品房买卖合同的情形有：①因重大误解订立的；②在订立合同时显失公平的。另外，一方以欺诈、胁迫的手段或者乘人之危，使对方在违背真实意思的情况下订立的合同，受损害方有权请求人民法院或仲裁机构变更或者撤销。当事人请求变更的，人民法院或仲裁机构不得撤销。房地产买卖合同无效的情形有：①一方以欺诈、胁迫的手段订立合同，损害国家利益；②恶意串通，损害国家、集体或者第三人利益；③以合法形式掩盖非法目的；④损害社会公共利益；⑤违反法律、行政法规的强制性规定。

任务二　物业保险代理服务

任务描述

某物业管理公司受业主王某的委托，委派工作人员赵某为其提供保险代理服务，赵某需要清楚物业保险代理服务的具体操作过程，以便顺利完成物业保险代理服务工作。

任务分析

要完成本任务，需要清楚物业保险代理服务的操作步骤，为业主提供满意的物业保险代理服务。

相关知识

一、物业保险代理服务的含义

物业服务企业除了自身管理中需要重视保险业务的办理外，也可为方便业主，开展保险代理业务。目前，物业服务企业比较适合代理的保险险种主要是商业保险。保险代理的好处很多，既能使所管辖区内的业主发生意外后，损失降到最小，也能够增加代理收入，减轻物业服务企业支出负担过重的压力。

二、物业保险代理服务的操作流程

1. 物业服务企业取得保险代理人资格

保险代理人是指根据保险人的委托，向保险人收取代理费，并在保险人授权范围内代办保险业务的单位或个人。而保险经纪人是指基于投保人的利益，为投保人与保险人确立保险合同提供中介服务，并依法从保险人那里获得佣金的人。保险经纪人是投保人的代表，代表投保人的利益。目前物业服务企业就是保险代理人，它向业主提供的保险服务，主要是通过与保险公司签订保险代理协议，并获得政府执照后才能开展业务活动，政府对代理人有着较严格的要求，并用全国统一考试来检验他们的资格。在业务活动中，物业服

务企业的代理人必须遵守国家的有关规定、法规和代理合同，如有违反，政府可以撤销其营业执照，保险公司也可以解除其代理关系。在此阶段，选择保险公司是非常重要的，主要从保险公司的财务状况、合同条款、价格、理赔情况、公司服务质量、承保能力等若干方面来考虑作出选择。

2. 物业服务企业保险代理业务员的培训

人们对自己所面临的风险并不总是很清楚，而且人们也总存有侥幸心理。如果保险代理人员不事先帮助人们认识风险、分散风险、转移风险，大多数潜在的被保险者并不会主动地、积极地、及时地参加保险，以消除或减少潜在风险对他的影响。因此，从物业服务企业的角度来讲，扩展保险业务，对广大的业主（潜在的投保人）或被保险人是有意义的。为了向被保险人提供比较好的业务、主动谋求业务的发展，物业服务企业往往是以自己的业务员直接向业主（潜在投保人）或被保险人用推销保单的方式来推销保险。为了拓展业务，保险公司一般通过代理合同授予代理人（公司）一定的权利，如向哪些人出卖保单、出卖何种保单以及确定保险金额、范围等，而保险业务的选择和控制是拓展业务的关键。所以，为了业务的发展，物业服务企业的保险代理员必须经过保险知识的培训，而这些培训则是由保险公司负责的。

3. 核保

物业服务企业在为业主提供服务（保险代理业务）的同时，必须对投保人的风险加以审核，来决定是否承保、承保的条件如何、适用怎样的费率等。一般投保人所持的目的不同，因此其会根据自己的目的来选择适当的保险公司和适合的险种。而物业服务企业出于对自身保护，在核保过程中也需要对保险人进行选择。

4. 保险费的计算与缴纳

保险费的计算、缴纳是保险经营的一项重要工作。物业服务企业往往以保险公司提供的财产保险费计算为依据。保险合同成立时，投保人就要向物业服务企业缴纳（代收）保险费，物业服务企业则定期（每星期或每月）与保险公司结算。保险事故发生时，由物业服务企业通知保险公司负责给付保险金。

5. 保险风险管理

保险风险管理是保险经营管理的重要组成部分，尤其是作为代理保险人的物业服务企业，需要面对大量的业主，所以必须要借助于一定的手段，在日常管理工作中对客观存在的各种风险进行识别和评估。例如，保险业主的车辆，往往会有监守自盗的情况发生，而如果物业服务企业采取严格的车库管理制度，就可以避免保险诈骗的现象发生，从而保障社会经济生活的持续稳定发展。风险管理的重要目的在于防范风险和遏止风险的扩大，因此，物业服务企业加强风险管理可以更直接地降低风险发生率和损失率，提高保险经营管理的经济效率。

6. 保险理赔

保险理赔是保险经营管理中的主要工作，它体现了保险人履行给付保险金的义务和被保险人享受保险待遇的权利。风险事故发生后，被保险人及物业服务企业要及时通知保险人，向其提供损失证明，进行损失登记。被保险人还要保护现场，并采取适当的措施来补救损失，防止损失的进一步扩大。保险人则根据出险通知，派员进行现场勘察，调查损失详情，确定理赔责任，并给付保险金额。在保险理赔中，双方当事人要重合同、守信用，具体问题具体分析，坚持实事求是，而物业服务企业在理赔工作中要做到主动积极，及时迅速，准确合理。如果双方对赔与不赔、赔偿多少发生纠纷产生异议，物业服务企业应分别要求双方协商解决。协商无果时，可由仲裁机关仲裁。

物业服务企业代办理赔的程序如图5—1所示。

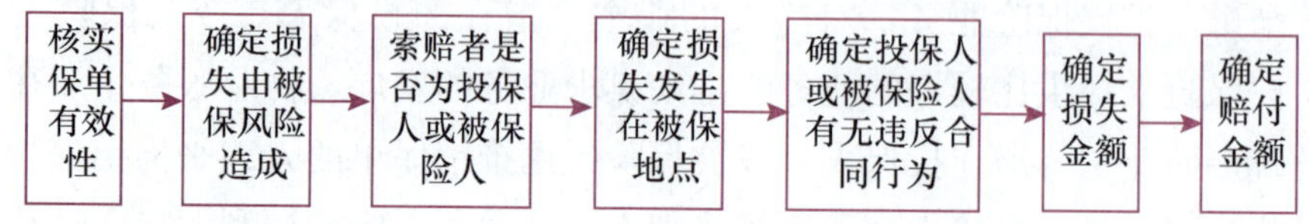

图5—1　代办理赔程序

三、相关法律法规知识

在学习本任务的同时，还要学习相关的法律法规知识，如《民法通则》、《合同法》、《物权法》、《侵权责任法》、《保险法》等等。

任务实施

学习本任务，要清楚物业保险代理服务的含义，明确物业保险代理服务的具体操作，依照相关法律和管理规定，规范地开展物业保险代理服务业务，为业主提供满意的服务。

学习评价

本任务的学习评价主要是按照知识目标和能力目标的要求，判断通过本任务的学习是否能够完成物业保险代理服务的工作任务，以便及时、系统、准确地把握重要的学习内容、学习方法、学习过程、学习效果和学习难点，从而解决学习过程中存在的问题。

教学探讨

一、案例分析

小区内车辆遭窃等事件向来是引发业主与物业间最复杂的索赔纠纷导火索之一，处理起来颇费周折。某日，闵行某小区业主发现自己停放在车位上的车不见了，与物业始终达不成赔偿协议的情况下，无奈诉至法院，要求物业公司赔偿财物损失近30万元。经过漫长的审理过程，业主劳心劳力并付出了不菲的律师费后，法院的判决终于到了——物业公司赔偿业主2.5万元。无独有偶，上海某住宅小区一夜间有三户居民接连被盗，经济损失达十多万元。失窃的业主一致把矛头指向物业公司的失职，并提出索赔。随后三名业主几乎没费什么周折就顺利得到了相应的赔偿，风波迅速得以平息。

明明是类似的事件，为什么两个案例相比，前者费尽周折，后者轻而易举，有着如此大的差别呢？

目前，尽管上海不少物业管理公司努力提高自身业务能力，尽量配合公安部门对小区的安全予以维护，但是，停在小区内的车辆失窃、业主家中遭遇盗窃等治安事件依旧屡屡发生。

按照以往的经验，一旦遭遇此类事件，业主一般最先想到的就是追究物业公司的责任，但是由于物业公司的经济能力有限并且其中的赔偿责任难以判定等原因，往往一场令双方都身心俱疲的协商谈判就此展开。这就如同第一个案例所描述的。

但是类似的纠纷也并非是没有办法解决。在后一个案例中，不难发现，这三个家中失窃的业主轻易就获得了满意的赔偿。原因就是物业公司投了“物业管理责任险”成功转嫁了风险。援引一家保险公司对该险种的解释，物业管理责任险是指承保物业管理公司因业主或进入物业的第三者伤亡或财产损失而应承担的赔偿责任。对于业主来说，通过“物业管理责任险”能够得到一笔满意的赔偿，且不需要自己东奔西跑，费心费力。对物业公司来说，每年只需要付出一定数额的保险费，就能够避免卷入这些复杂的纠纷，降低企业的风险成本。这必将会出现一个皆大欢喜的局面。该险种目前在我国正处于起步阶段。

分析： 一旦小区安全出现问题，物业公司往往会遭到业主的指责、索赔，严重的有可能会惹上官司，而且其中一些业主由于对物业不满，可能会拒绝缴纳管理费，使得物业公司的经营状况越发窘迫，更加无力承担赔偿责任，物业公司的运作随即步入了一个恶性循环。因此，能有效降低物业管理公司经营风险的“物业管理责任险”应该被行业更多地予以重视。

据了解，在国外，物业公司投“物业管理责任险”已经是一个非常普遍的做法，但是，目前该险种在我国的推行仍有障碍。除了因为物业公司考虑到经济压力之外，还由于对于每一笔物业管理责任险，保险公司都要与物管公司详谈投保细节，其中涉及太多的细枝末节，且该产品相对来说还是新险种，国内在这方面的经验较少，风险难以预计，制定计划难度很大。即便如此，不少专家都认为，“物业管理责任险”是一项对物业管理行业发展具有很大价值的保险产品，值得在更大范围里推广。通过物业管理责任险顺利获得赔偿的业主与一些未投保的小区业主相比是幸运的。因为后者遇到此类事件，往往意味着将迎来一场旷日持久的消耗战。有不少业主都提出，希望所居住小区的物业能够投物业管理责任险，这样遇到问题就不需要和物业陷入剪不断理还乱的纠纷中去了。业主们急切地期待轻松维权。

此外，也有业主担心，一旦物业管理公司投了“物业管理责任险”，会不会由于风险已经被转嫁，所以在日常工作中有所松懈，警惕性下降。专家表示，这种担心是不必要的，因为，工作懈怠会使公司的品牌、信用受到影响，为其开展业务带来不便，同时，如果一个小区由于物业管理公司的疏忽而事故频发，意味着到了第二年，保险公司在重新评估了风险后，物业公司所缴纳的保险费用将会有所增加，由此对物业管理公司进行约束。

二、技能训练

2009 年 3 月 31 日夜，马鞍山市某科技公司经理刘先生像往常一样，将本公司的“本田雅阁”轿车停放在自己居住的小区楼下。第二天上午，刘先生发现轿车不见了。随后，刘先生即向公安机关报警，并向某保险公司马鞍山支公司报案。

此前，刘先生已经委托其居住区的物业管理公司为被盗车辆购买了车辆损失险和全车盗抢险，约定保险期限为 2003 年 4 月 6 日至 2009 年 4 月 6 日。另外，2009 年 3 月 2 日，刘先生还与所在居民小区的马鞍山市某物业公司签订了一份“过夜车辆管理协议书”，约定刘先生按月向物业公司支付 90 元泊位占用费，物业公司负责从晚上 6 时至次日 8 时对车辆进行看护，确保夜间不被撬锁、不丢车牌、不丢车。

某保险公司马鞍山支公司接案后认定，车辆被盗属实，并于 2009 年 9 月向刘先生公司赔付 19 万余元，之后，刘先生公司将债权转让给该保险公司。保险公司认为，因物业公司保管不善致使该车被盗，应承担因此而产生的损失，遂将物业公司诉至法院，要求物业公司赔偿 19 万余元。

分析： 法院经审理认为，刘先生与马鞍山市某物业公司签订的“过夜车辆管理协议书”，从内容上看应属于保管合同，物业公司按月收取的 90 元泊位占用费即为管理费，物业公司应当依约妥善保管车辆，现因物业公司保管不善，造成车辆在保管期间内被盗，物业公司应承担赔偿责任。某保险公司马鞍山支公司向被保险人支付了 19 万余元赔偿款后，即依法取得在赔偿金额范围内代位行使被保险人对第三者请求赔偿的权利，所以，保险公司向物业公司索赔 19 万余元的诉请符合法律规定。

任务三　物业产权登记代理服务

任务描述

小赵是某物业管理公司的一名工作人员，由于要为业主提供物业产权登记代理服务，需要清楚物业产权登记代理服务工作的具体操作。

任务分析

在学习本任务时，要清楚物业产权登记要办理哪些手续，明确商品房的登记程序以及物业服务企业代理产权登记的程序。

相关知识

一、委托登记应办理的手续

1. 办理委托代理的委托书

委托房屋所有权和土地使用权登记或他项权利登记，权利人（法定代表人）必须亲自申请，因故不能亲自办理，应以书面形式委托代理人办理。委托人和代理人必须遵守《中华人民共和国民法通则》第四章“民事法律行为和代理”的规定。若委托事项没有载明受托人办理房地产登记权限的，不能作为办理房地产登记的委托书。

2. 委托代理的委托书生效

委托代理的委托书必须经过公证或认证方能生效。产权人分别向所在的单位、居住地的街道、办事处（村民委员会）或中国司法部指定的香港律师处、中国驻该国的使领事馆办理公证（认证），或到与中国有外交关系的国家的使领事馆办理委托认证。外籍人士在居住国办理委托公证，再到中国驻其国的领事馆或到与中国有外交关系的国家的领事馆办理认证。居住在我国港澳台地区和国外的侨胞，如果能亲自回来办理但不能及时办理登记手续的，可到当地公证处公证或到登记部门办理委托书鉴证。所有委托书及有关证件均应提交正本，如果是用外国文字的，须同时提交中文译本。

二、房地产登记应履行的手续

1. 填写并交验有关申请表和申报表

《房屋所有权登记申请书》和《土地使用权登记申请表》的内容包括申报产权人或代表人、代理人的姓名、性别、年龄、籍贯、职业、住址及申请房地的坐落、四至、面积、权利来源等其他事项。《房屋四至墙界申报表》主要是申报房屋的四至墙界的归属状况，如属毗连墙壁，必须给毗邻业主签署意见。

2. 提交交验证件

（1）身份证件交验。个人登记的须交验身份证、户口簿，单位登记的须有单位法定代表人委托书和交验代理人的身份证。

（2）房地产权属来源的有关证件交验。提交足以证明房地产权属来源的有关证明、证件。如果申请人遗失权利来源证明、证件，则其须向原发出证明、证件的部门索取证明；而遗失产权证者，须登报声明作废，并出具物业旁证备查。

（3）相关的图纸交验。提交房地产测绘所绘制或自行测绘的平面总图和产权证附图。

（4）有关文件的交验。包括有关投资批文和资金来源的证明、建房的报建文和房屋出售或为出售情况及竣工验收合格证书等的交验。

3. 商品房登记程序

很多地方规定凡属已建成未出售或出售而未进行产权登记领证和交易签证的房屋，先由开发经营房屋的单位按每幢房屋出售或未出售的状况列表填报，申请办理产权登记。登记前，先把须登记的房屋按幢数分单元或楼层要求，自测或请测绘所勘测绘图。申请产权时，应一次交验申请单位经营房屋的营业执照、政府批准的房屋开发经营的批文和资质审查书，并按照规定提交用地和建房报建等证件。经审查确认权属后，已出售的房屋核发《××市房地产交易签证证明书》，凭产权证明书和买卖合同到市房地产交易所办理交易签证手续。签证后，购房者须将交易所核发的《××房地产交易签证证明书》交回登记所，市房地产登记所审查核发购房人的《房屋所有权证》。

商品房登记程序如图 5—2 所示。

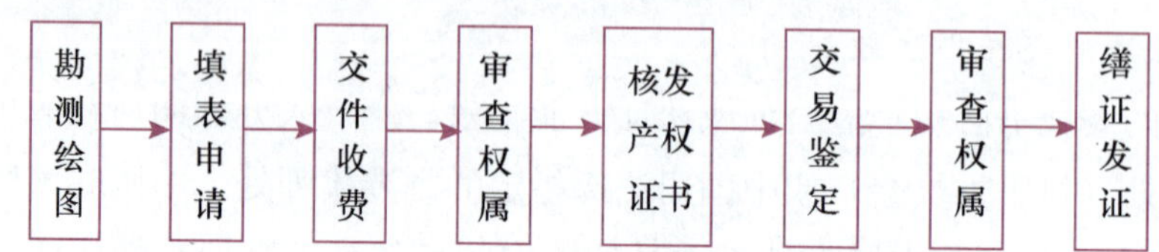

图 5—2　商品房登记程序

三、物业服务企业代理产权登记的程序

产权登记一般由物业服务企业代理，物业服务企业为了尽量减少业主的负担，可为业主将产权证领回，再向业主派发。物业服务企业在代办产权证时要做好以下几件事：

1. 与业主约定时间分批领取

一幢物业或一个住宅小区可能存在几百户甚至上千户的住宅单位，所以在产权办理中，产权证一般是分期分批办理出来的，物业服务企业代替业主把产权证从房管部门领取回来后，首先应将有关资料输入电脑，并就部分资料（如面积、平面图等）作出更正或修改，然后向业主发出通知。为了避免领取时由于人多造成的种种问题，物业公司应与业主约定时间，分批前往物业服务企业领取。

2. 解决建筑面积的异议

由于产权证上的建筑面积是经过房管局测绘所进行实地测量，并反复计算、验证得出来的，是法律上认可的数据资料，所以与原预售合同（预售契约）的建筑面积一定会存在出入。根据原预售合同（预售契约）的规定，发展商与业主都要遵守原约定，对面积差的部分按照原约定进行多退少补。

3. 结算各项费用

为了方便业主，减少业主负担，物业服务企业一般将各项费用结算后，交有关单位复审，最后通知业主办理有关手续。

四、相关法律法规知识

在学习本任务的同时，还要学习相关的法律法规知识，如《房地产管理法》、《合同法》、《物权法》、《侵权责任法》、《城市房地产转让管理规定》、《城市房屋权属登记管理办法》、《城市房屋权属档案管理办法》、《关于房地产中介服务收费的通知》等。

任务实施

本任务的重点和难点是委托登记应办理的手续和物业登记应履行的手续。在学习本任务时，首先，要明确物业服务企业开展物业产权登记代理服务的必要性，要清楚委托登记应办理的手续，从两个方面来理解，一是办理委托代理的委托书；二是委托代理的委托书的生效。其次，要明确房地产登记应履行的手续，包括填写并交验有关申请表和申报表、提交交验证件、商品房登记程序、物业服务企业代理产权登记的程序。这样才能顺利完成物业产权登记代理服务业务。

学习评价

本任务的学习评价主要是按照知识目标和能力目标的要求，判断通过本任务的学习是否能够完成物业产权登记代理服务的工作任务，以便及时、系统、准确地把握重要的学习内容、学习方法、学习过程、学习效果和学习难点，从而解决学习过程中存在的问题。

教学探讨

一、案例分析

熊某及其妻田某居住在温江鱼凫路 125 号干休所 19 栋 1 单元 1 楼 25 号。2000 年 12 月 3 日，田某去世。2004 年 6 月 4 日，熊某与白某登记结婚。2005 年，熊某购买该房屋。购买房屋款项 80 797.18 元系由军队管理的其住房补贴款账户中划出支付。2007 年，干休所附属的物业管理公司为熊某代办房屋产权证。同年 11 月 9 日，市房管局将温江鱼凫路 125 号 19 栋 1 单元 1 楼 25 号房屋登记为熊某与白某共有，并于当日颁发 1604625 号产权证和 0112164 号共有权证。同日，熊某领取上述证件。同时查明，干休所向市房管局提交的《委托书》和《房屋登记信息询问笔录》上熊某及白某的签名不是二人所签。因熊某否认与干休所附属的物业管理公司之间形成了委托办理房屋登记的代理关系，遂提起诉讼，要求撤销 1604625 号产权证和 0112164 号共有权证。

分析： 法院一审认为，根据最高人民法院“《行政诉讼法》若干问题的解释”第四十一条的规定，熊某的起诉并未超过法定起诉期限。根据《城市房屋权属登记管理办法》第八条第三款、《成都市城市房屋产权户籍管理暂行办法》第四条的规定，市房管局依法享有对本行政区域内的房屋权属进行登记、管理的行政职权。根据《城市房屋权属登记管理办法》第十一条、第十二条、第十三条、第十七条、第二十七条之规定，市房管局作为房屋权属登记机关，在接受干休所代熊某、白某房屋转移登记的申请后，对物业管理公司提交的相关申请材料进行了审核，并尽到了审查义务。因物业管理公司向市房管局提交的《委托书》和《房屋登记信息询问笔录》上的签名不是熊某及白某所签，且熊某否认与干休所之间形成了委托代理关系，故市房管局在行政程序中虽尽到了审查义务，但由于《委托书》和《房屋登记信息询问笔录》的内容不真实，该局作出的房屋转移登记行为不具合法性，依法应当予以撤销。据此，依照《中华人民共和国行政诉讼法》第五十四条第

（二）款第一项之规定，判决如下：撤销市房管局于 2007 年 11 月 9 日颁发的成房权证监证字第 1604625 号产权证和成房监共字第 0112164 号共有权证。

二、技能训练

2008 年 11 月 18 日，伍女士购买××房地产公司开发的新城市经典 E 座一套房屋，销售面积 58.5 平方米，并委托某物业管理企业代理产权登记。伍女士在之后的官司中诉称："我当时感到房间的实际面积明显小于销售面积，但因合同中有对房款多退少补的条款，开发商销售人员也承诺半年办下来产权证，所以我交纳了房款和物业费并办理了入住手续。2009 年 4 月，我得知房屋的实测面积为 50 平方米，就与开发商协商退还多收的房款及利息，遭到开发商拒绝。"伍女士要求，××房地产公司退还多收购房款 3.4 万元，并支付利息及退还多收的物业费及供暖费 999 元。

××房地产公司承认多收房款问题，但双方在合同中没有提及要支付利息，伍女士要求从交纳购房款时起计算利息缺乏依据。该公司同时认为自己是按照合同约定收取的物业费和供暖费，伍女士要求退还没有根据。

分析： 因为伍女士委托了物业管理企业代理产权登记，所以物业管理企业有责任对实际的房屋面积做测量，如果发现与合同不一致应及时地告知伍女士，该物业管理企业没有尽到自己的职责。法院认为，伍女士与开发商已经在预售契约中就面积问题进行了约定，即不应存在误差。目前伍女士所购房屋的面积经实际测量比合同约定小了 8.5 平方米，违反双方约定。开发商应把多收的房款及物业费、供暖费全部退还伍女士。同时因为开发商已经于 2009 年 4 月得知伍女士的房屋实测面积，而没有把多收的房款退还，应当支付利息。最后，法院判决开发商退还多收伍女士的购房款并支付利息，同时退还物业费 693 元、供暖费 306 元。

根据 2001 年 6 月起施行的《商品房销售管理办法》第二十条规定：按套内建筑面积或者建筑面积计价的，当事人应当在合同中载明合同约定面积与产权登记面积发生误差的处理方式。合同未作约定的，按以下原则处理：（一）面积误差比绝对值在 3%以内（含 3%）的，据实结算房价款；（二）面积误差比绝对值超出 3%时，买受人有权退房。买受人退房的，房地产开发企业应当在买受人提出退房之日起 30 日内将买受人已付房价款退还给买受人，同时支付已付房价款利息。买受人不退房的，产权登记面积大于合同约定面积时，面积误差比在 3%以内（含 3%）部分的房价款由买受人补足；超出 3%部分的房价款由房地产开发企业承担，产权归买受人。产权登记面积小于合同约定面积时，面积误差比绝对值在 3%以内（含 3%）部分的房价款由房地产开发企业返还买受人；绝对值超出 3%部分的房价款由房地产开发企业双倍返还买受人。

拓展训练

2008 年 11 月，李先生将自己某处的经济适用住房委托某物业管理企业出租给他人使用，租期三年。李先生称，物业管理企业擅自将两居室隔成四居室，分租给四户，且收取的租金也高于给自己的租金，从中赚取差价。为此，李先生起诉要求解除房屋委托代理合同，物业管理企业支付拖欠的租金 8 250 元，将擅自打隔断的客厅恢复原状并腾空后返还自己。

物业管理企业辩称，房屋装修是经李先生同意的，物业管理企业同意解除合同，并将合同清单中所列的物品如数返还李先生。由于李先生交付的房屋是毛坯房，室内没有任何基础设施，物业管理企业对房屋进行了全面装修，支付各项费用 2 万元。此外，李先生提前收回房屋，物业管理企业要支付承租者违约金。为此，物业管理企业反诉要求李先生赔偿装修费 2 万元，赔偿腾退现住户所需违约金 4 900 元，并承担诉讼费。

针对反诉，李先生辩称，从委托合同讲，物业管理企业是自己的代理人，但是其严重损害了委托人的合法权益。自己并未同意将两居室打隔断进行分租及装修，且物业管理企业没有证据证明支付装修费 2 万元，自己也不存在违约，对物业管理企业的要求不予认可。你认为该案例该如何处理?

模块六　物业管理与社区管理

教学目标

● **知识目标**：通过本模块的学习，应达到以下要求：

1. 了解社区的特征、社区建设的原则、社区管理的内容和特征；

2. 熟悉社区的构成要素、社区建设的目标、社区管理的主体、社区管理与物业管理的区别与联系；

3. 掌握社区建设的具体项目和社区管理的具体内容，以及构建物业管理与社区管理良性互动机制的基础性前提和主要措施。

● **能力目标**：通过本模块的知识积累和实践操作，应培养以下基本技能和基本能力：

1. 能够组织开展社区建设工作；

2. 清楚社区管理的概念和特征，可以组织开展社区管理工作；

3. 能够通过相应的措施构建物业管理与社区管理的良性互动机制。

模块概述

本模块包括两个项目：一是社区的构成与特征、社区建设的项目与目标，二是社区管理的内容及与物业管理的关系。

项目十六　社区的构成与特征、社区建设的项目与目标

项目概述

本项目主要介绍了社区和社区建设两个方面的知识。本项目从介绍社区的构成和特征入手，要求搞清楚社区建设的特征、原则、项目和目标。本项目包括社区的构成与特征、社区建设的项目与目标两项任务。

任务一　社区的构成与特征

任务描述

王某成立了一家物业服务企业，承接了某社区居委会所辖区域内的物业项目，社区居委会要求王某的物业服务企业加入社区开展活动，王某需要搞清楚社区的构成和特征。

任务分析

本任务要求搞清楚社区的构成与特征，明确社区的构成要素，完成社区建设中物业服务企业应承担的工作任务。

相关知识

一、社区的构成

社区是以街道、居委会组织为建设主体，一定地域范围内人们社会生活的共同体，包含着人们的物质生活和精神生活所需要的内容和要求。社区主要包含四层基本含义：①社区都有一个相对稳定、相对独立的地理空间。任何一种社区，不管其规模大小，都存在于一定的地理空间中。②社区都有以特定社会关系为纽带形成的一定数量的主体，是由这些主体构成的社会生活共同体。③在社区的共同生活中，该地域的人们具有一种地缘上的归属感和心理、文化上的认同感，人们基于某些共同的利益、共同的问题、共同的需要而产生了某些共同的行为规范、生活方式及社区意识，这些就形成了社区人群的文化维系力。④社区中的人们在经济、政治、文化的各项活动和日常生活中产生互动，形成了各种关系，并由此聚居在一起，形成了不同类型的社区。社区的核心内容就是社区中人们的各种社会活动及其互动关系。

因此，社区实质上是一个区域性社会，是社会的缩影、社会的一部分，但社区与社会存在着明显的区别：①社会关系体现差异性，社区关系体现共同性，社会中的各种关系纷繁复杂，并不都强调“共同”，而社区则十分强调共同的亚文化和共同的社会意识等；②社会通常是指人们活动的内容范围以及活动在其中的社会组织，社区则是社会关系空间与地理空间的结合体；③社区中的各种关系比社会中的关系更紧密，与社会相比，同一社区的人们交往频率高，社区的“共同生活”是社区联系较社会更紧密的重要原因之一；④社区经济活动及其功能与社会相比具有更为明确和专门化的特征。

社区的构成要素有很多种，每一种要素在社区中所起的作用都是不同的。一般来说，社区的构成主要包括地域要素、人口要素、文化要素和组织结构要素。

1. 地域要素

一般来说，地域是指人们从事各种社会活动和社会生活的场所，是人们基本的生存空间，也可指那些能满足人们基本需要的设施、机构所能发挥作用的地理范围。从范围看，社区的地域小于城市的地域，在我国，社区可能是一个街道，也可能是一个自然区域，社区地域的具体范围可以根据城市的规划和规模进行划定。城市社区则基本上与行政区划有密切关系，有明确的界限之分，是一个管辖权的要领，社区需要管理所辖区域的一切事务。

2. 人口要素

社区人口是指具有稳定的社会交往关系的一定数量的人群，人群是构成社区的主体。对社区的人口要素可以从数量、构成及分布3个方面进行分析。社区的人口数量通常是指某一时期生活在社区的人数，社区人口与出生、死亡和迁移3个因素密切相关；社区的人口构成包括多方面的特征，如人口的婚姻状况、家庭组成、职业类型、民族组成和宗教信仰、教育消费水平、城乡居住地类型、国籍、语言等；社区的人口分布指某一社区体系中人口的自然或地理分布情况，包括人口的密度、距离、相互交往或与其他社区相联系的方式。

3. 文化要素

文化与社区不能割裂，文化是一定的空间范围和时间向度上生成的，社区是文化的土壤，社区结构的形成信赖于文化的制约，文化的孕育和传承又存在于社区的社会活动和生活工作之中。社区文化是在一定区域、一定条件下，由社区成员共同创造的精神财富及其物质形态，包括文化观念、价值观念、社区精神、道德规范、行为准则、公众制度、文化环境等。其中，价值观念是社区文化的核心，社区文化不可能离开一定的形态而存在，这种形态可以是物质的、精神的，也可以是物质与精神的结合。社区文化并非单纯指一些娱乐性的群众活动，而是一种整体性的社区氛围，如同一个企业的企业文化一样，社区文化反映了小区的生命力，对这个群体里的所有人均起着渲染和影响作用，关系到物业的升值和保值，不仅可以增加业主对楼盘的忠诚度，而且可以坚定潜在消费者的购买信心。

4. 组织结构要素

组织是指为了一定目的而组成的持续的、固定的人群关系。社区的组织结构主要是指社区内部各种社会群体和组织之间的相互关系及其构成方式。社区内的社会群体和社会组织在不同的历史时期、不同的发展阶段，其种类、数量及其相互关系也是不同的。一般而言，在经济与社会发展水平较低的阶段，由于社会分工程度低，所以人口的同质性较强，社区内社会群体的种类相对较简单，整合社区资源的社会组织的门类及功能也就相对较简单化。社区一般由多种类型的组织构成，部分组织是大社会组织中的分支，与社区外的社会系统有着直接的关系，如党团组织、跨国公司分公司等，部分组织的活动范围仅限于社区之内，如社区内的商店、学校、俱乐部等。根据社区内组织中的人际关系性质不同，社区的组织可分为正式组织和非正式组织两大类。正式组织包括经济组织（如银行）、政治组织（如政党）和模式维持组织（如教会、学校）等。

二、社区的特征

社区与社会群体和社会组织相比，有着自己明显的特征，主要体现在以下几个方面。

1. 社区是一个综合社会实体

社区不仅包括一定数量和质量的人口，而且包括由这些人所构成的社会群体和社会组织；不仅包括这些人们、群体和组织的经济生活，而且包括他们的政治、文化生活；不仅包括他们的经济关系，而且还包括血缘、地缘等其他社会关系；不仅包括这些人们、群体和组织的社会活动，而且包括了他们赖以进行社会活动的生产资料和生活资料，等等。总之，社区包括了社会有机体的最基本内容，是宏观社会的缩影，是一个综合社区实体。

2. 社区具有经济、政治、文化、社会管理等多重功能

社会组织的目标和功能较单一化，而社区的功能是多方面的。就我国城乡基层社区的情况而言，一是具有经济功能，主要表现为社区性机构大都发挥着组织、开展、管理生产经营活动，或者提供产前、产中和产后服务等作用；二是具有政治功能，主要表现为基层社区大都发挥着贯彻执行党和政府的方针政策、维护居民的合法权益、建立和发展各类政治组织、推进基层民主和法制建设等作用；三是具有文化功能，主要表现为基层社区担负着发展教育事业，组织开展文化娱乐和体育活动，组织开展群众性精神文明创建活动等功能；四是具有社会管理和社会整合的功能，主要表现为基层社区担负着维护本社区的治安、秩序、调解民间纠纷、办理本社区的公共事务和公益事业以及管理流动人口和计划生育等项职能。

3. 社区是人们参与社会生活的基本场所

社区是最基本的社会生活共同体，是绝大多数社会成员的生活基地。人们在本社区范围内进行生产劳动、商业经营、文化教育、科学技术、社会管理和社会服务等各种基本的社会活动。人们以家庭为单位生活，并在社区范围内通过长期共同生活或工作建立多种人际关系，互通有无、交流感情，共同解决生活、工作困难和思想难题。另外，绝大多数居民作为某一社区的正式成员，在本社区范围内享有参与社区管理、选举人民代表、选举社区干部等项权利。所以说，社区是人们参与社会生活的基本场所。

三、相关法律法规知识

为了更好地完成本任务，需要学习《物权法》、《物业管理条例》、《城市居民委员会组织法》、《社区服务示范城区标准》、《关于加快发展社区服务的意见》、《民政部关于全国推进城市社区建设的意见》等。

任务实施

通过参与社区建设的各项工作和活动，搞清楚社区的构成与特征，明确社区的构成要素，发挥物业服务企业在社区工作的功能。

学习评价

本任务的学习评价主要是按照知识目标和能力目标的要求，判断通过本任务的学习是否能够清楚社区的构成与特征的任务，以便及时、系统、准确地把握重要的学习内容、学习方法、学习过程、学习效果和学习难点，从而解决学习过程中存在的问题。

教学探讨

一、案例分析

深圳某社区业主委员会的一些成员在谋上职位后，便向物业公司提出减免自己物业管理费的要求。这一要求，没有任何法规支持，理所当然地未能得到物业公司的应允。于是，他们一方面长期拖欠管理费，一方面通过媒体中伤物业公司。

物业公司为了减少不必要的麻烦，主动提出中止物业管理合同，并将有关情况如实公告全体业主（物业公司不仅要善于及时与业主委员会沟通，而且还要注意经常保持与广大业主的直接沟通，在目前许多业主委员会运作不够规范的情况下，后者尤其重要）。业主委员会一些成员觉得正中下怀，便紧锣密鼓地张罗选聘工作，先后带领 5 家新的物管企业到小区考察。不料许多业主得知后，纷纷找到准备撤出的物业公司，一再盛情挽留，并对业主委员会一些成员的做法表示愤慨。

物业公司此时就面临了一个两难选择：不撤，与业主委员会一些成员的继续合作存在障碍，势必增加管理服务工作的难度；硬撤，伤害了许多业主的感情，势必影响公司的社会形象。如何是好呢？物业公司决定广泛听取业主的意见，印制了征询意见表，送到每家每户手中，请业主就服务质量、收费标准等发表自己的真实想法（许多物业公司也定期进行服务调查，但绝大多数是由基层具体实施的抽样调查，如果想弄虚作假，在选样上可以搞不少“猫腻”）。统计结果表明，超过 80％的业主对服务质量、收费标准表示完全认可，并希望物业公司继续对小区的管理。

准确地摸清了民意以后，物业公司将调查材料如实上报政府主管部门，并建议召开业主大会讨论决定物业管理问题。政府主管部门为了慎重起见，抽调外部人员到小区进行第二次问卷调查，结果相差无几（自己上门问好坏，往往会对被调查者的心理产生微妙影响，或多或少地妨碍他们的正常判断和表达，而第三方的参与介入，则使调查结果的真实性和可靠性有了保证）。在此基础上，政府主管部门指导业主委员会召开业主大会，让业主委员会邀请的 5 家物管企业到场介绍自己的管理方案，介绍之后均未得到多数业主的赞同，业主委员会一些成员招聘新物业公司的动议被迫流产。

经过一番波折，原有的物业公司在广大业主的支持下，仍旧持续对小区的管理。而业主委员会一些成员受挫后，对物业公司的态度也有了转变（风波未必不是好事，至少让那些不守规矩的业主委员会成员看到了民心所向，并且学会了守规矩）。

分析： 个别人违规伤害到自己，“以其人之道还治其人之身”并非合适的选择。既然它是个别人的龌龊行为，那就不妨先广而告之，请全体业主论是非、定取舍。只要自己做得好、做得到位，广大业主会站出来说公道话，而法律法规肯定也会顾及我们的权益。

二、技能训练

某居民小区位于本市郊区外环线边缘，小区内有住户 1 840 户，长住居民 5 300 多人，基本上都是由二十世纪五六十年代支边支农回城的人员、动迁人员和外地入住人员组成。小区人员有三大特点：一是无业和生活困难的居民多；二是六十岁以上的老人多；三是外来人员多。小区接上级综合治理部门的通知，要求在小区各楼道内安装电子防盗门。然而有的居民认为，外来人员多的楼道安装防盗门的实际意义和效果不大；有的居民觉得经济困难，拿不出钱来安装；还有人顾虑，防盗门质量不一定有保障等等。本案例涉及社区社会工作的哪个范畴？部分居民拒绝安装电子防盗门的深层原因是什么？社会工作者应采取什么样的介入方法，帮助社区干部有效推进工作开展？

分析： 本案例属于社区治安工作。深层原因：社区内生活困难人员多，难以支付安装费用；社区居民结构复杂，难以统一思想；对防盗门的产品功能及质量不信任等。介入方法和策略：运用小组工作方法，听取各居民住户的意见和建议，必要时还可以召集小区内的党员、意见较多人员和部分骨干开座谈会；运用社区居民领袖教育的方法，召开楼组长、楼代表会议，传达工作精神，统一他们的思想；采取行动策略：对于防盗门质量问题，可以与生产安装企业进行沟通，在小区内现场展示和演示几种防盗门的样品；加大宣传力度，对社区冷漠居民和反对居民进行个案工作，有针对性地提供心理安抚和调适。

任务二　社区建设的项目与目标

任务描述

王某成立了一家物业服务企业，承接了某社区居委会所辖区域内的物业项目，社区居委会要求王某的物业服务企业加入社区开展活动，王某委派员工刘某专门负责并承担物业管理区域的社区建设的相关工作。

任务分析

为完成本任务，首先需要搞清楚社区建设的原则和特征，在此基础上明确社区建设的项目和目标，才能够完成物业管理区域的社区建设任务。

相关知识

社区建设是改革开放和社会主义现代化建设的迫切要求，是繁荣基层文化生活、加强社会主义精神文明建设的有效措施，是巩固城市基层政权和加强社会主义民主政治建设的重要途径。根据《民政部关于在全国推进城市社区建设的意见》，社区建设的概念是指在党和政府的领导下，依靠社区力量，以服务为宗旨，以管理为保障，以建设为基础，以参与为关键，健全社区组织体系，利用社区资源，强化社区功能，解决社区问题，促进社区政治、经济、文化、环境直辖市和健康发展，不断提高社区成员生活水平和生活质量的过程。社区建设在提高居民素质的同时，也会提高城市的文明程度，保持社会的稳定，促进城市经济与社会的协调发展。

一、社区建设的特征和原则

1. 社区建设的特征

（1）综合性。社区建设的综合性，主要是指社区建设不是某一方面的工作，而是整个社区的全方位建设。社区服务的深化、社区环境的美化、社区治安和社区秩序的保障、基层社区民主的推进、社区的法制建设、社区文体活动的开展、社区的保障体系的创建等都体现了社区建设工作的综合性。另外，社区建设工作的开展综合运用了经济手段、行政手段、社会手段等，这都是由社区要素的多样性和社区建设内容的复杂性所决定的。

（2）社会性。社区建设立足于社区，但却不是一种单纯的群众自治活动，而是由各类社区主体、各种社区力量共同参与的过程。我国社区建设由各级政府机构制定、实施社区建设政策和社区建设规划，完善社区建设制度，协调居民、社团和企事业单位之间的关系，推动社区建设工作；居民委员会和各种社团担当着党和政府与广大居民群众之间的桥梁和纽带，在社区建设过程中，落实社区建设规划，组织动员广大社区居民参与社区活动，结合自身实际搞好社区建设；社区居民和企事业单位积极支持并广泛参与社区活动，在社区建设中发挥着基础性作用。

（3）区域性。由于社区是按地域区分的社会实体，所以社区建设范围主要局限于本社区之内，在一定程度上受到本社区地理环境条件限制，组织者和参与者主要是本社区内的居民、团体与组织，社区建设的内容也主要是根据本社区成员的需求和愿望，解决本社区的问题，为本社区成员提供多样化的服务，因此，不同社区的建设都各具本社区的特色。

（4）计划性。任何社区的建设，都是在党和政府的领导下，从本社区的实际情况出发，依靠本社区的力量，利用本社区的资源，制定切实可行的社区发展规划和社区建设工作计划，为促进社区政治、经济、文化、环境的协调和健康发展，不断提高社区成员的生活水平和生活质量而依据制定的规划和计划有条不紊地开展社区建设活动。

（5）自治性。社区建设是从本社区成员的利益出发，在社区成员达成共识的基础上，由全体社区成员积极支持并自觉参与本社区的建设活动，是一种民主化的自治活动。

2. 社区建设的原则

我国开展社区建设所应遵循的原则，主要有：①以社区居民为本提供服务；②扩大民主与社区自治并进；③服务管理中权责明晰；④资源共享的同时共驻共建；⑤因地制宜地有序开展。

二、社区建设的项目

1. 社区组织建设

进行社区组织建设，就是要建立完善的社区管理体制，这是社区建设的关键，包括社区党组织建设、社区自治组织建设和社区中介组织建设。社区党组织、居委会、物业服务企业和社区中介组织是进行社区建设和社区管理的重要力量，我国部分地区在街道（镇）党委、党工委的统一领导和协调下，建立起由社区服务管理中心牵头，社区党组织为主体，联合居委会、物业服务企业、社区中介组织和业主委员会的党员活动站、联席会议和联谊会等多个平台，加强了社区建设和社区管理相关各方的联系与沟通，更好地协调解决了社区建设和社区管理工作中的综合性问题。

2. 社区经济建设

各地区在推进城市社区建设过程中，应根据本地经济和社会发展的水平与现有工作基础，以社区发展为目标，通过市场机制的调控，对社区中的公共设施等资源、资产进行运营和配置，提高社区资源利用率，以期最大限度地实现社区公共资源的优化配置。

3. 社区文化建设

积极发展社区文化事业，加强思想文化阵地建设，不断完善公益性群众文化设施。充分利用街道文化站、社区服务活动室、社区广场等现有文化活动设施，组织开展丰富多彩、健康有益的文化、化育、科普、教育、娱乐等活动。加强对社区成员的社会主义教育、政治思想教育和科学文化教育，利用社区内的各种专栏、黑板报宣传社会主义精神文明，倡导科学文明健康的生活方式，形成健康向上、文明和谐的社区文化氛围。

4. 社区服务建设

在大中城市，要重点抓好城区、街道办事处社区服务中心和社区居委会社区服务站的建设与管理。社区服务主要是面向老年人、儿童、残疾人、社会贫困户、优抚对象的社会救助和福利服务，面向社区居民的便民利民服务，面向社区单位的社会化服务，面向下岗职工的再就业服务和社会保障社会化服务。社区服务是社区建设重点发展的项目，各地区要继续贯彻落实国家对发展社区服务的各项扶持政策，统筹规划，规范行业管理，不断提高社区服务质量和社区管理水平，使社区服务在改善居民生活、扩大就业机会、建立社会保障社会化服务体系、大力发展服务业等方面发挥更加积极的作用。

5. 社区医疗建设

要把城市卫生工作的重点放到社区，积极发展社区卫生，加强社区卫生服务站点的建设，积极开展以疾病预防、医疗、保健、康复、健康教育和计划生育技术服务等为主要内容的社区卫生服务，方便群众就医，不断改善社区居民的医疗条件。

6. 社区安全建设

社区安全建设主要是指社区保安、民事调解、帮教失足者、防火防盗、普法宣传、流动人口管理、扫黄打非等其他社会安全综合治理工作。建设社会安全综合治理网络，有条件的地方，要根据社区规模，按照“一区一警”的模式划分民警责任区，设立社区警务室，健全社会治安防范体系，实行群众群治，组织开展经常性、群众性的法制教育和法律咨询、民事调解工作，加强对刑满释放、解除劳教人员的安置帮教工作和流动人口的管理，消除各种社会不稳定因素。

7. 社区卫生环境建设

要结合社区内建筑物的颜色、形状、分布等空间组合，大力整治社区环境，净化、绿化、美化社区。要赋予社区居民对社区环境的知情权，提高社区居民的环境保护意识，加强社区内各功能区位的分工与协作，努力搞好社区卫生环境，建设干净、整洁的美好社区。

三、社区建设的主要目标

社区建设要以努力实现“区域规划最佳、设施配置最优、服务效率最高、资源效益最大”的基本要求，构建“党委领导、政府负责、社会协同、公众参与”的社区管理工作新格局，逐步建成“管理有序、服务完善、环境优美、文明祥和”的现代化社区，为建设“政治民主、公平正义、诚信友爱、充满活力、安定有序、人与自然和谐相处”的和谐社会奠定基础。

1. 建立与和谐社会相适应的社区管理体制

社区建设是一项系统工程，涉及方方面面。做好社区建设工作，需要加强社区管理，理顺社区关系，完善社区功能，改革基层管理体制，建立与和谐社会相适应的社区管理体制和运行机制。社区建设是一项综合性的改革工程，也是基层社会管理体制和机制的创新，中央 23 号文件进一步明确了社区建设的运行机制，即努力形成党委和政府领导、民政部门牵头，有关部门配合，社区居委会主办，社会力量支持，群众广泛参与的推进社区建设的整体合力。在现阶段，充分发挥党政领导、民政部门和社区居委会的作用尤其重要。

首先，随着市场经济的发展，党委政府的领导显得更加重要，党政领导的认识、决心和工作力度是逐步实现社区建设工作目标的关键，提高各级党委领导的重视程度是整体推进社区建设的根本保证。因此，要加强党委政府对社区建设的领导，统一思想，提高认识，制定规划，组织落实，对推进本地区的社区建设负总责，要赋予职能部门相应的权力，配合高素质的专职人员，保证充足的工作经费，切实采取措施统一全面抓好。

其次，民政部门是各级政府具体负责社区建设日常工作的职能部门，在推进社区建设中，民政部门是党委政府领导工作的具体实施部门，民政部门具有指导社区服务管理工作、推动社区建设的职能。

最后，随着市场经济的发展，“单位人”向“社区人”的不断转变，把社区居委会推到了社区建设的第一线。社区居委会担负着加强社区管理与服务、巩固基层政权、维护社会稳定和促进两个文明建设的重任。因此，社区居委会要转变工作方式，加大对物业管理机构的指导、监督力度，坚持居委会在小区管理中的地位，发挥物业管理机构的优势和作用，建立共建机构，如建立由业主委员会、社区居委会和物业服务企业构成的“三位一体”共建共管模式，把物业管理小区纳入居委会管理，实现相互促进、共同发展。

2. 实现社区服务的信息化和社会化

为了不断满足人民群众日益增长的物质文化需求，就要拓展社区服务，不断丰富社区建设的内容，增加服务的发展项目，努力提高居民生活质量，实现这一目标的重点就是形成社区服务的信息化和社会化。这就需要加强社区服务设施建设，以社区为基本网络，由专业的服务队伍以信息化为支撑，实现网络内各类资源共享、工作协同，还要按照市场经济规律，采取无偿、低偿、有偿服务相结合的形式，提高社区服务业自我发展的能力，鼓励社会力量兴办社区服务业，实现投资渠道多元化，加快社区服务业的全面快速发展。

3. 构建完善的社区组织体系

社区建设是要逐步建成“管理有序、服务完善、环境优美、文明祥和”的现代化社区，“管理有序、服务完善”不仅要有与和谐社会相适应的社区管理体制、实现社区服务的信息化和社会化，还要有完善的社区组织体系。这就需要加强社区领导组织建设、居民自治组织建设和社区中介组织建设。

一方面，要加强社区领导组织建设，实现社区党建全覆盖。充分发挥党组织的政治和组织优势，加强社区党组织对社区工作的全面领导，通过调整组织设置、完善运作机制、拓展活动内容等，使社区党建在工作上实现全覆盖，充分发挥领导组织在社区建设中的领导核心和政治导向作用。

另一方面，要加强社区居民自治组织建设，即建立新的社区组织体系。“沈阳模式”就取得了一定的成绩，具体做法是：第一，由社区成员选举社区居民和驻区单位代表组成社区成员代表大会，行使社区成员民主决策的最高权力；第二，由社区成员代表大会推举组织能力强、热心社区公益事务、具有较高群众威信的人员，组成社区协商议事委员会；第三，按照依法选举的原则和办法，选出社区居民委员会成员，社区居委会在社区党组织的领导下，在社区居民代表大会和协商议事委员会的监督下，行使职责，逐步实现居民自治。

此外，就是要培育和发展社区中介组织，逐步形成社区中介组织积极参与社区建设的良好机制。具体做法是：第一，重点培育和发展具有志愿性、公益性的社团组织；第二，建立中介组织健康发展的激励机制和约束机制，通过制定政策、法规，使中介组织逐步走上制度化、规范化的轨道。

4. 积极调动社区力量

社区建设是一项庞大的系统工程，包含着多方面的工作任务，需要较多的人力和智力投入，需要各方面社会力量和各种社会资源的整合。所以，进行社区建设，就要充分开发利用社区资源，挖掘人力、智力资源，调动社区力量，汇成社区建设的强大合力，推进街道居委会工作社区化、社区工作社会化，为建设新型现代化社区注入不竭的内在动力，夯实构建社会主义和谐社会的社区基础。

四、相关法律法规知识

为了更好地完成本任务，需要学习《物权法》、《物业管理条例》、《城市居民委员会组织法》、《社区服务示范城区标准》、《关于加快发展社区服务的意见》、《民政部关于全国推进城市社区建设的意见》等。

任务实施

社区建设包括了经济建设、文化建设、安全建设等多方面的工作，在物业管理区域的社区建设过程中，需要多个部门多方面配合，同时要有广大业主的大力参与才行，社区居民的参与是根本，才能建设一个“以人文本”的文明社区。

学习评价

本任务的学习评价主要是按照知识目标和能力目标的要求，判断通过本任务的学习是否能够完成社区建设的工作任务，以便及时、系统、准确地把握重要的学习内容、学习方法、学习过程、学习效果和学习难点，从而解决学习过程中存在的问题。

教学探讨

一、案例分析

某城东路环境改造给某社区的住户营造了一个新的周边环境，但同时也给此小区带来了新的问题。由于改造后的绿化带地势比原来的高，又镶了一条路缘石，使紧贴绿化带的小区消防通道排水不畅。完工后连续几天的台风暴雨，消防通道就成了积水沟。消防通道积水不仅给来往行走的人车带来不便，而且浸淹通道上的网状草皮。其实早在改造初期，管理处就提醒有关方面要注意解决排水问题，然而未得到应有的重视。小区业主客户并不知此情，纷纷打电话到管理处投诉。管理处耐心地讲明情况，同时与他们约定分头继续向政府主管部门反映（与业主从不同角度反映问题，两个积极性总比一个积极性更有力量）。

随后，管理处马上指派一名领导到环境改造指挥部，当面向指挥部负责人陈述管理处和住户的意见。过几天，该负责人来电话说：“这次道路改造，对余下的绿地排水问题没有考虑，更没有安排这笔费用，再做排水要向市城管办申请，还要请设计院设计，事情比较麻烦，而且费用可能还得你们小区出。”

管理处的领导马上又盯了上去，请指挥部的负责人到小区现场实地观看（请领导来看看强于单凭一张嘴上去说，这可能也是许多地方欢迎领导来视察的原因之一），让他清楚消防通道积水完全是因为市政改造造成，责任不应当由小区承担，并向他解释了物业管理的经济运行规则，要他体谅小区的实际困难，请他协调有关方面帮助解决。而后，管理处有关人员天天给他打电话，不停地询问、催促。

经过一个多月的交涉，城管部门终于答应在该社区消防通道上做一道排污管，费用两万多元由绿化承包单位承担。工程半个月完工，彻底解决了小区门前消防通道的排水问题。

分析： 物业公司与所有的政府部门都要打交道，许多问题都需要他们的支持和帮助才能解决。其中一些问题处于临界状态，是他们可办可不办、可这样办或那样办、可快办或缓办的。至于办得如何就看物业公司盯得是否到位了。

二、技能训练

某花园社区是一个拥有一万多名业主的小区，1998 年经该市物价局批准，成为“一费统缴”（即物业费、公摊费、代收代缴费等合并收取）的物业收费点，按 2.7 元/平方米收费，2005 年 1 月 1 日起，该省开始在物业代费中实行政府指导价，建议普通住宅的物业管理费不超过 1.96 元/平方米，该社区业主委员会与物业公司经过约定，该社区 2005 年和 2006 年的物业管理费依然沿用以往的收费方式。但是，该社区有 16 名业主不同意，因此，从 2005 年 1 月 1 日起开始拒缴物业管理费。

由此，物业服务企业起诉了几户拖欠物业费的业主。在此案审理期间，物价局下发了整改通知，称该区的“一费统缴”违反了政府指导价，要求整改。此举一出，该社区的物业纠纷陡然升级，1 000 多户业主在居委会的领导下加入了“拒缴”的行列。请问业主委员会、物业服务企业和居委会应当在此事的处理过程中扮演何种角色，如何妥善解决此问题?

分析： 要善于发挥各种社会关系的作用。本案例中，物业公司首先应该做好以下几个方面的公共关系工作，充分发挥其积极作用，控制不利因素的存在。

（1）与区物业管理部门积极沟通。学会用法规政策保护自己，依靠的不仅仅是据理力争保护自己的合法权利，更重要的是求得对方的了解和支持。当区物价局提出异议时，就应当与其保持热线沟通，反复阐明自己的用意和难处，强调业主委员会和居委会以及绝大多数业主的支持，代表的是他们的利益也符合国家相关的法律法规。了解区物价局动态，及时掌握其工作意图。如及时知晓其下发“整改通知”意图，能做工作取消此想法更好，如不能则要争取控制影响范围、求得时间，做好大多数业主的安抚工作，防止事态扩大。

（2）与业主委员会和居委会加强合作，争取他们的支持。物业管理费的标准由业主委员会与物业管理企业共同约定，区物价局的一纸“整改通知”，是对双方合同约定的否决。在业主不通晓法律法规政策的前提下，遭到业主误解的不仅仅是物业管理公司还将包括业主委员会的成员。因此，要在区物价部门提出异议的最初，就让业主委员会和居委会的相关人员清楚，一旦最不利的情况出现，业主委员会将处于何种地位，业主将会由于收费标准降低而随之遇到服务标准的下调，请业主委员会成员向广大业主讲明这个道理，预防业主对物业管理公司的群起而攻之，同时要先向居委会相关成员介绍情况，做好这些与居民利益密切相关的人的工作，这样由他们再做工作，效果就会好很多。邀请业主委员会、居委会随同物业管理公司一同与区物价局进行沟通，这样做的效果会更好。

>>> 拓展训练

每逢中秋、清明等节日，南方的许多人都有焚烧冥纸的习俗。某居住小区住在高层住宅的有些住户为了贪图方便，就在楼层里烧冥纸。一方面缭绕的烟雾使得消防警报频发，使人真假难辨，疲于应付，另一方面残存的污垢会损坏弄脏墙面地砖，很难彻底清除，而且容易产生火灾。业主对此意见很大。

如果你是物业管理人员，你该怎样杜绝此类现象？

项目十七　社区管理的内容及与物业管理的关系

项目概述

本项目中介绍了社区管理的特征和内容，比较了社区管理与物业管理不同之处。本项目包括社区管理的特征与内容、社区管理与物业管理的关系两部分。

任务一　社区管理的特征与内容

>>> 任务描述

王某是一名物业服务企业的工作人员，专门负责物业管理区域的社区管理相关工作，王某希望明确社区管理的特征和内容，以便做好物业管理区域的社区管理工作。

>>> 任务分析

为完成本任务，要搞清楚社区管理的特征，明确社区管理的主体和社区管理的内容，这样才能够和谐、人性化地搞好社区管理的相关工作。

>>> 相关知识

一、社区管理的特征

1. 社区管理的区域性

社区具有地域性，因此，社区管理基本上都局限于社区的范围之内，管理的方式也是发动社区内的各类管理主体，进行自我组织、自我服务和自我管理。这种管理主体和管理对象的同一性，使社区管理的区域性特征更加明显。因此，以街道（或乡、镇）党工委和政府机构为主导的社区管理，一定要将工作重心指向社区，协调各方面的力量，积极开展环境卫生、绿化养护、市容整洁、治安联防、教育医疗、文娱体育、社区服务等各项工作，切实解决社区居民日常碰到的各种困难和不便，提高居民对社区的认同感和满意度，同时，还要抓好本社区的精神文明建设，以提高本社区居民的综合素质和生活质量。

2. 社区管理的具体性

社区管理是一个分层次的管理系统，有宏观管理和微观管理。例如，在城市社区管理体系中，就分市、区、街道、社区居委会几个不同的管理层次。社区管理主要是指社区的微观管理。它不同于国家组织的政策制定、全局规划等宏观管理活动，社区管理按照社区的地域性，必须深入具体、贴近民众，在具体的社区管理活动中实现社区建设的工作目标。

3. 社区管理的综合性

社区管理的综合性主要体现在：社区管理的主体是多元的，所以要综合利用这些力量共同管理社区；管理手段和方法是多种多样的，如行政手段、经济手段、法律手段、教育手段等，社区管理主体要综合运用这些管理手段和方法对社区进行管理；社区的功能是多样的，社区管理要综合利用社区的多种功能满足人们的多样化需求。

4. 社区管理的复杂性

由于在城市中，社区人口密度高、流动性较大、外来人口的数量在不断增加，所以社区成员的年龄、性别、职业、文化程度、宗教信仰、民族、收入以及生活方式等的异质性越加明显，社区成员之间的社会交往难度也增加，社区的人口要素、结构要素和社会心理要素致使社区管理的操作难度增加，社区管理也更加复杂。

二、社区管理的内容

1. 社区管理的主体

任何时代的社区建设和社区发展都离不开社区管理的实践，而社区管理又离不开实施这种管理行为的主体。社区管理的主体是指能够对社区事务进行管理的社区组织，即各类社区管理组织。依据它们的权力与社区的关系，我们可以把它们分成两类，一类是其权力产生于社区，并以社区公共事务为取向的各管理主体，包括社区居委会、业委会、物业公司等；另一类是指不直接参与社区活动但对社区各管理主体有指导或领导权力的组织，如街道党委、办事处。如果按照各管理组织的性质分，可以分为行政管理系统、社会自治管理系统和生活服务管理系统。行政管理系统包括两个子系统，即街道直属的垂下管理系统和外部的职能部门的行政管理系统；社会自治管理系统如居委会和业委会，提供各类公益性、群众性的服务；生活服务管理系统的运行除了偶尔提供某些公益性服务外，一般都是有偿的经营活动。社区管理的主体构成如图 6—1 所示，主要包括街道办事处或延伸的社区委员会（A)、社区内住户组织的业主委员会（B)、物业服务企业（C)、社区服务组织（D)。

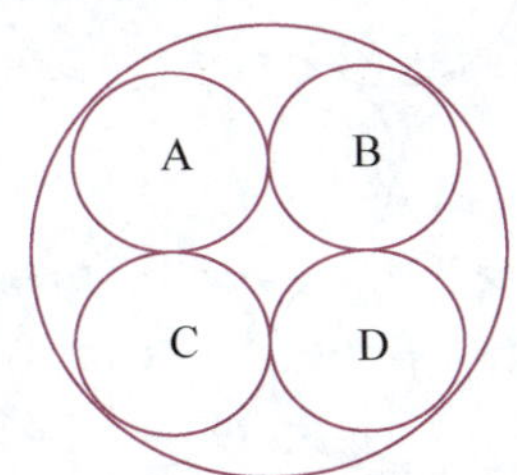

图 6—1　社区管理的主体构成图

（1）街道办事处或延伸的社区管委会（居委会）。街道办事处或延伸的社区管委会（居委会）是政府职能延伸，代表政府行使管理权，帮助业主实行自治自律管理。

（2）社区内（产权人、使用人）住户组织的业主委员会。业主委员会代表全体产权人、使用人的利益，按照国家相关法律、法规、产权理论，聘请物业服务企业为之服务。

（3）物业服务企业。物业服务企业受产权人委托，对社区进行服务与管理。它在行业主管部门指导下，在业主委员会监督下开展工作，属于第三产业的服务业。

（4）社区服务组织。按照国际惯例，根据社区生活需要，由广大业主在街道、居民委员会指导与帮助下，成立以社会互助为基础的自治组织，即社区服务组织。社区服务组织开展的义务性的帮助活动通常是无偿的，不收取费用（相当于国外的义工组织）。

就我国目前的情况来看，现代社区的建设和发展尚处于初始阶段。由于现阶段专业性的社会服务机构与社会工作机构的资源性稀缺，社会成员的“单位人”属性依然很强，居民的社区认同感仍然较弱，而且社区自治组织资源的缺乏，政府仍然是推动社区建设、发展和管理的最重要的主体。然而，在政府主体之外，像社区居民代表大会、居民委员会、业主委员会等社区自治组织也正在成长发展起来，逐渐成为社区管理的主体。此外，从政府行政机构、社会事业团体等单位剥离出来或新建的一些社区服务机构也正在成长起来，其中许多机构正在走向职业化和专业化，并且也开始学习和扮演着社区服务与社区管理的主体角色。因此，随着我国城乡社区建设和社区发展的推进，随着整个社会要素的发育和生成，政府（包括行政机构和司法机构）、社区自治组织以及专业性社区服务与社会工作机构等现代社区所必需的三重管理主体的构架已在形成过程之中，而且该三重主体之间的权责互动关系也已处于初始的磨合阶段。

2. 社区管理的具体内容

社区管理如同一个“小社会”的管理，具有很强的综合性。它的管理内容，不仅包括对整个社区建设与发展的规划与组织，而且包括社区范围内具体事务的专项管理。社区管理是指根据社区物质属性和社会属性不同而形成各具特色的社区管理机制。其内容包括：社区党建管理（A)、社区组织管理（B)、社区服务管理（C)、社区文化管理（D)、社区教育管理（E)、社区环境管理（F)、社区安全管理（G）等，如图 6—2 所示。

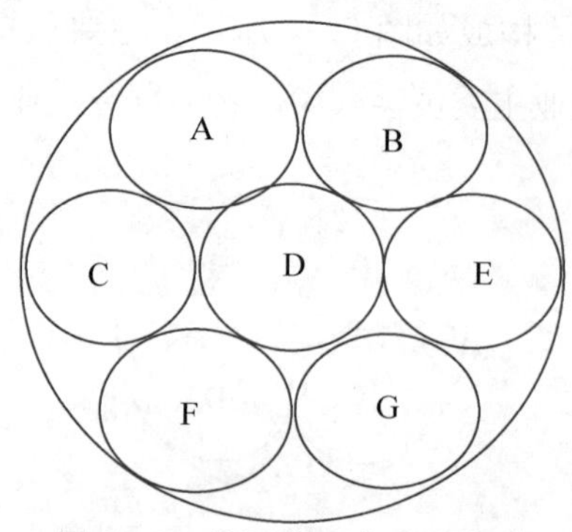

图 6—2　社区管理内容示意图

（1）社区党建管理。

社区党建管理主要是健全党组织的各级网络，组织和发挥社区党员和在职党员的模范带头作用，强化对党员的管理和考评。核心是以街道或乡、镇党工委、街道党工委作为上级党委的派出机关，作为街道各种组织和居民群众的领导核心，对社区建设和管理的各项工作负领导责任。具体管理的内容有：宣传党的路线、方针、政策和国家法律；执行上级党组织的决议、决定，团结、组织党员和群众，保证社区内党和政府的各级任务完成；参与讲座、决定社区内的重大问题，并全面监督/负责社区内各项工作的开展；加强自身建设，协调各方力量，支持和保证依法行政，认真做好党员和干部的教育、培养、考核和监督工作；做好思想政治工作，加强精神文明建设。

（2）社区组织管理。

内容包括健全社区的各类组织机构，明确工作目标和工作职责，指导各类组织开展工作，并对其工作成果进行考评。比如：组织和指导居民选举社区管理委员会、居民委员会干部，并帮助居民委员会开展工作，成立由街道机构、主要社区单位、职能部门在社区中的延伸机构及居民代表组成的社区发展委员会，充分发挥协调作用，推动共建活动和资源共享活动的开展，更好地满足社区成员的需要。

（3）社区服务管理。

社区服务管理是了解并根据社区居民的需求，建立、健全社区服务网络，完善社区服务体系，广泛开展社区服务，并对服务质量进行监督、保证，以提高社区居民对社区的满意度，提高居民的生活质量，具有公益性、群众性、互助性、地域性四大特点，主要内容有：提供便民、利民的服务，提高居民的生活质量；一方面充分利用社区单位和团体组织内的服务资源，实现资源共享，另一方面分担社区单位和团体组织的服务压力，推进这些单位、组织的服务社会化进程；为社区中的弱势群体，如老年人、残疾人、孤儿、下岗人员、生活有困难的低收入人群等，提供无偿或低偿的社区福利服务。

（4）社区文化管理。

这里的文化概念是指包括文化、娱乐、群众性文体活动及全民健身活动等内容在内的大文化概念。文化、教育活动能满足社区居民的不同需求，有针对性地开展这方面活动，能使广大社区居民增长知识、开阔眼界、提高兴趣，丰富业余生活。社区文化活动既满足了他们的精神需求，又提高了艺术鉴赏力，同时还激发了他们参与社区文化活动的积极性，增强对社区的认同感，提高社区居民的凝聚力。社区文化管理的具体内容是对文化娱乐设施进行规划和建设，组织健全各类文体活动组织，帮助和指导这些组织开展社区文化娱乐活动、群众性文体活动，如送戏进社区、图书大篷车、广场音乐会、纳凉晚会等，引导社区居民进行全民健身活动。社区教育管理则是要建设和完善社区学院、继续教育中心、培训中心以及代表今后发展方向并利用网络进行教学的远程教育中心（社区文化教育中心）等教育机构，组织和发动社区居民广泛参与，进行普法、科普、时事政治、兴趣爱好、理想信念、道德伦理、人文知识、自然知识、实用技能、医疗卫生常识等各种内容不同、形式各异的教育活动，使他们的学习热情和积极性进一步提高，推动广大社区居民学知识、学科学、学技术活动的不断深入。

（5）社区环境管理。

社区环境既包括居住的人文环境，也包括生态环境。加强社区环境管理，就是要保护好环境，做到可持续发展，整治好居民的居住环境，为居民创造一个优美、整洁、舒适的生活环境，社区环境管理主要包括环境卫生管理、绿化管理、城市市政管理、路政管理、建筑和住宅管理、防汛防洪管理等。具体做法是：第一，加强社区规则的执行，完善设施和景观的布置；第二，加强公用部位和公共环境的整治，见缝插绿，扩大公共绿地和绿化面积；第三，加强养护，并发动广大社区居民积极参与其中，增强主人意识和管理意识，做好垃圾分类、投放、清运工作，养成良好的卫生习惯，减少垃圾对环境的污染；第四，加强对违章建筑的整治力度，杜绝占绿、占道的现象，清理、整顿废水、废气、废渣以及噪声、光、油烟等污染源等；第五，对上述各项工作要明确责任主体，加强监督和考评，将职能部门的工作职责和居民群众自学参与的热情紧密结合起来，形成有效的管理和监督机制。

（6）社区安全管理。

社区安全管理是社区安全和安定的重要保证，而这两点正是广大社区居民迫切需要的。没有安全感，社区居民对社区也不可能有认同感和归属感。要切实做好治安管理工作，必须运用打击、防范、教育、管理、建设、改造等手段多管齐下，明确安全管理责任主体，建立和完善安全管理机构，明确安全管理的目标和任务，按照“条块结合，以块为主”、“打防并兴、标本兼治、重在治本”的工作原则，调动和协调社区内各方面的力量，确定各自的工作职责，制定日巡、夜巡、联防等各种社区安全综合治理制度，确保社区治安状况良好，让广大社区居民、群体和组织安心、放心。

三、相关法律法规知识

为了更好地完成本任务，需要学习《物权法》、《物业管理条例》、《城市居民委员会组织法》、《社区服务示范城区标准》、《关于加快发展社区服务的意见》、《民政部关于全国推进城市社区建设的意见》等。

>>> 任务实施

在社区管理过程中，要因地制宜地开展工作，使社区平衡发展，做到真正的和谐，尤其是经济和文化精神要同时进步，不可偏废，还要强调民主管理和科学管理，使社区管理更加完善。而且，要坚持党建管理的核心主体地位，只有正确的指导思想以及稳定的领导核心才能真正促使社区管理更加完善。

>>> 学习评价

本任务的学习评价主要是按照知识目标和能力目标的要求，判断通过本任务的学习是

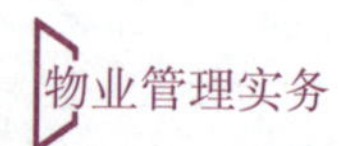

否能够完成社区管理的工作任务，以便及时、系统、准确地把握重要的学习内容、学习方法、学习过程、学习效果和学习难点，从而解决学习过程中存在的问题。

教学探讨

一、案例分析

某高校家属社区的绿地近年来不断被一些业主种植上香椿和葡萄，绿地变成了杂树林，这些占地的业主得到了实惠，每年有所收获，但却占用了广大业主的绿化用地，业主颇有微词。物业管理中心起初进行了劝阻，但收效甚微，一些业主仍然我行我素，不听劝告，继续收获丰收的果实。物业管理中心感到有点失控，于是，贴出公告要求在五日内自行清除种植的香椿、葡萄，逾期将强行解决，再统一恢复绿地。规定的期限到了，但仍有部分人未按规定清除杂树，为此，物业管理中心将此情况向城管部门作了汇报，并提出了恢复绿地的方案，征得城管部门同意后，物业管理中心自行动手开始对香椿等杂树进行了清除。

清除刚刚开始，就有业主用电话向城管和园林局进行了举报，投诉物业管理中心私自砍伐树木。园林监察人员和城管部门的执法人员立即赶到现场，由于已与城管进行过沟通，他们得知是为恢复绿地、美化小区所采取的措施，立即向群众作了解释，首先肯定了物业管理中心规划绿地的做法是正确的，同时指出小区的绿地是全体业主共享的资源，还告诉业主重新规划绿地是得到有关部门同意的，从而得到广大群众的拥护，树立了物业管理中心的形象，也为不遵守小区物业管理的业主上了一堂教育课，使得重新规划绿地的方案得以实施。

分析： 业主私自种植杂树的现象在社区中普遍存在，特别是一层更是屡见不鲜。小不管则成大乱，违规的苗头一旦露头，就要坚决制止，否则会四处滋生，蔓延开来，造成被动的局面，再行解决就不容易了。物业管理部门一定要利用业主公约实行管理和服务，保障广大业主的利益，体现“三个代表”的思想，一切问题就会迎刃而解。

二、技能训练

某社区活跃着一支中老年健身队，健身队鲜艳夺目的服装和多姿多彩的文艺表演，成为社区一道靓丽的风景线。然而，健身活动中播放音乐却打扰了周围居民的生活，成为社区居民投诉的导火索。物业服务企业收到投诉后，多次亲临现场调查落实。健身队也是一肚子苦水，领队表示队员们自从退休回家，内心充满失落和空虚感，身体一天不如一天，参加了晨练队伍后，心境开阔、筋骨活动，“老死不相往来”的新邻居成为情同手足的好姐妹，但是健身运动遭到了部分居民的反对，底楼业主把家里的音响、喇叭搬到窗口“对着干”，高层业主朝下扔鸡蛋壳、浇水，健身队只好打一枪换一个地方，她们也迫切希望物业服务企业和居委会想想办法，帮助她们解决问题。

分析： 第一，寻找场地。小区中庭花园处在两幢高层、一排多层中间，虽然这里环境宜人，但正对着高层的南窗，加上早晨上学、上班时人来车往，无论是从安全角度还是从不"扰民"角度考虑，都不适宜。变电所门口有一块空地可以利用，但十几辆"遗而未弃"的破自行车怎么办呢？管理处先张贴旧车招领启事，三天后，经理亲自上阵，将破车、旧车一辆一辆地进行处置，有的搬入地下车库，有的劝业主作为废铁卖掉，最终为健身队开辟出了一块健身宝地！同时，还关照邻里之间要相互关心，晨练时尽可能地把音乐音量调到最低限度。从此皆大欢喜，投诉也烟消云散。

第二，调整时间。物业公司经过与居委、业主委员会多方协调，小区健身队的晨练时间改在早上 7:30～8:30，避开了上学、上班的高峰时间段；练功、学习舞蹈改在晚上 7:00 以后，健身队不再随意调高音量，队员们在健身中还常常相互提醒，不要大声聊天影响别人。学习新的动作时，她们会自觉到地下室去练习，参加比赛前的排练，也都到地下室去进行。"健身"和"扰民"的矛盾终于得到圆满解决。

任务二　社区管理与物业管理的关系

任务描述

王某是一名物业服务企业的工作人员，专门负责物业管理区域的社区管理相关工作，为了搞好物业管理区域的社区管理工作，希望明确物业管理与社区管理的关系，以便在工作能够正确处理物业管理与社区管理的关系。

任务分析

本任务要求明确物业管理与社区管理的区别与联系，搞清楚物业管理与社区管理的良性互动机制的内容、前提和主要措施。

相关知识

一、社区管理与物业管理的区别与联系

1. 社区管理物业与管理的区别

社区管理与物业管理是不同范畴的两个概念，两者在目的、性质、内容以及实施主体等方面有着本质的不同，其具体表现如下：

(1) 目的不同。社区管理是为了让生活、工作在一定地域上的社会共同体关系和谐、生活安定幸福、行为规范有序；而物业管理主要是为了满足业主对物业财产的使用、维护、保值等方面的服务需求，为业主（或使用人）创造和保持良好的工作居住环境。

(2) 性质不同。社区管理是城市管理的基础性工作，是城市管理的延伸，政府行为发挥着重要的作用，带有明显的行政主导性；而物业管理是物业服务企业接受业主大会（业

主委员会）委托后，对物业辖区实施统一的社会化、专业化管理，为业主（或使用人）提供有偿服务，具有明显的市场主导性。

（3）内容不同。社区管理比较广泛，不仅包括人的住用环境的有关内容，而且还包括户籍、治安、征兵、计划生育、婚姻家庭、邻里关系、科技教育、环境维护、精神文明以及社会求助、退休、就业等内容的综合性管理工作；而物业管理是仅围绕人的住用环境以物业为核心展开的专业化管理与服务，即对房屋及其配置设施设备和相关场地进行维修、养护、管理，维护相关区域内的环境卫生和秩序的专业服务活动。

（4）实施主体不同。社区管理是由街道办事处、公安派出所、居民委员会和居民、驻社区企事业单位等众多主体参与的管理活动。其中，街道办事处作为基层人民政府的派出机构发挥着直接的领导作用，居民委员会作为居民自治组织发挥着很重要的协调作用，各主体是政府职能的延伸，努力实现政府城市管理思想，各主体之间主要是行政管理关系和居民自我管理关系；而物业管理的实施主体是物业服务企业和业主，以及前期物业管理阶段的开发建设单位，各主体之间主要是建立在合同约定基础上的经济方面的关系。

2. 社区管理与物业管理的联系

社区管理与物业管理有着非常紧密的关系，两者都以人为本，全面提高居民的居住质量，营造社区稳定、安全、舒适、健康的人居环境，促进社区的和谐发展。物业管理与社区管理相互依存、相互促进，良好的物业管理能推进社区建设，而良好的社区氛围能促进物业管理的进步。

（1）两者是相辅相成、相互促进。

社区管理与物业管理一个共同的基本点，就是都以“人”为中心开展活动，为人的生存、发展和享受提供各种便利。社区管理的重要内容之一就是两个文明建设，其结果就是创造一个与自然环境相协调、有利于生态平衡的优美、整洁、安全、舒适的社区生活环境。而这个目标的实现，则是社区管理与物业管理共同的工作内容，物业管理与社区管理不仅地域重合、硬件共享，而且以人为本的宗旨相同，其最终目标——建设文明社区完全一致。但两者又各有侧重点：物业管理主要从养护和完善物业及周围环境的功能，来体现以“人”为中心的服务，通过为社区创造清洁、优美、舒适、方便、安全的居住环境，不仅对人们的生理而且对人们的心理都产生重大的影响，使生活在这种环境下的人们得到精神享受，陶冶情操，促进人们的思想、精神和道德等的升华；而社区管理着眼于协调人际关系，通过建立良好的人际关系来体现以“人”为中心的各项建设，通过社区文化建设、社区文明氛围的营造、社会生活服务项目的开展，以及社区意识的培养与精神文明建设等多种渠道来实现“拥有一个居住安定放心、环境优美舒心、生活方便称心、文化娱乐欢心的生活家园”的目标。

（2）物业管理是社区管理的重要组成部分。

城市管理是一个大系统，是由互相关联、互相作用的若干要素按照一定方式组成的统一体。社区管理是城市管理的一个子系统，是由街道牵头、组织实施的政府行政行为，包括了社区党建管理、社区组织管理、社区服务管理、社区文化和教育管理、社区环境管理、社区安全管理等众多内容。物业管理是社区管理的子系统之一，物业服务企业在社区组织下参与开展形式多样、健康有益的社区文化活动，不仅有得丰富居民的精神文化生活，而且有助于促进邻里和睦，增加居民的社区认同感和归属感。社区管理和物业管理是整体与局部的关系，社区管理需要物业管理，物业管理必须服从于社区管理。

城市管理、社区管理和物业管理是国家城市化建设与管理中的三个同心圆，如图6—3所示，即城市管理必须落实到社区管理，而社区管理又必须依赖于物业管理。

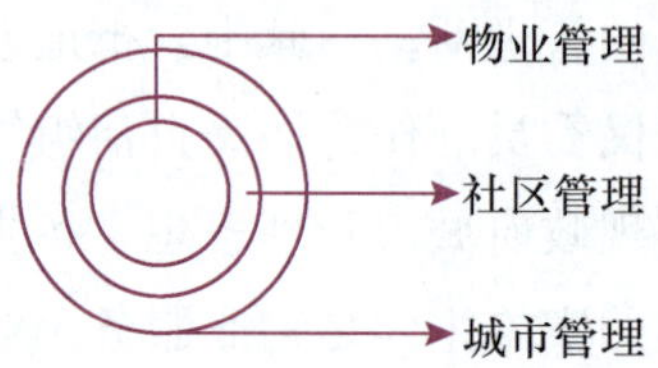

图6—3 城市管理、社区管理和物业管理关系图

(3) 社区管理影响物业管理的发展。

社区功能完善，社区管理得好，会整体提高社区居民素质，各主体自觉履行职责，这些都有助于物业管理制度的有效遵守和执行，有助于业主自律机制的建立和形成，有助于矛盾和纠纷的减少和解决，物业管理自然事半功倍。另外，在流动人口管理、计划生育、劳动就业等方面，虽不属物业管理的范畴，但在政府授权和有偿服务的前提下，物业服务企业协助政府有关部门完成辅助性工作，客观上也推动了社区管理工作的开展。

二、构建社区管理与物业管理的良性互动机制

1. 物业管理与社区管理良性互动的基础性前提

街道是基层政府的延伸机构，在组织机构与运行机制方面，以纵向行政隶属制约结构和自上而下的命令服从方式实现自己的行政目标。在社区管理中，应强化街道的“行政”职能，剥离其社区服务的“市场”，重新调整经济利益关系，做到行政复位，发挥其综合协调作用。物业服务企业作为经济组织，根据物业管理合同进行专业化管理，对社区管理起基础性作用，物业服务企业服务质量的高低对社区管理工作起着举足轻重的作用。因此，物业管理与社区管理是紧密相连、相互促进的，具有较强的相融性。

(1) 工作目标的融合性。

社区管理的目标是要建立一个社会治安有序、便民利民的社区服务网络，团结和谐的社区人际关系，健康向上的社区文化氛围，舒适优雅的社区生活环境，规范有序的社区管理体制。物业管理的工作目标与社区建设的工作目标在某些方面，如住宅小区的治安秩序、便民利民的服务网络、舒适优雅的小区生活环境等是一致的。

(2) 工作内容的融合性。

物业管理的主要职责与工作内容是向小区居民提供其工作范围内的各种专业服务及为

了特定的目标而实施的管理活动，而这些服务与管理活动正是社区管理必须做到的，两者在工作内容上也是融合的，只是社区管理的工作内容涉及的面更为广泛。

(3) 工作客体的融合性。

物业管理的服务对象是小区广大居民，即向居民提供物业方面的各项专业服务以提高小区的居住环境及居民的生活质量，以此促进和影响居民思想道德素质的提高。广大居民同样是社区管理的工作对象，通过社区管理改善居民的生活环境，提高人民群众的思想道德素质。两者在工作对象上也是相互融合的。

2. *构建社区管理与物业管理良性互动的主要措施*

物业管理是社区管理的一个基本方面，是构建和谐社区的重要载体。探索建设物业管理与社区管理的良性互动机制，既能有效地提高物业管理水平，也能促进社会资源的整合，提升社区管理水平。

(1) 发挥社区对物业管理的指导协调作用。

在实际工作中要正确把握物业管理与社区管理的依存关系，充分认识做好物业管理服务工作必须紧紧依靠社区的支持和帮助，社区既可以使物业服务企业得到最有价值、最有影响的声誉，也可能使物业服务企业受到社会的指责，它可以使物业服务企业获得各种优惠和权益，也可能让物业服务企业受到多方面的限制。因此，要按照条块结合、属地管理的原则，充分发挥街道办事处（乡镇人民政府）自身优势，协调解决物业管理中的难点、热点问题，提升物业管理服务水平，构建和谐社会。

1）切实加强指导与监督。要将物业管理纳入社区管理的范畴，明确街道办事处（乡镇人民政府）负责协调物业管理与社区管理之间的关系，负责组建业主大会和规范业主委员会运作。街道办事处（乡镇人民政府）应当根据社区实际情况，落实专门部门，配备专职人员负责业主大会的召开和业主委员会的成立改选工作，发挥居民区党组织对小区人员情况充分掌握的优势，帮助业主将热心公益事业、责任心强、公正廉洁、具有社会公信力和一定组织能力的人员推选为业主委员会成员，避免出现业主委员会脱离社区党组织指导的情况。同时，在日常的指导工作中，注意引导业主大会在充分尊重全体业主意愿的基础上，按照法律法规的要求，不断加强自我管理和自身建设的能力。

2）充分发挥综合协调作用。物业管理中存在的问题，往往涉及规划、绿化、市容环卫、公安、城管监察、通信、供水、供电等多个职能部门，街道办事处（乡镇人民政府）作为政府的派出机关，具有无可比拟的综合协调优势。在社区内建立由街道办事处（乡镇人民政府）、区（县）房地产管理部门牵头组织，业主委员会、居民委员会、物业服务企业和相关职能部门参加的联席会议制度，解决物业管理中的综合性问题，确保社区居民有一个祥和安宁的生活和工作环境。

3）积极化解物业管理方面的矛盾纠纷。和谐社区应当是一个人与人、人与组织和睦相处的社区，但是随着改革开放的推进、市场经济的发展，群众物质文化需要的日益增长，群众利益失衡、政府管理缺位等问题导致的矛盾相对集中在社区，往往表现为群体性矛盾、利益矛盾，这其中不乏居民与物业服务企业、居民与居民之间在物业管理方面的矛盾，这就需要社区、党组织进行引导和协调。街道办事处（乡镇人民政府）可以充分发挥社区中人民调解工作委员会、司法所等专业调解组织的作用，及时调处物业管理中存在的矛盾纠纷，做好社会稳定工作。

（2）发挥物业服务企业自身优势。

物业服务企业或物业小区管理单位作为驻区单位，在做好物业服务工作的基础上，要积极发挥优势，扩大服务范围，创新工作方式，主动参与到社区建设工作中去，形成主动参与社区管理的新格局。

1）发挥在职党员的模范带头作用。物业服务企业可以根据在职党员的职业特点和个人专长，积极组织参与社区各项工作，在社区党组织的组织和指导下，与驻区单位一起，形成思想工作联抓，公益事业联做、文体活动联搞、思想道德教育联手、社会治安联防、困难群体联帮的社区工作体系。

2）参与社区服务体系建设。建立健全社区服务体系，是新形势下社区建设的重要任务之一。在为社区居民日常生活和工作服务方面，物业服务企业具有人力、技术上的优势，应当以党、团员为骨干，建立社区服务志愿者队伍，协助搞好社区服务中心和社区服务站（点）的建设和管理，开展便民服务和帮困活动。

3）参与文明社区建设。物业管理服务是社区的一项基础性管理工作，房屋维修、公共秩序维护、保洁保绿、车辆管理等既是物业管理服务的主要内容，也是建设文明社区的主要工作。因此，物业服务企业应当以高度的责任感，以提高物业服务水平为着眼点，认真做好各项管理服务工作，承担起文明社区建设的责任。

4）参与社区文化建设。物业服务企业要以开展丰富多彩文化活动为载体，如与驻区单位共同举办小区广场音乐会、业主文娱联谊活动、文体比赛、添置社区文化设施、帮助其他驻区单位开展活动等，参与社区文化建设，丰富居民文化生活，努力营造和谐小区。

5）参与社区再就业工程建设。物业管理行业是劳动密集型行业，长期以来，物业管理行业为再就业工程作出了贡献。物业服务企业应当坚持在技术要求不高的岗位上，吸纳下岗、失业人员，积极协助社区做好再就业工作，主动协助政府做好维护社会稳定工作。

（3）共享社区公共资源。

按照“条块结合、资源共享、优势互补、共驻共建”的原则，物业服务企业或物业小区管理单位，应当充分利用社区资源，加强自身建设，积极配合街道办事处（乡镇人民政府）开展和谐社区的创建工作。而通过整合社区资源，对物业管理进行指导和监督也是街道办事处落实科学发展观念，提高执政能力的重要体现。

1）提高党组织的战斗力。已建立党组织的物业服务企业，可以通过参与社区党建联席会议和社区党建工作协调议事机构，在社区党组织的指导与协调下，与驻区单位共同研究社区建设和社区党建中的重要问题，沟通情况，交流经验，促进企业党建水平的提高。对于分散在各物业小区的党员，可以实行驻区属地化管理。

2）提高协调解决社会矛盾的能力。社区管理是综合管理，社区管理的主要功能是协调有关部门，动员各方力量，整合各类资源，服务社区群众，共同推进社区建设。社区是政府部门的集合体，行政资源十分丰富。物业服务企业要主动争取社区党组织在工作上指导和支持，紧紧依靠社区党组织，协调解决小区管理中的各种矛盾和与业主间的纠纷，维护小区的稳定。同时，还要协调处理好与社区单位间的工作关系，以共同需求、共同利益、共同目标为纽带，真正做到优势互补、共驻共建，形成合力。

3）加强企业监管和规范业主自主管理。紧紧依靠社区，加强对物业管理小区经理的考核，把企业的监管工作落到实处，促进企业依法办事、规范服务，促进行风建设，提升行业形象，提高社会满意度。加强社区对业主大会工作的指导，规范业主委员会运作，引导业主正确行使权利履行义务，依法维权，保证物业管理活动正常有序，形成安宁和谐的小区生活环境。

4）相互支持，互为补充。物业管理企业要主动接受社区居委会监督，社区居委会应主动将物业管理纳入社区管理中，利用专业化的管理和人才优势，共同创造文明社区。

（4）权责分明。

社区管理是一种宏观管理而非微观、可操作性的管理，宏观方面的管理都应由社区居委会承担。而对属于市场或企业微观层面的具体运作，则应交由物业管理企业承担，如房屋维修、保洁保安、车辆停放、绿化养护、公共设施维护等，不能错位或越位。

为避免矛盾和冲突，要积极寻求新的合作方式，如通过邀请社区居委会成员担任物业管理企业顾问，业主委员会与居民委员会交叉任职，合署公办等，将具有不同社会功能的组织凝聚起来，形成新合力，一方面可以使社区居委会的职能得到更好的发挥，另一方面也可以在物业管理中引入社区居委会思想政治工作的优势，将小区物业管理水平提高到一个新层次，还可以建立“三位一体”的管理模式，由社区居委会、物业管理企业、业主委员会共创文明社区，社区居委会主任任组长，物业管理主任和业主委员会主任任副组长，根据各自职能明确分工，建立工作例会制度，及时沟通情况，研究解决小区管理中难点问题，形成小区统一协调的管理机制。武汉市百步亭社区很好地做到了这一点。物业服务企业配合有关部门和社区居委会积极开展社区文化和公益活动，努力践行“亲情管理，用心服务，从小事做起，从好事做起”的理念，社区居委会组织居民“走千家门，知千家事，解千家难，暖千家心”，指导业主委员会参与社区各项建设和管理，为“和谐物业”与“和谐社区”建设提供了有力的组织保证，最大限度地把各种矛盾消化在基层，提高民众的认可度、支持率和责任感，以“和谐物业”作为切入点，使“和谐社区建设”与“和谐社会建设”有效结合，相互促进。

三、相关法律法规知识

为了更好地完成本任务，需要学习《城市居民委员会组织法》、《物权法》、《物业管理条例》、《社区服务示范城区标准》、《关于加快发展社区服务的意见》、《民政部关于全国推进城市社区建设的意见》等。

任务实施

在物业管理和社区管理工作中，要认识到物业管理和社区管理是相通和相辅相成的。其中，社区管理是指导，物业管理开展具体的工作。在工作中，比较重要的是权责分明，两者在小区中同时存在，必须明确相关单位的职责，只有这样才能避免一些问题的出现，诸如在工作上相互推诿。因此，居委会、物业服务企业和业主委员会要共享社区公共资源，权责分明，发挥社区对物业管理的指导协调作用及物业服务企业自身优势，以“和谐物业”作为切入点，使“和谐社区建设”与“和谐社会建设”有效结合，相互促进。

学习评价

本任务的学习评价主要是按照知识目标和能力目标的要求，判断通过本任务的学习是否能够完成正确处理社区管理与物业管理关系的工作任务，以便及时、系统、准确地把握重要的学习内容、学习方法、学习过程、学习效果和学习难点，从而解决学习过程中存在的问题。

教学探讨

一、案例分析

张某最近搬进了万方社区，他发现该社区内，既有物业管理公司又有居委会，双方各发各的通知，各行各的权力，各收各的费，有些费用的名目还差不多，他真不知道这物业管理公司和居委会有什么关系。为何一个社区要同时有两个管家呢？

居委会与物业管理公司都是为居民提供便民利民服务的，那么到底谁是社区的管家呢？根据《城市居民委员会组织法》，居民委员会是居民自我管理、自我教育、自我服务的基层群众性自治组织。其任务除了上传下达、调解纠纷、维护小区治安和计划生育外，还可以兴办便民利民的社区服务事业。其所需费用，经居民会议讨论决定，可以根据自愿原则向居民筹集，也可以经收益单位同意向其筹集。收支账目应当及时公布，接受居民监督。《城市居民委员组织法》颁布于1989年底，当时居住区中尚未有物业管理公司，由居民选举产生的居委会成员便是当仁不让的小区管理者，那时开展爱国卫生运动、成立治保联防队伍以及每年的征兵工作都少不了居委会的功劳。

但是随着物业管理的发展，物业管理公司开始进驻到小区中，小区内原来的管理体制受到了不小的冲击。居委会除了协助政府行使一些管理职能外。许多服务性工作与物业管理公司形成了交叉，有时居民既要向物业管理公司交纳物业管理费，又要向居委会交卫生费、保安费等。在一个小区内，如何协调物业管理企业与居委会的关系呢？居民到底应该听谁的，该向谁交费呢？请问你作为物业管理人员，怎么看待这个问题？

分析： 事实上，物业管理企业与居委会只要在职能上划分清楚，界限分明，避免交叉，既有分工又有协作，是不难处理好各方关系的。在居住小区内，物业管理公司是小区专业管理的主体，全面负责房屋维修、环卫清扫、绿化养护、小区治安保卫等服务性工作。居委会则将主要精力转移到抓好小区内居民的宣传教育、民事纠纷调解、拥军优属、扶贫帮困、计划生育等工作上来，还居委会社区居民自我管理的本来面目。另外，政府从政策和奖金上保证新建小区建立居委会所需办公用房的落实，避免居委会与物业管理公司在这一问题上产生矛盾。这样，在利益上没有根本冲突的情况下，物业管理企业与街道办事处、居委会就会各司其职，各负其责，形成互相协调、互相补充的局面，共同管理好小区。

在居住小区，还有一个社会团体组织，即业主委员会。业主委员会主要行使选聘和解聘物业管理企业。监督物业管理经费收支情况，并审定物业管理企业提出的年度维修、管理计划，管理和使用好维修基金。现在，在许多新建小区里，居委会与业主委员会相结合，其成员有所交叉甚至完全重合。这样既可以避免双方意见冲突，也有利于行使对物业管理公司的监督职能，还有利于物业管理公司与居委会共同组办社区各项文化娱乐活动，丰富居民生活。

二、技能训练

某个寒冬凌晨，某居民小区的一幢老式砖木结构居民住宅由于户外电气故障而发生了火灾。大火烧毁了3户居民的全部家当，还殃及了另外19户居民. 使他们的家庭财产蒙受了不同程度的损失。当时正值一年一度的春节即将来临之际，火灾使受灾居民的正常生活受到了严重的影响。怎样才能让这些居民安心过年呢？社区干部急在心头。

上述案例中受灾居民面临的困难有哪些方面？为了帮助这些居民平稳过好年，社会工作者应采取哪些策略？

分析：（1）面临的问题：如何在家财尽毁的情况下，有安身之地，对抗严寒；怎样在最短时间内，置办起生活必需品；怎样从悲伤中重新走出来，用积极的心态迎接新年；如何重建家园，等等。

（2）采取的策略：运用社会工作研究方法，深入了解每家每户的不同问题和需求；运用个案或小组社会工作，帮助受灾居民走出阴影，树立乐观心态；动员社区居民伸出援手，捐款捐物，帮助他们渡过难关；运用社区工作方法，发现、挖掘、调动、整合社区内外资源，帮助居民们重修房屋。

拓展训练

某社区的公共场地常有乱贴乱涂的现象，而且在封闭的社区内，住宅楼内也有乱塞和乱贴搬家、装修、送餐、美容之类广告的现象，对此社区居民的意见很大。

如果你是该社区的居委会负责人或物业服务企业的经理，你该如何解决此类问题？

模块七　物业管理绩效评价和品牌创建

教学目标

● **知识目标：** 通过本模块的学习，应达到以下要求：

1. 了解物业管理绩效的评价类型、创建物业管理品牌的条件；
2. 熟悉物业管理品牌的构成要素、创建物业管理品牌需要做好的具体工作；
3. 掌握物业管理绩效的评价指标、评价标准、评价方法和物业管理品牌创建的流程。

● **能力目标：** 通过本模块的知识积累和实践操作，应培养以下基本技能和基本能力：

1. 能够看懂物业管理绩效评价报告的内容，可组织开展物业服务企业的绩效评价工作；
2. 能够制定物业管理品牌策划书；
3. 对物业管理行业品牌创建的最新动态具备较强的反应能力。

模块概述

本模块包括两个项目：一是物业管理绩效评价的指标与方法；二是物业管理品牌创建。

项目十八　物业管理绩效评价的指标与方法

项目概述

本项目主要介绍了物业服务企业绩效评价的类型、指标设计、标准和主要方法。本项目包括物业管理绩效评价指标和物业管理绩效评价方法两项任务。

任务一　物业管理绩效评价指标

任务描述

某物业服务企业将要对该公司某年度物业管理的工作情况进行绩效评价，该企业管理人员张某将负责公司物业管理绩效评价指标的设计工作。

任务分析

本任务要求清楚物业管理绩效评价的类型，明确物业管理绩效评价指标的设计，能够运用定性与定量的评价标准对本企业物业管理绩效进行科学和客观的评价。

相关知识

一、物业服务企业绩效评价的类型

不同的绩效评价具有不同的评价目的和评价工作实施主体。针对物业管理活动的性质和特点，物业管理绩效评价类型主要有以下三类：

1. 政府评价

政府评价是政府相关部门根据对企业监督、奖惩或财务分析的需要等，对国有独资企业或国家控股的企业进行绩效评价。对物业管理来说，通常这类企业是国有独资企业或国家控股的企业集团的下属物业服务子企业。

2. 企业集团的内部评价

企业集团内部评价是在特定的物业管理绩效评价对象范围内开展自我评价。进行企业内部评价可提高企业经济效益、推动子企业改制或制定企业的改革与发展，让企业更清楚地了解自身的经营状况、管理服务水平。通过与同行业同类型物业服务企业的评价结果进行比较，还能够认识自己的位置和与同行的差距，从而进行改进和完善，这对企业提高经营管理水平、提升发展能力有很大的促进作用。

3. 社会评价

社会评价是指企业出资人、债权人、中小股东或社会中介机构等为获得企业经营的真实情况，提高投资效益，加强企业的社会监管而组织开展的评价行为。其评价范围包括企业出资人、债权人及利益相关者。这种评价根据国家有关规定和评价需要自行解决，并由社会组织实施。

二、物业管理绩效评价的指标设计

评价指标是企业绩效评价内容的载体，也是企业绩效评价内容的外在表现，它围绕着物业服务企业绩效的几个部分，建立逻辑严密、相互联系、互为补充的体系结构。企业的评价指标按照数量化的程度可以分为计量指标和非计量指标。计量指标较为具体、直观，评价时有明确的实际数值和可供参考的标准值，评价结果表现为具体的分数，对企业所作的评价结论直接、明确，给外界的印象清晰。非计量指标即是人们通常说的定性指标，一般采用基本概念、属性特征、通行惯例等对被评价对象的某一方面进行语言描述和分析判断，达到剖析问题和解决问题的目的。

1. 物业管理绩效评价基本指标

基本指标是评价物业管理绩效的最基础指标，是整个绩效评价指标体系的核心。通常

主要基本指标内容如下：

（1）财务获利状况指标。

1）总资产报酬率。总资产报酬率又称资产所得率，是指企业一定时期内获得的报酬总额与资产平均总额的比率。它表示企业包括净资产和负债在内的全部资产的总体获利能力，用以评价企业运用全部资产的总体获利能力，是评价企业资产运营效益的重要指标。总资产报酬率反映了企业的获利能力和投入产出状况。通过对该指标的深入分析，可以增强各方面对企业资产经营的关注，促进企业提高单位资产的收益水平。

2）资产收益率。资产收益率又称股东权益收益率，是净利润与平均净资产的百分比。该指标用以衡量公司运用自有资本的效率，指标值越高，说明投资带来的收益越高。

（2）资产运营状况指标。

1）总资产周转率。总资产周转率是指企业在一定时期主营业务收入净额同平均资产总额的比率。总资产周转率是综合评价企业全部资产经营质量和利用效率的重要指标。通过该指标的对比分析，可以反映企业本年度以及以前年度总资产的运营效率和变化，发现企业与同类企业在资产利用上的差距，促进企业挖掘潜力、积极创收、提高产品市场占有率，提高资产利用效率，一般情况下，该数值越高，表明企业总资产周转速度越快，销售能力越强，资产利用效率越高。

2）流动资产周转率。流动资产周转率是指企业一定时期内主营业务收入净额同平均流动资产总额的比率，流动资产周转率是评价企业资产利用率的另一重要指标。

（3）偿债能力状况指标。

1）资产负债率。资产负债率是负债总额除以资产总额的百分比，也就是负债总额与资产总额的比例关系。资产负债率反映在总资产中有多大比例是通过借债来筹资的，也可以衡量企业在清算时保护债权人利益的程度。该指标是衡量企业负债偿还能力和经营风险的重要指标，一般经验认为不高于50%，国际上一般公认为60%比较好。

2）利息保障倍数。利息保障倍数又称已获利息倍数，是指企业生产经营所获得的息税前利润与利息费用的比率（企业息税前利润与利息费用之比）。它是衡量企业支付负债利息能力的指标（用以衡量偿付借款利息的能力）。企业生产经营所获得的息税前利润与利息费用相比，倍数越大，说明企业支付利息费用的能力越强。

（4）发展能力状况指标。

1）营业增长率。营业增长率是企业本年营业收入增长额与上年营业收入总额的比率，反映营业收入的增减变动情况。营业增长率是衡量企业经营状况和市场占有能力，预测企业经营业务拓展趋势的重要指标。该指标反映了企业营业收入的成长状况及发展能力，指标值越大，营业收入的增长幅度越大，企业的前景越好。

2）资本积累率。资本积累率即股东权益增长率，是指企业本年所有者权益增长额同年初所有者权益的比率。资本积累的高低体现了企业资本积累情况，反映了投资者投入企业资本的保全性和增长性。资本积累率表示企业当年资本的积累能力，是评价企业发展潜力的重要指标。

2. 物业管理绩效评价修正指标

修正指标是从多方面调整完善基本指标评价结果的计量因素，是用来对基本指标进行校正的重要辅助指标，它是绩效评价指标体系的第二层次，其主要内容有以下几种：

（1）财务效益状况修正指标。

1）成本费用利润率是企业一定期间的利润总额与成本、费用总额的比率。成本费用利润率指标表明每付出一元成本费用可获得多少利润，体现了经营耗费所带来的经营成果。该项指标越高，反映企业的经济效益越好。

2）主营业务利润率是指企业一定时期主营业务利润同主营业务收入净额的比率。它表明企业每单位主营业务收入能带来多少主营业务利润，反映了企业主营业务的获利能力，是评价企业经营效益的主要指标。该指标反映公司的主营业务获利水平，只有当公司主营业务突出，即主营业务利润率较高的情况下，才能在竞争中占据优势地位。主营业务利润率是主营业务利润与主营业务收入的百分比。

3）盈余现金保障倍数是指企业一定时期经营现金净流量同净利润的比值，反映了企业当期净利润中现金收益的保障程度和企业的盈余质量。盈余现金保障倍数从现金流入和流出的动态角度，对企业收益的质量进行评价，对企业的实际收益能力再一次修正。

（2）资产营运状况修正指标。

1）应收账款周转率。企业的应收账款在流动资产中具有举足轻重的地位，应收账款如能及时收回，资金的使用效率就能大幅提高。应收账款周转率就是反映企业应收账款周转速度的比率。它说明一定期间内企业应收账款转为现金的平均次数。

2）不良资产率是指不良资产占全部资产的比率，它是从企业资产管理角度对企业资产营运状况进行的修正。这一指标表现了企业在资产管理和使用中存在的问题。

3）资产损失率。资产损失率是指企业一定时期待处理资产损失净额占资产总额的比重。资产损失率用来分析判断企业资产损失对资产营运状况的直接影响，表明了企业资产损失的严重程度，从企业资产质量角度揭示了企业的管理状况。

（3）偿债能力状况修正指标。

1）流动比率是指企业一定时期流动资产同流动负债的比率。流动比率衡量企业短期债务偿还能力，反映了企业偿债能力的强弱。应注意的是，流动比率高的企业并不代表偿还短期债务的能力就很强，因为流动资产之中虽然现金、有价证券、应收账款变现能力很强，但是存货、待摊费用等也属于流动资产的项目则变现时间较长，特别是存货很可能发生积压、滞销、残次等情况，流动性较差。

2）速动比率即企业速动资产与流动负债的比率。速动资产包括货币资金、短期投资、应收票据、应收账款、其他应收款项等。而流动资产中存货、预付账款、待摊费用等则不应计入速动资产。

3）现金流动负债比率是企业一定时期的经营现金净流量同流动负债的比率。它可以从现金流量角度来反映企业当期偿付短期负债的能力，反映本期经营活动所产生的现金净流量足以抵付流动负债的倍数。

4）长期资产适合率是企业所有者权益和长期负债之和与固定资产与长期投资之和的比率。该比率从企业资源配置结构方面反映了企业的偿债能力。

(4) 发展能力状况修正指标。

1）总资产增长率是企业本年总资产增长额同年初资产总额的比率，反映企业本期资产规模的增长情况。总资产增长率越高，表明企业一定时期内资产经营规模扩张的速度越快。但在分析时，需要关注资产规模扩张的质和量的关系，以及企业的后续发展能力，避免盲目扩张。

2）三年利润平均增长率是表明企业利润的连续三年增长情况，能够反映企业的利润增长趋势和效益稳定程度，较好体现企业的发展状况和发展能力。

3. 物业管理服务质量指标评价体系

(1) 物业维护管理质量指标。

物业维护管理质量指标是反映物业服务企业对物业维护质量的指标，例如对小区物业维修、保养和管理。其具体指标有：

1）物业完好率。物业完好率越高，说明物业维修、保养越好，这一指标直接衡量物业管理的好坏。具体可细分为房屋完好率、附属设备完好率、配套设施完好率等三个指标。

2）维修及时率。维修及时率越高，说明企业的服务效率越高，这一指标可以反映房屋、附属设备及配套设施的维修效率。

3）维修合格率。维修合格率越高，说明企业的服务质量越高，这一指标反映了维修的质量。

(2) 社区环境指标。

1）安全环境指标。这一指标反映物业服务企业保安工作质量的质量和效率。可具体细分为交通事故率、火灾事故率和案件发生率等三个指标。

2）绿化环境指标。这一指标反映社区内花草树木绿地培植等绿化环境的好坏。可具体细分为绿化覆盖率、人均绿化面积、绿化完好率、绿化设计水平和环境绿化率等五个指标。指标越高，则说明企业绿化与养护工作做得越好。

3）卫生环境指标。这一指标反映环境卫生工作的好坏。这类指标主要有清扫保洁率。该指标越高，说明物业企业环境卫生工作做得越好。

4）文化娱乐环境指标。这一指标反映社区内文化娱乐生活的组织和管理。这类指标主要有文化活动组织率。该指标越高，说明社区内文化娱乐活动开展得越好。

5）综合环境指标。这一指标综合反映社区环境效益的高低。主要通过对物业的整体完好整洁、环境优美、秩序良好、安全无隐患等指标进行综合分析得出。

（3）综合服务质量指标。

综合服务质量指标能够全面反映物业服务企业的管理质量和管理水平。具体指标有：

1）业主评议满意率。使业主感到满意是物业服务企业一切服务工作的最终目的。这一指标在衡量物业管理质量的好坏上十分重要，指标越高，说明物业服务企业的各方面做得越好，赢得顾客好评。

2）业主投诉率。业主投诉率的大小可以从侧面反映业主对物业服务企业服务质量的评价。该指标越低说明服务质量越高。

3）物业保值增值率。物业保值增值率是指一定时期的期末物业总价值与期初物业总价值之比。只有企业对物业的养护、检修以及对物业内的整体环境营造服务质量高时，物业才能保值增值，因此这一指标是反映物业管理质量的综合性指标。该指标越高，说明物业服务企业各方面的服务工作做得越好。

4）物业档案完备率。物业档案资料齐全、管理有序，查找使用时更加方便，则说明物业服务企业对物业产权产籍管理良好，因此它是反映对物业产权产籍管理好坏的指标。

4. 创新和学习能力评价指标

（1）智力资本价值比率。它是指企业总资产中无形资产和人力资源价值所占的比重。现在的经济是知识经济和信息经济，因此智力资本在企业中发挥的作用越来越重要。如果一个物业服务企业拥有在物业管理领域的专家或高水平的管理人才、高素质的企业员工，这个企业的竞争力和发展力将大大加强。

（2）专业人员配置率。它是指物业服务企业各类专业管理人员与全体员工的比例，反映企业的经营管理水平。

（3）员工议案增长率。它是指一定评议期内企业员工向企业提交各种合理化议案的数量与上一期相比的增长率。这一指标越高，则说明企业的民主管理意识越高，员工参与企业发展的意识越强，这样的企业具有长远的发展能力。

（4）员工培训增长率。它是指一定时期内企业员工接受各种培训的总人数与上一评价期相比的增长率。它反映了企业对人力资源的管理理念和未来的发展潜力。

（5）员工满意程度。物业服务企业的服务质量不仅要获得外部顾客的认可，还应使企业内部的员工满意。员工可以说是企业的内部顾客，只有精神饱满、爱岗敬业的员工才能积极主动地做好服务工作，为企业的发展做出贡献。满意程度高的员工也能够全心全意为业主提供优质、周到的服务，因此这一指标是本类评价指标中最重要的指标之一，从侧面体现了企业领导管理水平的高低和企业凝聚力的大小。

（6）员工文化素质率。它是指具有某文化程度以上员工人数占全体在职员工的比率。它说明了企业员工受教育的层次，反映了企业及其员工的竞争实力。计算公式为：

员工文化素质率＝具有某种文化程度以上的员工数量/在职员工数量

（7）员工违纪率。它是指员工一定时期内违纪数量与上一期违纪数量的比率。该指标越低，说明员工敬业爱岗、遵纪守法，责任意识高，从而能推动企业的管理水平和物业服务水平不断提高。

不同的指标对于企业绩效的影响程度是不同的。在绩效评价时应当根据各指标的重要程度对不同的指标赋予不同的权数。如果是多层次的评价系统，还应对上述几类评价指标分层次设定权数。指标计分系统的设计应当规范、简明。

三、相关法律法规知识

在完成本任务时，为了使物业管理绩效的评价更加科学和客观，应加强对《公司法》、《经济法》、《物权法》、《物业管理条例》、《会计法》等相关法律法规知识的学习。

任务实施

通过学习本任务的知识，结合财务管理中绩效评价指标的相关知识以及人力资源绩效考核中的有关内容，依据物业服务企业的数据资料设计绩效评价的各项指标。指标的设计既要遵循一定的规则又要结合企业的实际情况。绩效评价系统及其指标的设计代表着企业激励的方向，两者的结合才能有效实现企业发展战略目标。

学习评价

本任务的学习评价主要是按照知识目标和能力目标的要求，判断通过本任务的学习是否能够完成企业物业管理绩效评价的指标设计任务，以便及时、系统、准确地把握重要的学习内容、学习方法、学习过程、学习效果和学习难点，从而解决学习过程中存在的问题。

教学探讨

一、案例分析

L物业管理公司是一家已经成立并发展了五年的物业服务企业，公司高层意识到需要一种先进的系统的绩效考核理论和方法再塑企业绩效考核体系。经过对现有的企业绩效管理理念及方法进行比较后，L公司高层使用了平衡计分卡于绩效管理系统中，其具体步骤如下：

（1）前期准备。①L公司建立一个以总经理为组长，其他主要高层领导为成员的平衡计分卡推进团队，并且要保证这个团队对于平衡计分卡运用于绩效管理强有力的推动力；②对公司内部组织进行前期调查，重点了解公司全体员工对战略及绩效管理的认识、了解和接受的程度，并掌握目前绩效管理实施状况；③考核小组要组织做好宣传、培训和学习工作。通过动员大会、网站宣传、培训、发放文字材料等形式，尽可能让公司员工掌握平衡计分卡方法和原理；④搜集平衡计分卡绩效管理系统建设过程中所需的材料。

（2）制定企业战略，构建战略图。L公司描绘出了公司战略图，也就是从平衡计分卡的四个角度确定战略目标。①财务方面：L公司处于保持期，在市场占有率方面考虑更多的是如何维持，主要关注的战略目标是企业获利能力，投入产出的最大化，财务维度目标是平衡计分卡“结果性”目标；②顾客方面：L公司要进行市场区域结构调整，获得新的服务市场，需要提高新顾客对企业的认知，同时要保持现有顾客对企业的价值主张，保证现有客户的满意度、利润率及保持率等战略目标，才能不断提高企业获利能力；③内部营运方面：L公司要实现企业日常运营流程，提升客户综合服务能力、深化创新能力，进一步扩大顾客满意率；④学习与成长方面：L公司要实现具有成长潜力和可持续发展能力的战略，员工满意度与成长、信息系统、企业制度与文化的战略目标都非常重要。

（3）确定考核指标，编制企业平衡计分卡。具体方法是：第一步要从战略目标中提炼，第二步则要结合流程分析的结果，找出与战略直接关联的流程绩效指标。L公司结合企业实际情况设置了财务、市场、内部营运及学习与成长4个维度上的考核指标（见表7—1）。

表7—1　　L公司平衡计分卡指标

维度	目标	指标
财务	收入增加、降低成本、资产利用	资产收益率、成本费用利用率、总资产周转率
市场	新客户获得率、市场占有率、顾客满意度	新签合同增长率、客户获得率、顾客满意度
内部运营	日常运营流程优化、创新能力、服务质量	物业完好率与维修及时率、智力资本价值比、顾客评议满意率
学习与成长	员工满意及成长、信息系统建设、企业制度与文化	员工满意度、员工培训率、企业制度与文化建成率

（4）将公司平衡计分卡连接部门与个人。只有将平衡计分卡最终需要落实到部门与个人，才能确保公司绩效管理的顺利实施。部门平衡计分卡目标、指标来自于公司层面指标体系的分解，分解的依据为部门使命及部门职能，同时要进行部门需求分析设置指标以保证与其他部门的横向协调；通过分解部门平衡计分卡目标、指标体系，以员工的岗位职责为依据，得到员工个人平衡计分卡考核指标，当然，员工的计分卡指标也需要与员工的成长发展需要相联系。绩效辅导、跟踪与反馈作为绩效管理的重要环节，绩效辅导、跟踪与反馈是通过持续的、动态的、双向的交流，真正达到企业、部门与个人绩效不断提高的过程。平衡计分卡目标与指标的设置其实就是绩效辅导的过程，通过双向交流、沟通使部门和个人对企业战略达成共识，并且将绩效考核的结果反馈给被考核单位或个人，让被考核

者在认识到自身绩效存在的问题后，改进并提高工作绩效。试分析L公司使用平衡计分卡运用于绩效管理系统的成功之处。

分析： 通过上述以L公司为例，分析平衡计分卡在绩效管理中的应用，可以看到其是有积极意义的，不仅能帮助整个公司提高对公司战略的认知，逐层推导指标加强战略的驱动力，还能改善公司的内部运营，选择那些能直接驱动内部营运的主要方面作为绩效控制点。但在实际应用中，必须清楚认识到，平衡计分卡存在的局限性如一些指标难以量化考核等问题也影响了绩效管理作用的发挥。企业要想用平衡计分卡开发出与企业战略紧密联系、有利于企业发展的绩效评价系统，还需要不断进行补充和更新，才能使组织绩效得到显著提高。

二、技能训练

由于管理人员不可控因素的存在，必须区分公司的业绩和公司管理人员的业绩。评价管理人员业绩的目的是为了更好地激励他们。在制定评价标准时，必须考虑被评价的管理人员会做出如何反应，例如，如果以目前的收益水平作为评价管理人员业绩的标准，就会导致管理人员的短期行为，尤其是在管理人员更换频繁的情况下。这种短期行为的具体表现为削减研究与开发经费、不重视职工培训等等。仅仅根据公司当年的投资收益率水平来评价管理人员的业绩同样会导致短期行为，他们可能不愿意及时更新设备，特别是通货膨胀率上升的时期。这是因为新投资会扩大投资基础，投资收益率会因此而降低。试问如何正确处理企业评价和管理者业绩评价的关系。

分析： 在进行业绩评价时，应该从管理人员能控制的方面着手，因为公司所取得的成就不仅与管理者的素质和付出的努力有关，而且还与当地的经营环境有关。另外，也不能把不能控制的经济事件造成的损失记在管理人员的账上。因此，应尽量把管理人员的业绩与公司的业绩区分开来。设计管理人员业绩评价系统的一个重要目标是激励他们为实现整个公司的目标而努力。所以，在进行业绩评价时不应以公司的利润率或投资收益率为标准，因为它们都会受到难以控制的因素的影响。通常更适用的方法是把实际结果与预算数字进行比较。同时要检验公司的收入和成本是否可能受到外部经济因素、经营战略和管理决策的影响。评价成功的关键是预算数字的可靠性。在评价公司管理人员业绩时，还应考虑那些不明显的因素。

任务二　物业管理绩效评价方法

任务描述

某物业服务企业将要对该公司某年度物业管理的工作情况进行绩效评价，管理人员张某将负责公司物业管理绩效评价方法的构建工作。

任务分析

本任务要求明确物业管理绩效评价的标准，能够运用功效系数法和综合分析法等方法对企业物业管理绩效进行评价，从而科学、客观地判断企业的绩效状况，为物业服务企业的长远发展总结经验教训和制定规划提供依据。

相关知识

一、物业管理绩效评价的评价标准

物业管理绩效评价标准包括定量标准和定性标准两类。

1. 定量指标评价标准

定量指标评价标准包含基本指标和修正指标的标准计算值，将标准值分为优秀值、良好值、平均值、较低值、较差值五个档次，分别表示优、良、中、低、差五种水平。其中优秀值表示行业最高水平；良好值表示行业较高水平；平均值表示行业总体平均水平；较低值表示行业较低水平；较差值表示行业的最低水平。

2. 定性指标评价标准

定性指标评议标准是用来对企业进行定性评价时所采用的评判标准，具体用于对评议指标进行综合分析和评定分数。评议参考标准和评议指标一一对应，将每项评议指标分解为具体的内容，通过详细的文字进行描述，规定各项指标各个级别的边界，评议人员可以据此正确判断企业各项评议指标达到的水平。定性指标参考评价标准，从高到低分为 A、B、C、D、E 五个等级。其中 A 表示优秀水平；B 表示良好水平；C 表示一般水平；D 表示较低水平；E 表示较差水平。

二、物业管理绩效评价的主要方法

物业管理绩效评价的主要方法是功效系数法，用于计量指标的评价计分；辅助方法是综合分析判断法，用于评议指标的评价计分。企业绩效评价之所以以功效系数法为主，以综合分析判断法为辅，是因为功效系数法作为一种定量评价的方法，具有规范和不受各种主观因素干扰等特征，能够通过精确的计量模型，比较客观、公正地判断出企业绩效的状况。但是，无论多么完善的计算模型都不能全面反映事物的所有特征及其不断的发展变化，所以，需要用定性评价来对定量评价的局限性进行补充。由于定性评价容易受到人的主观意志，即评价人员的学识、经验、品德等方面的影响，难以做到完全客观，而且评价的成本很高，所以，综合分析判断法只能作为功效系数法的补充，弥补定量评价的不足。

1. 功效系数法

功效系数法又叫功效函数法，它是根据多目标规划原理，对每一项评价指标确定一个满意值和不允许值，以满意值为上限，以不允许值为下限. 计算各指标实现满意值的程度，并以此确定各指标的分数，再经过加权平均进行综合，从而评价被研究对象的综合状况。运用功效系数法进行业绩评价，企业中不同的业绩因素得以综合，包括财务的和非财务的、定向的和非定量的。计算公式为：

$$单项指标得分=基础分+\sum_{i=1}^{n}E_i\times(上档基分-本档基分)$$

$$功效系数=\frac{E}{S}$$

(1) 基本指标的计分方法。

主要依据评价指标的实际值对照相应的标准值，运用功效系数法计算各项指标实际得分。单项基本指标计分计算公式为：

$$基本指标总得分=\sum 单项指标得分$$

$$单项指标得分=本档基分+调整分$$

$$调整分=\frac{指标实际值-本档标准值}{上档标准值-本档标准值}\times(上档基分-本档基分)$$

$$上档基分=指标权数\times上档标准系数$$

在每一部分指标评价分数计算出来后，要计算该部分指标的分析系数。分析系数是指企业财务效益、资产运营、偿债能力、发展能力四部分评价内容各自的评价分数属于该部分权数的比率。

(2) 具体操作过程。

1) 设置五档标准值。各指标评价档次分别为优（A)、良（B)、中（C)、低（D)、差（E）五档。

2) 对应五档标准值赋予五个标准系数：1、0.8、0.6、0.4、0.2。

3) 按以下方法对每个指标计分：

①上档基分=指标权数×上档标准系数；

②本档基分=指标权数×本档标准系数；

③调整分=(实际值－本档标准值)/(上档标准值－本档标准值)×(上档基分－本档基分)；

④单项指标得分=本档基分+调整分。

4) 总得分 $=\sum$ 单项指标得分。

2. 综合分析判断法

综合分析判断法属于定性评价方法，又称隶属度赋值法，它是指评价人员按照评价工作制度的规定，本着独立、客观、公正的原则，利用其已有的知识、经验和分析判断能力，参照评价参考标准，对企业绩效评价指标体系中评议指标所反映的内容及其他相关因素进行广泛、深入的分析研究，并以此形成评判意见，然后对评价人员意见进行综合，形成对评价对象全部情况的总体判断。

综合分析判断法的具体步骤是：

(1) 根据评价要求，运用评议指标对影响物业管理绩效的相关非计量因素进行深入分析。

（2）根据确定的评价因子内容，做出对企业经营状况的定性分析与判断。

（3）根据评议所考核的内容，由不少于5名评议专家，依据评价参考标准判定指标达到的等级，并计算评议指标得分，具体做法是：①由评议专家以综合分析判断的方式确定各项评议指标应取等级，确定每个等级对应的阐述；②将每位评议人员对指标的评分加总，再除以评议者人数，得到各项指标的最终分数；③按照以下公式计算每项指标得分：

$$\text{单项指标分数}=\frac{\sum(\text{单项指标权数}\times\text{每位评议人员选定的等级参数})}{\text{参加评议的人员总数}}$$

（4）计算评议指标所得的总分。

三、相关法律法规知识

在完成本任务时，为了使物业管理绩效的评价更加科学和客观，应加强对《公司法》、《经济法》、《物权法》、《物业管理条例》、《会计法》等相关法律法规知识的学习。

任务实施

在组织开展绩效评价工作时，准备工作中除需要制定完善的评价工作方案外，还需要准备一些基础资料，主要有待评价企业资料清单、调查问卷和征询函等。其中应注意：（1）拟定收集资料的清单要针对绩效评价所需要数据和评议所需资料进行设计，尽可能以表格的方式反映；（2）问卷需要根据评价目的针对评议事项进行设计，同时要反映评价对象的具体特征；（3）按照企业绩效评价的要求，对于被评价企业内部发生的重大事故，要作为影响企业绩效的重要因素酌情调减评价分值。

学习评价

本任务的学习评价主要是按照知识目标和能力目标的要求，判断通过本任务的学习是否能够完成物业服务企业绩效评价方法的构建任务，以便及时、系统、准确地把握重要的学习内容、学习方法、学习过程、学习效果和学习难点，从而解决学习过程中存在的问题。

教学探讨

一、案例分析

A物业管理公司于2006年2月份开始，推出了新的绩效考评方案。考评方案没有充分征求办事处各业务部门的意见即推出，但同时决定采取一边考核，一边完善考核的方法。由于各个业务部门的工作不相同，公司根据每个业务部门的情况制订了部门考核细表。

考评的内容包括项目考核和能力考核两大类，其中每个方面在细分为各相关指标及其标准要求。以6月份员工业绩考核表为例，能力行为指标包括：工作效果、团队合作、工作表现、工作技能、责任意识、服务意识、内部协作。在各项指标下拟定标准，如工作效果的标准要求是“准确把握客户需求，能按业务流程和作业规范要求，独立、按时、按质完成任务”。评价采用分数和等级相结合划分等级来确定业绩优劣的办法，各项目按分数值划分为卓越、优良、一般、不足等几个等级，而总体则分为优秀、良好、较好、合格、不足五个等级。分考评实行打分考评，分为个人自评、部门主要负责人评价和业主评价几个部分。评价程序是先由个人自评，然后由直接上级考评。业主的考评因情况复杂，具体执行难度较大，所以经常由同事替代业主进行评价。考核表在各业务员工填完后交到人力行政部，人力行政部按照员工的评分情况再交到财务部，财务部根据各人分数确定奖罚金额。成绩优劣是跟奖罚金挂钩的，这是对员工考评进而鞭策或激励员工的一个常规方式。就奖罚金来说，员工的奖罚金来源是，业绩考评成绩差而被罚者的罚金充作业绩优者的奖金，被罚或受奖按月薪的5%～10%计算。

A公司的员工新考核方案的实行只进行了两个季度，施行的时间很短，按照员工小李的说法是“几乎没有真正实行”，这是为什么呢？主要原因是员工抱怨多，不满意考核结果，考核结果没有多大成效。可见考核方案问题较多，效果并不大。

A公司亲历考核方案虽有促进作用，但问题更为明显。考核方案公布后，公司上下员工们都唯恐被罚，更希望获得奖金，所以工作较前积极认真，工作任务完成质量也较以前要好。一时整个管理处工作顺畅，运转高效，员工工作富有成效。但是，考评方案的实施没有更好地促进员工团结，反而对团队建设有所伤害。考评方案实施两三个月后，员工们发现考评存在较严重的不公正问题，这使得他们之间的关系趋于敏感紧张。首先，由于员工的最终的业绩考评成绩是由各业务部门评出来的，在部门相比之间，有些部门评分偏高，有些部门评分偏低，而人力部门和财务部门也不再重新调整，这样，评分偏低的部门的员工受罚的几率就大些，造成有些部门被罚的多，有些部门按照评分则没有一个被罚的现象。业务部门之间就有了某种对立。其次，考评方法不科学，难以做到公正。考评成绩中的业主评价由同事替代业主进行，同事间的评分则更多是凭印象和亲疏关系打分，并非完全真正根据业绩评价，因此同事间的关系突然变得紧张、敏感而不再那么融洽。而在有些部门中部分员工由于就对业务不够熟悉，工作中难免会有较多的不足之处，评分往往就是比较低，这样就出现了“总是那几个人轮流受到处罚”的现象。不仅如此，经过两三个月的考评后，虽然考评方法也更多地充实了各部门的意见，不断修改完善，但修改需要一定的时间。员工们发现，每个月要罚3个人，几次考评下来总共会被处罚的也就10人左右，形成的“总是那几个人轮流受到处罚”的情况并没有真正改变，而“管理层的人员无论工作业绩好坏，他们的名字都不会在被罚的名单中”。员工有怨言，产生抵触情绪，工作积极性受挫。就罚金来说，由于获奖者的奖金源自于被罚者的罚金，获奖者和被罚者相互间内心都有些不太自在。在整个办事处团队建设方面，考评方案更多的是起到消极的作用。而新的考评方法出台之后，管理处上下同事间的关系变得越来越敏感紧张，有些本来就有跳槽打算的员工对这样的考评感到失望，决定离开管理处另谋高就。同时，员工产生考评挫败心理也不利于今后顺利实施新的考评方案。事实上，本次考评方案难以持续而中止，给整个公司的管理工作增加了难度，这个难度就源于绩效考评失败引起的人心的问题。

分析： A公司的新考评方法只运行了6个月，就被叫停中止了，这是值得深思的事情。对于这个考评方法，我们可以总结出如下的问题：

（1）缺乏员工的积极响应和高层管理者的有力支持。这主要是考评方案的制订没有适当的征求员工的意见。高层管理者的支持和员工的支持都不可缺少。这是员工绩效考评的一个规律。而A公司新的考核方案是在没有充分向各业务部门员工征求具体的意见的情况下，由人力行政、财务部凭着对个业务部门有限的了解制订出来，而后虽经主要管理者的同意，算是获取了他们的支持，但只进行了简单的动员便推行。整个准备过程，员工的参与十分被动和有限，员工对考评的支持也就可想而知。正是在准备阶段，员工参与度不高，加上初步的考评方案中指存在的比较明显的问题，员工对新考评的响应便不是很积极，缺乏员工的积极响应和支持的考评，执行起来肯定会受到阻碍。

（2）评价指标不明确详细，可操作性不强，难以反映真正的业务成绩。评价指标体系的设计原则是全面、科学、可操作性强，以便全面真实地反映被评者的素质或业绩。而A公司新考评方案在考评项目划分、具体指标的描述上比较混乱、模糊。如考评表中“能力行为指标”应归于一级考评项目的“能力考核部分”，但在评价表格上没有突显出来，若不做说明就会被误以为是属于项目指标下的二级指标；“能力行为”下的“工作效果”和“工作表现”其实两者的区别并不大，或者存在包含关系。而具体指标的描述也比较含糊，如“工作技能”指标要求的是熟悉业务工作知识、技能，能独立完成本岗位的工作，愿意尝试有挑战性的工作任务。这些标准的描述比较简单、含糊，评分者很难根据这些标准给被评者打卓越、良好、一般还是不足。由于考评标准的含糊也就起不到真正作为根据的标准应有的作用。

（3）考评机制不够客观公正。公正客观的考评机制是获取员工认同、支持的前提，也是达到考评最终目的即考核和激励员工为本组织的发展积极发挥个人潜能的一个内在要求。但在A公司仍缺乏比较客观公正的考评机制。客户作为一项重要的考评目标，执行考评过程中却没真正让业主来评价，而由同事考评所替代；同事间互相监督或者考评也是一项考评全面客观的一个有效方法，但在该考评中并没有独立设置这个考评项；员工的上级考评除了直接主管考评外，还应要更高一层的管理者进行考评，但该考评中的上级考评却只简单的由本主管评分，这里存在内部自评不够客观之嫌；分部门进行考评后，应有一个高于部门的平衡部门间考评业绩的机制，但该考评却没有设置，形成的部门间业绩考评原则不一致导致的考评成绩不均衡无法得到解决，这是考评机制公正客观性不足的一个明显表现。另外，作为考评，不管作为管理者还是一般员工，不管是高层管理者还是底层管理者，都应该按规定进行考评，优奖劣罚，然而，在该考评中，管理者却不会因业绩优劣之如何被罚，这对于整个考评的奖罚规定说服力不足，也是缺乏公正的一个表现。

（4）考评方法没有完全考虑本组织的实际。绩效评价成功与否的一个关键是是否选用适合本公司的考核方法。选用考核方法需要考虑到本公司的业务内容、管理理念、人员多少等因素。A公司的新考核方法中采用的360度考核法，虽做了变通，但设置的受罚人数占了总人数的百分之十左右，对于人数只有几十人的组织，这个比例已偏高，被罚面较广，这在很大程度上起到的是打击而不是激励员工的作用。

二、技能训练

根据Y物业管理有限公司2005年年度报告，运用上一个任务所学的公式计算该公司的各项基本指标和修正指标的得分（见表7—2和表7—3）。

表7—2

企业绩效评价基本指标计分表

项目及指标	指标实际值	本档标准值	上档标准值	本档标准系数	上档标准系数	功效系数	权数（%）	基本指标得分		小计	分析系数
								基分	调整分		
一、财务效益状况									23.16		
净资产收益率（%）	4.23	2.7	8.0	0.6	0.8	0.29	25	15	0.06	15.06	0.61
净资产收益率（%）	4.70	2.4	5.3	0.6	0.8	0.79	13	7.8	0.30	8.10	
二、资产营运状况										18	
总资产周转率（次）	2.38	0.9	0.9	1.0	1.0		9	9	0	9	1
流动资产周转率（次）	4.23	1.3	1.3	1.0	1.0		9	9	0	9	
三、偿债能力状况										20	
资产负债率（%）	10.67	46.9	46.9	1.0	1.0		12	12	0	12	1
已获利息倍数	484.43	4.8	4.8	1.0	1.0		8	8	0	8	
四、发展能力状况										12.4	
营业增长率（%）	7.91	3.9	15.6	0.6	0.8	0.34	12	7.2	0.14	7.34	
资本积累率（%）	−2.1	−7.5	1.3	0.4	0.6	0.85	12	4.8	0.26	5.06	0.52
合计							100			73.56	

表7—3

企业绩效评价修正指标计分表

项目及指标	指标实际值	本档标准值	上档标准值	本档标准系数	单项修正系数	指标权数	加权修正系数	综合修正系数	基本指标分数	修正后分数	分析系数
一、财务效益状况					0.61	38		0.94			
资本保值增值率（%）	97.9	96.4	101.2	0.4	0.85	12	0.27				
主营业务利润率（%）	11.6	8.8	16.4	0.4	0.86	8	0.18		23.16	21.91	0.58
盈余现金保障倍数	1.96	0.8	2.7	0.6	1.11	8	0.23				
成本费用利润率（%）	2.03	−6.5	2.1	0.4	0.99	10	0.26				
二、资产应允情况					1.0	18		0.94	18	16.94	0.09
存货周转率（次）	4.19	3.4	4.3	0.8	0.98	5	0.27				
应收账款周转率（%）	3.98	3.8	6.9	0.8	0.81	5	0.23				
不良资产比率（%）	0	0	0	1.0	1.00	8	0.44				
三、偿债能力状况					1.0	20		1.0	20	20	1.0
现金流动负债比率（%）	64.84	14.8	14.8	1.0	1.0	10	0.5				
速动比率（%）	411.03	119.6	119.6	1.0	1.0	10	0.5				
四、发展能力状况					0.52	24		0.93	12.4	11.6	0.48
三年资本平均增长率（%）	3.23	3.0	13.5	0.6	1.08	9	0.41				
三年销售平均增长率（%）	12.63	4.1	16.0	0.6	1.22	8	0.41				
技术投入比率（%）	0.002 3			0.3	0.39	7	0.11				
合计									73.56	70.38	

在计算过程中，本档标准值、上档标准值、本档标准系数和上档标准系数是根据实际值与行业标准值比较后确定的。行业标准值参照财政部等四部委公布的企业绩效评价标准值。与五档标准值对应有 5 个标准系数，其中优秀值为 1.0、良好值为 0.8、平均值为 0.6、较低值为 0.4、较差值为 0.2。实际值计算出来后，低于实际值的属于本档标准值，高于实际值的属于上档标准值，同时标准系数也确定出来了。

通过以上计算过程和结果，得出 Y 物业管理有限公司的基本指标总得分是 73.56，修正后总得分是 70.38。试分析这些数字意味着什么，公司的发展又是属于什么水平。

分析： 在基本指标得分的计算中可以看出，企业的各项指标都比较接近标准值，其调整分都很低，有的甚至为 0，这说明企业的业绩很好。修正指标的计算是在对基本指标的进一步修正中完善指标的得分。在基本指标中反映不出来的项目，可以在修正指标中得到体现。如企业所有者权益的增减变动对综合得分的影响，通过修正指标的计算过程，我们可以看到它的得分低于基本指标得分，这是因为修正指标中的各项实际值距离标准值有些偏差，但由于偏差较大的指标的权重较低，并没有对基本指标的得分产生重大的影响。这说明功效系数法评价出的结果具有很大的参考价值，如果它的结果与公司的实际发展相符，就证实了功效系数法是有效的。

拓展训练

绩效评价报告由封面、正文和附录三部分组成。其中，封面应写明评价对象和评价机构。正文的主要内容除了评价委托方、评价依据的数据资料来源、评价指标体系和方法、采用的评价标准值、评价责任、评价结果与结论外，还应包括对企业基本情况的描述、主要财务指标对比和影响因素分析、重要事项披露、企业未来发展状况的预测、企业经营中存在的问题和改进建议等内容。附录的内容包括对评价对象经营状况的详细分析报告，有关问题的说明，评价计分表，有关评价工作的基本文件和数据资料，评价工作人员名单等。

运用本项目所学知识，结合某一物业服务企业的资料，编制该公司的绩效评价报告。

项目十九　物业管理的品牌创建

项目概述

本项目的主要介绍了物业管理品牌的相关知识和我国创建物业管理品牌的基本情况，阐述了物业管理品牌的创建的基本思路、策略和创建物业管理品牌应强化的工作。本项目包括物业管理品牌的构成要素和物业管理品牌的创建过程两项任务。

任务一　物业管理品牌的构成要素

任务描述

李某是一家新成立的物业服务企业的管理人员，企业指派他负责企业品牌的创建工作，希望尽快树立本公司在业界内的口碑和品牌。为此，李某需要清楚物业管理品牌的构成要素及品牌创建的具体工作。

任务分析

本任务要求清楚物业管理品牌的构成要素，能够根据企业的实际情况树立创建物业管理品牌的理念，促进物业服务企业的长远发展。

相关知识

一、物业管理品牌

品牌是一个名称、名词、符号或设计，或者是它们的组合，其目的是识别某个销售者的产品或劳务，并使之同竞争对手的产品和劳务区别开来。物业管理品牌是指物业服务企业为了使自身在激烈的市场竞争中立于不败之地而创建的一系列由文字、标记、符号、图形、色彩等要素有机组合成的有别于其他物业服务企业的标志。物业管理品牌的支撑点是物业管理的服务品牌，物业服务企业品牌的产生主要依赖于物业服务企业提供的服务，也依赖于物业管理服务对象等方面的认可与评价。

1. 物业服务企业的品牌

物业服务企业品牌在当前社会上形成并公认主要看两方面因素：

（1）物业服务企业的知名度。物业服务企业的知名度是指一个物业服务企业被公众知道、了解的程度，在行业内或社会上影响的广度和深度，即评价品牌名气大小的客观尺度，它反映了物业服务企业在行业中和公众心目中的声誉和地位。

（2）物业服务企业的经营理念。所谓经营理念，是管理者追求企业绩效的根据，是顾客、竞争者以及职工价值观与正确经营行为的确认，然后在此基础上形成企业基本设想与科技优势、发展方向、共同信念和企业追求的经营目标。经营理念通常包含了物业服务企业的价值观、责任观、行为观和人才观，反映了企业与员工共同努力推进物业管理的社会效益、环境效益、经济效益的共同发展的理念。

2. 物业管理服务品牌

物业管理服务品牌通常是指物业服务企业在提供物业服务时能够做到以人为本，服务质量高，服务态度好，在业主心目中有很高的认可度。物业管理服务品牌内涵丰富，主要包括：物业管理服务的项目、收费标准、服务态度、质量及创新能力等构成。物业管理服务品牌是物业服务企业品牌的物质体现。

二、物业管理品牌的构成要素

1. 科学的管理

科学的管理就是提高工作效率，实现企业利润最大化。从管理学的角度讲，管理的基本要素包括管理环境、管理任务、管理组织、管理人员、管理过程、管理行为、管理战略、管理决策、管理信息、管理文化、管理艺术、管理效能和公共关系等方面。而这些管理的基本要素和基本内容，在物业服务企业可以概括为对物的管理和对人的管理两大方面。对物的管理是指房屋的维修管理、设备设施管理、绿化管理、环境卫生管理、安保管理、消防管理、公共服务、专项服务、特约服务，对人的管理则是物业服务企业的人力资源管理。只有科学的管理，才能不断提高物业服务企业的高信誉、服务的高品质。只有科学的管理，才能树立起企业的形象，并赢得产权人、使用人的认可。通过科学严格的管理，物业服务企业的各项管理指标和标准，才能达到国家规定的指标和标准。

2. 优质的服务

物业管理的服务包括公共服务、专项服务和特殊服务。这就决定了只有能提供优质服务的企业才能在业主心中获得知名度和信赖。争创品牌的每一个物业服务企业，都应当在服务手段、服务特色、服务体系方面用力气、下工夫，千方百计为产权人、使用人提供周到完美的服务。作为物业管理人究竟提供什么样的服务才是优质的服务呢？物业服务企业首先要不断地了解业主的需求，然后对业主的需求进行分析和策划之后再提供相应的服务。这个过程就是物业管理服务产品的设计、生产过程。一切以业主为中心，使业主感受到一种尊重与关爱，将被动式服务变为主动式服务。

3. 高素质的人才队伍

物业服务企业的竞争，归根到底是人才的竞争。人才是企业所有财富中具有决定意义、最为宝贵的财富，也是物业服务企业实施品牌发展战略因素中的核心。因此通过建立科学的人才培养、管理制度，为物业服务企业人才搭建良好的成长平台，使企业员工目标明确，并勇于在挑战中不断创新。通过各种方法组织、培养和引进物业管理的专业优秀人才，可将工作重点落实到重点岗位的人才培养上。关键岗位要持证上岗，对已经在第一线工作但缺乏专业知识的物业管理从业人员，要进行必要的技能培训，以适应物业管理行业发展的需要。培养员工的先进物业管理理念和企业价值观，最大限度地提供创业舞台，挖掘人的潜能，激发人的潜力，树立员工爱岗敬业、长期服务于企业的信心，使员工对企业有一种归属感，减少物业管理人员流动过快给企业带来的间接损失。注重人才，打造高素质的物业管理员工队伍是创建企业品牌的关键因素之一。

4. 独特的企业文化

企业发展需要处理好经营过程中所面临的各种关系，包括企业自身和社会利益、眼前利益和长远利益、企业利益和业主利益、企业利益和企业员工利益等等。采用什么样的指导思想和方法来处理好这些关系，就是一个企业的文化。也就是说物业服务企业文化是用来统一物业管理员工的价值观和行为，培养物业管理员工的专业素质和职业精神、提高物业服务企业的服务水平和服务质量，增强物业服务企业的凝聚力和竞争力。这就需要物业服务企业对内要培育自身的企业文化、对外要营造所在小区的社区文化。

5. 企业核心竞争力

物业服务企业的核心竞争力是指物业服务企业赖以生存和发展的关键要素，比如服务技术、服务技能和管理机制等。一个成功的企业必定有其核心能力，这种能力需要开发、培养、不断巩固以及更新与完善。物业服务企业要建立品牌的核心竞争力，就必须首先建立企业的竞争力。因此如何保持物业服务企业的竞争力就成了企业经营管理中的重要问题。物业服务企业所拥有的核心资源要有这样的特点：在任何物业管理市场都买不到；有相关的法律法规保护；资源本身与能力有互补性；具有组织性，不属于个体，有持续竞争力。

三、相关法律法规知识

在完成本任务时，为了使物业管理企业品牌创建工作更加规范有效，应加强对《公司法》、《物权法》、《物业管理条例》、《广告法》等相关法律法规知识的学习。

任务实施

在创建物业管理品牌之前，应首先清楚物业管理品牌、物业服务企业品牌和物业管理服务品牌三者之间的关系，而且要明确物业管理品牌的五大构成要素。同时，相关责任人还应清楚创建物业管理品牌的发展阶段并从中总结每阶段的特点和经验，从而为更好地开展物业管理品牌的创建奠定坚实的理论基础。

学习评价

本任务的学习评价主要是按照知识目标和能力目标的要求，判断通过本任务的学习是否能够完成企业物业管理品牌创建的任务，以便及时、系统、准确地把握重要的学习内容、学习方法、学习过程、学习效果和学习难点，从而解决学习过程中存在的问题。

教学探讨

一、案例分析

上海陆家嘴物业管理有限公司为国家首批物业管理资质一级企业。公司目前管理的物业面积已达到900万平方米，居上海物业管理企业之首。管理类型包括办公楼、别墅、公寓、普通住宅小区、酒店公寓、商场、学校、厂房及要素交易市场等。主要有浦东新区办公中心、金茂大厦钻石交易所、新国际博览中心、浦江观光隧道、光明中学、梧桐花园、众城大厦、嘉兴大厦、陆家嘴花园、明城花苑、“雅阁”别墅等。

公司坚持“陆家嘴物业让您更满意”的服务理念，奉行“100%业户第一”，在物业管理领域已形成一定规模，在社会上具有良好的声誉和社会知名度。特别是公司注意运用公共关系学的原理处理与业户之间的矛盾和冲突，取得良好的效果，创造了不少很好的案例。比如他们解决小区建筑外立面上的“球门架”现象就是一例。

由于上海所处的地理条件，居民的衣物是很难在户内晾干，特别是在江南一带特有的“梅雨”期间，气候暖湿，户内的衣物容易生霉，因此一般上海人都有“晒霉”的习惯，相当部分的居民往往在户外朝阳的窗口处搭建类似“球门架”的晾衣架。抬头望去，建筑物外立面上一个个“球门架”上飘扬着各式各样的衣物，形成一道独特的风景，很不雅观。但是依据有关规定，创建物业管理达标创优的楼盘，外墙立面不准遭人为破坏，包括业户不得擅自搭建晾衣架。对此，在具体管理时，不少物业公司为维护有关规定，不顾业户的生活需求，不准业户在墙外安装晾衣器具，或者强行拆除业户的晒衣架，这样导致业户与物业公司的纠纷，也出现了不少客户的投诉。

对于这一对矛盾，陆家嘴物业公司本着“100%业户第一”的服务宗旨，通过运用有效的公关手段，逐一与业户进行“推心置腹”的沟通和交流，取得了业户的理解，他们认为：居民晾晒衣物是生活的必需，不能强行制止。而加强管理，遵循法规也是物业管理企业的责任。必须两者兼顾。他们在小区光照充足的地方集中建造了统一漂亮的晒衣架，居民要晾晒衣被，只要通知管理处，他们立即派专人上门收取，待晒干后包装好送到居民家中。这一举措，通过一段时间的实践，受到了业户的高度赞扬，既满足了业户的生活需要，又解决了小区的环境问题。虽然管理人员增加了许多工作量，但从提升管理服务质量角度来看，还是非常值得的。在实施这一目标过程中，坚持：(1) 树立企业服务理念，端正业户服务态度。(2) 加强沟通，及时反馈，持续改进。(3) 实施“四个统一”(统一企业形象、统一员工培训、统一服务标准、统一督导检查)，提高服务质量。(4) 推行国际质量体系，实施优质服务规范。

试分析上海陆家嘴物业管理有限公司树立品牌的成功之处。

分析： 实践证明，通过勤勤恳恳、持之以恒的规范化服务，持续改进和提高服务质量，以赢得业户心理上的满足，最终就会取得业户的信任、理解、关心和支持，而良好的企业形象和品牌就在这样的过程中建立起来。

通过“球门架”案例的解决，陆家嘴物业公司认为，作为一个企业、一个员工，首先要充分认识服务的内涵，正确运用服务理念。这件事充分体现了上海陆家嘴物业管理有限公司的良好企业形象。

古人云：“感人心者，莫先乎情”。物业管理要想赢得业户的心就必须以诚待人，以情动人，如何提供富有人情味的服务，如何去吻合人们崇尚自然、注重生存环境的文化意识，成为物业管理人的共同话题。陆家嘴物业良好的品牌，正是他们把“使人民群众满意、使人民群众高兴、使人民群众放心”作为一切工作出发点和归宿点得来的。

二、技能训练

世界连锁超市巨头沃尔玛的员工工资不高，但员工少有自愿离职的，即使离职，也是高兴而来，满意而走，很少有不满和抱怨的。这是因为在沃尔玛的术语中，公司员工不被称为员工，而称为合伙人，公司良好的福利成为员工生活的保障；公司建立的终身培训机制不断提高员工素质，使员工与公司共成长；管理人员和员工之间也是良好的合伙关系，公司经理人员的纽扣刻着“我们关心我们的员工”字样；公司重视信息的沟通，提出并贯彻门户开放政策，即员工任何时间、地点只要有想法或者意见，都可以口头或者书面的形式与管理人员乃至于总裁进行沟通，并且不必担心受到报复。任何管理层人员如借门户开放政策实施打击报复，将会受到严厉的纪律处分甚至被解雇。这种政策的实施充分保证了员工的参与权，为沃尔玛人力资源管理的信息沟通打下了坚实的基础；而离职面谈制度可以确保每一位离职员工离职前有机会与公司管理层交流和沟通，从而能够了解到每一位同事离职的真实原因，有利于公司制定相应的人力资源策略。这个政策的实行不仅使员工流失率降低到最低程度，而且即使员工离职，仍会成为沃尔玛的一位忠实顾客。

某猎头公司为某企业招聘时，满以为凭借着该公司给予的优厚待遇，一定能不负该公司的期望，一方面自己可赚得一笔很高的中介费，另一方面也为该公司提供业内优秀的人才。然而，找了不下 10 个优秀的精英，可一提起要去的公司，精英们表现惊人一致，不问待遇，不问职位，只回答两字：“不去。”猎头公司开始满腹疑惑，继而恍然大悟，一定是那家企业有什么问题，使人望而生畏，后来果然打听到那个企业凝聚力非常差，老员工冷漠，新员工很久都进入不了公司的核心，即使进入核心也学会了冷漠无情，公司从高管到一般员工如走马灯似的换，难怪人家不去。一个行业圈子其实说大也大，说小也小，该公司的口碑实在是不好。

试分析“雇主品牌”对物业管理启示。

分析： 上述两个案例都反映了一个企业的关键特点，那就是近年越来越受物业服务企业关注的雇主品牌问题。有人说在竞争激烈的时代“创造良好的雇主品牌”是人力资源管理发展的最根本趋势，也是物业服务企业持续发展的动力。而伦敦商学院教授查尔斯·汉迪说：“今后，我们将不再‘寻找工作’，而是要‘寻找雇主’”。其实，雇主品牌是一种品牌人力学的新论，它是继企业形象品牌、产品品牌之后的第三种品牌，是以雇主为主体，以核心雇员为载体，以为雇员提供优质与特色服务为基础，旨在建立良好的雇主形象，提高雇主品牌在市场的知名度与美誉度，从而汇聚优秀人才提高企业核心竞争力的一种战略性品牌建设。

如同产品品牌一样，物业服务企业发展与推广雇主品牌策略同样至关重要，通过建立“雇主品牌”的四要素：People（识别战略对核心人才要求和驱动因素）、Product（提供满足目标人才需要的工作体验）、Position（定位雇主品牌）和 Promotion（雇主品牌推广），来研究目标人才的特征，识别驱动目标人才的关键因素，提炼出雇主品牌的关键诉求，并进行内外沟通，以迎合目标人才的独特需求。

雇主品牌建设是一个新型的品牌战略意识，铸造卓越的雇主品牌就是“通过品牌吸引你的员工”，促进物业服务企业形成最优秀的人才竞争机制。而在发展的过程中，企业如同航船，雇主如同舵手，员工如同船员，大海航行靠舵手。因为雇主品牌强调的是将个人品牌意识融入企业品牌建设中，并推行至企业内部每一个雇员的品牌竞争意识。所以说雇主品牌建设是一种动力，一种竞争力，更是一种生产力，是建设百年企业、建设品牌企业的内驱力，是企业面对惊涛骇浪产生无穷动力的关键，是企业取得硕果辉煌时能更上层楼的基石。

任务二　物业管理品牌的创建过程

任务描述

李某是一家新成立的物业服务企业的管理人员，企业指派他负责企业品牌的创建工作，希望尽快树立本公司在业界内的口碑和品牌。为此，李某需要明确物业管理品牌创建的过程。

任务分析

本任务的重点在于要求明确物业管理品牌创建的具体实施过程，能够清楚物业管理品牌的策划与宣传的思路和流程，能够制作物业管理品牌策划书，能够结合知名物业服务企业品牌创建模式和方法来创建企业自身品牌。

相关知识

一、创建物业管理品牌必备的条件

物业管理品牌至少具备以下三个条件：①政府主管部门的认定。主要从管理规模、财务状况、注册资本、物业类别、技术人员结构等硬指标方面进行界定，如物业管理资质的申报。②业内专家的认可。主要是业内专家对物业服务企业的在管项目，按照国家或权威主管部门制定的服务管理标准进行现场考评并得到公认，如省优、国优的创评。③业主的口碑，主要是物业服务企业向业主提供的服务，受到了业主的尊重、赞誉、认可，并以业主为媒介向外传播，从而得到社会上更多人的了解。

由此可见，物业管理品牌构成是：知名度＋美誉度＋业主的忠诚度。

二、创建物业管理品牌的流程

1. 树立品牌战略观念

品牌是品质的保证，一个优秀的品牌，蕴含着大量的信息。对消费者来说，这个品牌的物质载体是信得过的服务，能够实现客户的价值。品牌要传达的理念体现了品牌意义的延伸，使品牌能够表达企业对社会的关怀、对社会的奉献，以实现客户、社会价值为追求，从而体现自身的价值。品牌理念鲜明的企业能够征服客户，从而获得广大消费者的认

可。缺乏理念的品牌形象则是模糊的、不稳定的。格力的“好空调，格力造”、海尔的“真诚到永远”的理念给其品牌注入了生命力。通过创建一个理念鲜明的企业品牌，对外可以最大限度地提升企业的知名度、美誉度和忠诚度，对内在能激发广大员工的积极性、主动性和创造性，提高企业的凝聚力和向心力，为企业可持续发展提供坚实的保障。

2. 找准市场定位

市场定位是指企业根据竞争者现有产品在市场上所处的位置，针对顾客对该类产品某些特征或属性的重视程度，为本企业产品塑造与众不同的、给人印象鲜明的形象，并将这种形象生动地传递给顾客，从而使该产品在市场上确定适当的位置。物业服务企业在进行市场定位时，一方面要了解竞争对手的服务具有何种特色，另一方面要研究广大业主对物业服务的各种属性的重视程度，然后根据这两方面进行分析，再选定本公司服务的特色和品牌的独特形象。在找准定位的前提下，从在管项目中挑选有代表性的物业进行重点培育，同时抓好反馈改进工作。

3. 强化物业管理品牌的策划

物业管理品牌不是自己产生的，而是需要创建与打造的。为了使创建物业服务品牌深入人心，必须要认真地进行策划。其策划程序主要有以下几个阶段：①企业现状及目标分析；②进行行业调查；③品牌战略选择；④品牌策划；⑤品牌管理；⑥品牌推广与营销策略。

4. 加强物业管理品牌的宣传

要想提高物业管理品牌知名度，物业服务企业在进行了品牌形象策划设计后，还要对品牌进行适度的宣传，它可使广大业主（使用人）了解、认识、接受、选择物业管理品牌。物业管理行业具有自身的特点，物业管理品牌的宣传也有其操作需要侧重的地方。开展宣传时应注意以下几点：①宣传目标明确，做好经济分析；②突出企业的实力；③树立他人难以模仿的优势。

5. 实施创建物业管理品牌的策略

（1）提升服务质量，为品牌创建打好基础。

服务质量的提高除了物业硬件设施的完备，更重要的是物业服务企业的员工提升服务理念。服务理念的提升包括两方面：一是外在的工作流程、工作方法；二是内在的工作态度，即处理问题时灵活的思维和冷静的思考。首先，要创建品牌的物业服务企业的员工要把工作流程牢记在头脑中，相信自己并且实际能够熟练掌握工作技能，只有熟练掌握才能节省服务时间，提高效率，让业主体验到服务工作的快捷性。其次，工作态度决定一切，物业服务人员一定要摆正心态，时刻提醒自己牢记工作原则，处理任何事情要多为业主和使用人着想，提高这种意识，才能真正地提高自身素质、提高服务质量。物业服务人员要加强主动服务意识，对业主和使用人提出的问题要积极妥善处理。不断地进步，提供更好的服务，让广大业主见证公司的成长。深圳、上海之所以有一批物业服务企业率先成为国内物业管理市场中的佼佼者，这与他们提供良好的服务质量、在业主和行业中的良好口碑是分不开的。服务质量贯穿于品牌营造的始终，提升服务质量是创建物业管理品牌的物质基础和保证。

（2）发展企业规模。

没有规模经济，企业难以快速发展。企业的规模可以促进技术创新和服务质量提升，规模经济使得企业品牌的塑造成本大大下降。换言之，在市场竞争中，有品牌无规模，品牌无法保持与长足发展；有规模无品牌，规模经济也不可能实现。改革开放使我国的经济体制向着市场经济的方向发展、明确了品牌创建对企业的重要性，而国际国内市场的竞争是我们进一步认识到规模对品牌创建的重要作用。生产型企业的品牌离不开规模，服务型企业的品牌也是如此。即使是发展时间并不算长的中国物业管理行业，衡量品牌成功的标志也是规模。我国深圳已经出现了管理规模达 1 200 万平方米的企业，紧随其后的上海也已经有了管理规模达 400 万平方米的企业，这类企业的发展不仅为它们品牌营运的成功奠定了基础，也为其他物业服务企业的品牌营运和市场发展起到示范作用。

（3）注重人力资源。

物业管理品牌的竞争，一是要靠质量，质量是品牌的生命；二是靠资产规模，规模是品牌的基础。而企业要实现质量和规模，则要依靠一大批优秀的人才，品牌的竞争最终归结为人才的竞争。

物业管理需要的人才应具有以下特征：①物业服务企业需要专业过硬、技术能力出众的技术人才；②物业服务企业需要目光敏锐、适应市场变化的营销人才；③物业服务企业需要综合能力高的管理人才；④物业服务企业需要能够运筹帷幄、具有创新进取意识的领导人才。

三、相关法律法规知识

在完成本任务时，为了使物业管理企业品牌创建工作更加规范有效，应加强对《公司法》、《物权法》、《物业管理条例》、《广告法》等相关法律法规知识的学习。

任务实施

物业服务企业在实施创建品牌的任务时，应当积极开展以下活动：一是口碑流传。在各种宣传方式中，口碑流传虽然是最原始的，但对物业管理行业来说却仍然最有效力。潜在评价对象会将获得的信息再向外传达，实现宣传的乘数效应。二是情感认知。深圳熊谷物业举办的“2005 年信兴广场首届慈善登楼大赛”活动就是一个很好的例子。该活动不单单是一项竞赛活动，更是一项回馈社会、惠泽社群的活动。在该活动中共有千余人参赛并登上地王大厦，所募捐的善款全部投入“爱心助学阳光工程”。通过该活动，熊谷物业拉近了与业主们的关系。三是事件营销。物业管理企业要善于借助经营管理程中一些典型事件提高自己的知名度和美誉度。例如，在万科物业发展过程中，一些有社会影响力的事件，如桃源村竞标、建设部大院接管等，对万科物业的品牌建设起到了巨大的作用。四是体验营销。如万科物业为了把无形的服务更好地有形、有效展示，专门推广了视觉识别系统（VI）和行为识别（BI）活动，让考察者体验到企业“家庭和谐、内心恬静、归属、健康、梦想”的传播主题。五是借助各种媒体和讲坛宣传。网站是公司对外的“名片”，是展示公司形象的“窗口”。因此，要健全、完善企业信息网络的建设，利用报纸、杂志、电视、广播等媒体进行宣传。百联物业就通过“今日百联”、“商业杂志”等途径，将企业的“亮点”及时给予报道，扩大了宣传效应。

学习评价

本任务的学习评价主要是按照知识目标和能力目标的要求，判断通过本任务的学习是否能够完成物业管理品牌的策划和创建的任务。在思考品牌创建的问题时，遵循最大的原则就是实效原则，即不要只是把品牌创建看作“形象工程”，而要实实在在地把品牌创建当作企业市场竞争的一把“利剑”，要理性看待品牌创建和企业发展战略规划、经营管理之间的关联，理清品牌发展目标，从更深层次的角度推动企业品牌的发展。

教学探讨

一、案例分析

作为上海较早成立的物业服务企业之一，上海外高桥物业管理有限公司不仅在物业管理的理念和方法上走出了自己独特的道路，在如今物业管理的品牌竞争时代也进行了孜孜不倦的求索，从制定品牌创建战略，到拓展市场规模、进行管理创新、走专业化道路等方面都进行了不懈的探求和实践。

（1）将品牌创建定位在经营战略高度。随着生活水平的提高，消费者对物业管理的认知也在提高。面对市场的不断前进和发展，站在企业经营战略的高度，通过对企业内部经营基础和外部经济环境的分析，外高桥物业提出了“建设一流企业，提供一流服务”的品牌创建战略目标。

企业经营战略是指导企业有效整合、优化、利用自身资源朝既定目标全力迈进的方针策略，外高桥物业以“强者”形象对公司服务品牌进行定位，在内部将其作为公司开展管理服务的行动指南，在外部则注重将其外化为公司的品牌形象。如通过强化内部管理提升专业服务能力，塑造“强者文化”。在用人机制上建立“能者上、平者让、庸者下”和“优胜劣汰”的考核聘任体系，在管理目标和工作标准上则每年进行一定比例的提升，要求“迈小步、不停步”，“一年一小变，三年一大变”，在原有基础上不断完善、优化和创新。注重将创建“一流”品牌培养为员工的共同愿景，提升企业凝聚力。在外部宣传和交流上，通过清晰描述企业的规模、资源、经历和技术力量，突出企业品牌定位，在满足市场需求的基础上，提供独特的经营理念和服务文化吸引消费者。

（2）拓展市场规模。适当扩大经营规模，形成规模效应，能更充分利用资源，降低成本，从而获得可观效益，为品牌的扩展提供量的保障。从规模来说，外高桥物业的管理面积一直以来不算小，在工业园区和办公写字楼项目的管理面积达到近100万平方米，为美国通用、日本先锋、德国FAG、中国的台湾长谷等300余家中外企业提供专业化物业管理服务，获得上海市物业管理优秀工业厂区、优秀大厦称号，综合服务水平得到客户广泛认可，尤其是工业园区管理在业内处于领先地位。但公司对企业发展如“逆水行舟，不进则退”有清醒的认识，同时认为创建“一流”的强者企业品牌必须以更大规模的管理面积为依托。因此，企业必须进行规模拓展。

经过缜密的市场调研，公司管理班子大胆决策竞争上海第一大楼盘“上海康城”的物业管理权，决心拿下这个总规划建筑面积近200万平方米的超大型住宅小区。通过这一超大楼盘的管理，可以提升公司知名度，扩展经营规模，创建公司品牌。最后经过激烈竞争，公司竞标取得“上海康城”的物业管理权，在品牌创建上向前跨越了飞跃性的一大步。此后，通过提升服务、改造硬件设施、共建文明和谐社区等一系列举措提升康城业主的满意率和满意度，取得了良好的绩效，为品牌创建奠定了一块稳固的基石。

（3）注重管理创新。一是要管理模式创新。无论面对任何的物业形态和业户群体，外高桥物业始终秉持“急业户所急，帮业户所需，想业户所想，改业户所拒”的服务理念，只有围绕业户需求这个中心点，才能真正根据实际情况提供最贴合业户的管理模式和服务细节。外高桥物业在刚开始管理工业园区的时候，在行业中尚无一个标准化管理模式。公司根据客户需求，创新探索出一套管理办法，得到工业园区企业的接收和认可，并且该工业园区被评为上海市级物业管理优秀工业厂区。在此基础上，公司将操作实践总结出来并规范化、模式化，复制到其他类似的工业园区，同样取得了很好的效果。通过这样的方式方法，外高桥物业不仅取得了专业操作的经验而且迅速扩展了管理规模，以创新带动了企业发展。

二是要管理技术创新。“科技是第一生产力”，公司在内部管理系统的升级优化和业务操作的科技化配备方面不遗余力，不仅提升了物业服务的质量，而且提高了管理效率。公司自行研究开发了“电站自动监控系统”，获得了国家级创新成果奖；配置了“维修自动巡更系统”；开发了“电梯水泵远程监控系统”；在此基础上，通过“物业通”系统软件整合联网，升级为物业管理智能化管理平台——建立了房产设备、档案资料、各项收费的数据库，实现了财务管理、档案管理、票据打印的智能化；实现了秩序维护、消防、电梯、水泵、高压供配电设备运行状态的智能化监测，以及突发异常情况的瞬间报警，提高了管理效率。

三是要服务方法创新。根据客户需求，凭借公司各方的资源和信息，不断创造出新的服务项目，不仅拉近了物业服务企业与业户之间的距离，赢得业主口碑，而且能充分利用企业资源，拓展边际效益，提升企业利润空间，同时逐步创建起企业“只要客户需要，我们就能做到”的强者形象。在园区服务上，公司积极探索开展业户二次装修、加装设备、重新布线、电话设置等业务，在住宅小区，积极提供代缴水电费、代送水等服务，都取得了良好的效果。公司在日常工作中的小创新更是不胜枚举，比如加装了井盖防盗设施、改造了中央空调控制系统、加装雨水管防堵设施等。这不仅促进了管理服务水平的提升，也为企业品牌创建提供了动力。

（4）专业化发展。对于像外高桥物业这样的管理物业类型多、管理规模比较大、从业人员多的大型物业服务企业来说，专业化发展一直是公司研究探索的重点之一。如何进行专业化发展呢？从理论上来说有三个方面，一是服务专业化，二是业务专业化细分，三是人员专业化组织构建。

服务专业化是指针对目标客户市场，将服务向更高、更精、更专业推进。如针对高端写字楼的精细化、人性化、拓展性管理服务：在将基本的工程维护、保洁绿化、秩序维护服务更精细化管理以外，应对写字楼客户需求进行专业拓展，如礼宾接待、会议流程操作、会议现场控制甚至包括主持等特别服务形成专业队伍和口碑，拓展新的利润增长点，同时不断提升企业的专业化品牌形象。业务专业化是针对公司范畴内的所有业务进行细分，将每个业务条线的运作向规范、系统、专业化发展。如对于高压电站的强电维护、绿化园艺的设计实施等业务模块进行系统化运作，使之具有市场竞争力，可以进行市场拓展。专业化人员的组织构建也十分重要。人是提供一切管理服务的根本，没有这个“操作手”或者这个“操作手”没有水平和能力，优质专业服务将无从谈起。人才奇缺是制约物业管理发展的一个不可忽视的问题，由于物业管理起步晚，相当多的从业人员是从其他行业转过来的，服务意识不强，专业知识较为欠缺，随着物业设施设备高档化、复杂化，管理服务的难度必然越来越大。外高桥物业正是看到这一点，在企业内部注重“以人为本”的管理理念，在思想上树立竞争意识和忧患意识，强调提高服务质量必须在培养人才、引进人才上落实力度。在广纳贤才的基础上，公司内部培训机制不断加强完善，采取外送内请的方式，持续提升员工整体素质和业务水平。目前外高桥物业的专业团队中包括全国物业管理师 1 名、专业技术管理人员 179 名和中级职称以上的专业人员 51 名。

分析： 企业创建品牌是为了更具生命力，将发展的道路走得更远更广阔。在创建“建设一流企业、提供一流服务”品牌过程中，外高桥物业在企业内部树立了“要发展必须要做强”的企业愿景，并通过企业文化的宣导，渗透到了员工的工作行动中，做事情要力争做好、做得比别人强或者比以前的自己强，这些精神提升了企业的团队凝聚力，促进了外高桥物业不断向前发展。

二、技能训练

业主、住户对物业管理品牌的认识是有一个过程的。一般来说，业主对物业管理企业的认知过程可划分为四个阶段：间接认知阶段、表象认知阶段、深度认知阶段和情感认知阶段。

某物业小区由发展商组建的物业管理公司管理。在初期阶段物业管理公司引进香港管理模式，取得了一定成绩，也得到了业主的肯定。业主委员会与物业管理公司之间建立了很好的关系，并由单位关系发展到私人关系，互相之间无话不谈。有的物业公司人员将公司内部的情况毫无保留地告诉业主。业主委员会了解到物业管理公司内部的情况，发现了管理公司在用管理基金炒股，双方遂产生矛盾。由于物业公司在解决矛盾时策略不当以及纠正自身问题不力，使矛盾逐渐扩大。最后业主委员会将该物业管理公司解聘，并提起法律诉讼。

试运用品牌认知的阶段理论对上例进行评析。

分析： 业主对物业公司的品牌认知并不一定都能达到情感认知阶段。部分达到，部分达不到；部分先达到，部分后达到，这些都是正常的。最后有多少业主具有情感认知，不同的小区会有不同的结果。但是真正达到这个程度的不会是多数，相当多的业主对物业品牌的认知长期处在表象认知或事件认知阶段，这是一个现实。由于每个业主的情况不同，他对物业管理的重视程度不同，与物业公司之间的事件接触多少不同，使业主认知存在个体差异是正常的。有部分人甚至产生完全相反的认知结果，不认可物业品牌，认为应该更换物业公司。如果说这也是一种情感认知的话，其情感不是忠诚而是背离，我们可以把这种认知称为逆向认知。逆向认知的结果实际上也是从表象认知、事件认知发展起来的，是物业公司实际工作失败的结果。

拓展训练

当前，市场上物业管理公司众多，房地产开发商面临太多选择，物业管理公司要么想办法做到差异化定位，要么就要定一个很低的价钱，才能生存下去。其中关键之处，在于物业管理企业能否形成自己品牌，在某一方面占据主导地位。试分析物业服务企业如何进行品牌定位。

模块八　物业服务企业及其管理

教学目标

● **知识目标**：通过本模块的学习，应达到以下要求：

1. 了解物业服务企业及其管理制度建设、物业管理资金的来源、财务管理的工作内容，以及物业服务合同及其特征；

2. 熟悉物业服务企业的资质等级、机构设置的形式，物业管理资金的主要用途，以及财务管理机构与岗位设置、财务管理制度；

3. 掌握物业服务企业建立的步骤、主要职能机构和物业管理资金的筹集，以及财务管理的基本环节与物业服务合同的种类和具体内容。

● **能力目标**：通过本模块的知识积累和实践操作，应培养以下基本技能和基本能力：

1. 清楚物业服务企业的机构设置和组建过程，可进行物业服务企业的申报工作，成立物业服务企业；

2. 能够组织开展物业管理资金的筹措和运营，并对物业服务企业的财务进行管理；

3. 能够独立制定物业服务合同。

模块概述

本模块包括三个项目：一是要完成物业服务企业的组建与物业服务企业机构设置和管理制度建设；二是要清楚物业管理资金的运作和物业服务企业财务管理；三是要明确物业服务合同及其种类与内容。

项目二十　物业服务企业的组建及相关内容

项目概述

本项目依据物业服务企业的资质等级和物业服务企业机构设置的原则与形式，介绍了物业服务企业职能机构的组建和管理制度的建设。本项目包括物业服务企业的组建、物业服务企业机构设置和管理制度建设两项任务。

任务一　物业服务企业的组建

任务描述

张某是一个在物业服务企业工作了 5 年的物业服务人员，随着其对物业服务专业知识的全面掌握和企业管理能力的不断提升，针对物业服务市场需求的急剧增长，张某准备成立一家物业服务企业。

任务分析

本任务要求清楚组建何种资质等级的物业服务企业，明确物业服务企业建立的过程，做好申报前可行性研究和筹备工作，尽快办理登记注册手续。具体应做好以下工作：

一、组建物业服务企业的可行性研究

组建物业服务企业应建立在充分论证的基础之上，要进行充分的调查和可行性研究，要在有必要而且可能的情况下着手组建物业服务企业。

1. 市场调查

市场调查主要是针对物业管理市场供求情况进行的调查。需求调查内容包括：该地区居民的消费水平、现有的物业总量、每年增加的物业量以及对未来物业发展趋势的预测等。供给调查内容包括：现有物业服务企业的数量、规模、品牌和经营状况等。此外，还应及时了解国家和地方政府的有关法律法规和政策，这些信息对于物业服务企业的组建和日后的运作、发展都是非常重要和必要的。

2. 综合分析

对市场调查所获得的数据资料进行综合分析。分析主要是看物业管理市场供求对比的现状和趋势，同时对组建物业服务企业应具备的资质条件进行分析，如国家和地方政府对物业服务企业的注册资金、专业技术人员、办公经营场所等的要求。

3. 编写可行性报告

可行性研究报告必须实事求是，对项目进行认真、全面的调查和详细的测算分析，进行多方案比较论证；具体论述物业服务企业的设立在经济上的必要性、合理性、现实性，技术和设备的先进性、适用性、可靠性，财务上的盈利性，环境上的保障性，建设上的可行性，为项目法人和领导机关决策、审批提供可靠的依据。

二、物业服务企业的筹备

组建物业服务企业时，要做好物业服务企业的筹备工作。本环节的具体工作有：

1. 人才储备

根据《物业服务企业资质管理办法》规定，物业服务企业的成立需要有一定数量并且

具备相应专业资质的技术人员，一级资质物业服务企业的物业管理专业人员以及工程、管理、经济等相关专业类的专职管理和技术人员不少于30人，其中，具有中级以上职称的人员不少于20人，工程、财务等业务负责人具有相应专业中级以上职称；二级资质物业服务企业的物业管理专业人员以及工程、管理、经济等相关专业类的专职管理和技术人员不少于20人，其中，具有中级以上职称的人员不少于10人，工程、财务等业务负责人具有相应专业中级以上职称；三级资质物业服务企业的物业管理专业人员以及工程、管理、经济等相关专业类的专职管理和技术人员不少于10人，其中，具有中级以上职称的人员不少于5人，工程、财务等业务负责人具有相应专业中级以上职称。而且，物业管理专业人员应按照国家有关规定取得职业资格证书。因此，在物业服务企业筹备期间，要做好人才储备工作。

2. 起草管理章程

物业服务企业在登记注册前必须要起草管理章程。公司章程是公司应当遵循的内外准则，主要内容包括：公司的名称和住所、经营目的和范围、注册资本、法定代表人以及股东的权利和义务等。公司章程一旦经有关部门批准，并经公司登记机关核准，即产生法律效力，符合章程的行为将受到国家法律的保护，违反章程的行为将会受到干预和制裁。

3. 登记注册

建设部《城市新建住宅小区管理办法》规定："物业管理公司需向工商行政管理部门申请注册登记，领取营业执照后，方可开业。"因此，物业服务企业在营业前必须到工商行政管理部门进行注册登记。如果是外资企业，申报组建过程中还应得到对外经济贸易主管部门的批准。组建不同类型的物业服务企业登记注册时应提交的文件不同，具体情况如下：

(1) 申报组建内资的物业服务企业。内资的物业服务企业含国有、集体、股份合作企业。组建时须提供的资料有：业主身份证明、简历等；申请对物业服务企业经营资质进行审批的报告；企业章程；验资证明；注册及经营地点证明；拥有或受托管理物业的证明材料；雇员名册；有专业技术职称人员的资格证明材料。

(2) 申报组建外商投资的物业服务企业。外商投资的物业服务企业含中外合资、中外合作及外商独资企业。申报组建时，除需提供内资企业审批所需的有关资料外，还需提供合资或合作项目议定书、合同等文件的副本及中方投资审批机关的批准文件。外商独资企业需委托具有对外咨询代理资质的机构办理申请报批事项。

相关知识

一、物业服务企业

物业服务企业是指依法设立、具有独立法人资格，从事物业管理服务活动的企业。因此，物业服务企业是按合法程序成立并具备相应资质条件的、专门从事对已经建成并投入使用的房屋建筑、附属设备、各项设施及相关场地和周围环境的专业化管理的，为业主和非业主使用人提供良好的生活或工作环境的，具有独立法人资格的经济实体。

作为独立的企业法人，物业服务企业必须有明确的经营宗旨和经行业主管部门认可的管理章程，能够独立承担民事和经济法律责任。物业公司须依自主经营、自负盈亏、自我约束、自我发展的机制运行。

二、物业服务企业的资质等级

建设部《物业管理企业资质管理办法》规定：物业服务企业按企业资质划分，可分为一、二、三级物业服务企业。各资质等级物业服务企业的条件如下：

1. 物业服务企业一级资质的条件

(1) 注册资本人民币500万元以上；

(2) 人才储备达到《物业服务企业资质管理办法》中关于专业人员的要求；

(3) 物业管理专业人员按照国家有关规定取得职业资格证书；

(4) 管理两种类型以上物业，并且管理各类物业的房屋建筑面积分别占下列相应计算基数的百分比之和不低于100%：①多层住宅200万平方米；②高层住宅100万平方米；③独立式住宅（别墅）15万平方米；④办公楼、工业厂房及其他物业50万平方米。

(5) 建立并严格执行服务质量、服务收费等企业管理制度和标准，建立企业信用档案系统，有优良的经营管理业绩。

2. 物业服务企业二级资质的条件

(1) 注册资本人民币300万元以上；

(2) 人才储备达到《物业服务企业资质管理办法》中关于专业人员的要求；

(3) 物业管理专业人员按照国家有关规定取得职业资格证书；

(4) 管理两种类型以上物业，并且管理各类物业的房屋建筑面积分别占下列相应计算基数的百分比之和不低于100%：①多层住宅100万平方米；②高层住宅50万平方米；③独立式住宅（别墅）8万平方米；④办公楼、工业厂房及其他物业20万平方米。

(5) 建立并严格执行服务质量、服务收费等企业管理制度和标准，建立企业信用档案系统，有良好的经营管理业绩。

3. 物业服务企业三级资质的条件

(1) 注册资本人民币50万元以上；

(2) 人才储备达到《物业服务企业资质管理办法》中关于专业人员的要求；

(3) 物业管理专业人员按照国家有关规定取得职业资格证书；

(4) 有委托的物业管理项目；

(5) 建立并严格执行服务质量、服务收费等企业管理制度和标准，建立企业信用档案系统。

三、物业服务企业资质等级证书的颁发和管理

国务院建设主管部门负责一级物业服务企业资质证书的颁发和管理。

省、自治区人民政府建设主管部门负责二级物业服务企业资质证书的颁发和管理，直辖市人民政府房地产主管部门负责二级和三级物业服务企业资质证书的颁发和管理，并接受国务院建设主管部门的指导和监督。

社区的市人民政府房地产主管部门负责三级物业服务企业资质证书的颁发和管理，并接受省、自治区人民政府建设主管部门的指导和监督。

四、相关法律法规知识

在完成本任务时，为了更好地掌握物业服务企业组建的相关知识，应加强对《公司法》、《经济法》、《物权法》、《物业管理条例》、《物业服务企业资质管理办法》、《城市新建住宅小区管理办法》等相关法律法规知识的学习。

任务实施

在组建物业服务企业之前，首先要清楚设立物业服务企业应具备的条件，在充分论证的基础之上开展组建筹备工作，最后到相关部门办理登记注册手续。

学习评价

本任务的学习评价主要是按照知识目标和能力目标的要求，判断通过本任务的学习是否能够完成组建物业服务企业的任务，以便及时、系统、准确地把握重要的学习内容、学习方法、学习过程、学习效果和学习难点，从而解决学习过程中存在的问题。

教学探讨

一、案例分析

北京市一个郊区项目的客户联谊会上，数百名业主要求开发商将小区的物业管理权交给他们，由所有业主出资组建物业公司，开发商欣然同意了。于是，开发商便和业主达成协议，该小区的物业公司由所有业主共同出资，占大股，开发商之前联系的三家物业服务企业各占部分股份，开发商也占一部分股份，三方共同聘请一家专门进行酒店管理的物业公司负责小区的日常管理。目前，开发商已经将物业公司的申报材料提交到有关部门进行注册审批，公司注册资金达到 100 万元。但这种形式的物业公司能否被批复尚无结果。

分析： 对于此项目自组物业公司是否符合规定，北京市国土资源和房屋土地管理局物业管理处的有关负责人表示，这种形式的公司可以理解为正常的公司组建，相当于一些人共同出资成立公司，这是无可厚非的。但是，成立物业公司必须有 30 万元的注册资金，以及不少于 5 个具有物业管理资格的专业人士，并且要取得有关部门颁发的资质证书。根据该项目的实际情况，这位负责人指出，这个由居民自组的物业公司，注册资金有 100 万元，小区专门聘请了专营酒店管理的公司（专业人士超过了 5 个，管理水平将有一定保证），这两项指标是完全合规的，现在最主要的就是要取得资质证书。

二、技能训练

某住宅小区部分业主私自成立业主委员会，并强行要求部分不明真相的业主给一些不了解的业主委员会成员进行投票。然后，该业主委员会在没有得到大部分业主认可的情况下赶走了该小区的物业公司，并利用业主委员会的权利内部成立了无法人、无营业执照的"物业公司"。该"物业公司"每天在小区门口强行要求未缴纳物业费的业主（或使用人）缴纳物业费，但都只提供收据一份。小区一大部分业主对此委员会和"物业公司"极其反感。业主们应该如何处理此类问题？

分析： 首先，《物业管理条例》规定："一个物业管理区域成立一个业主大会"，而且"同一个物业管理区域内的业主，应当在物业所在地的区、县人民政府房地产行政主管部门或者街道办事处、乡镇人民政府的指导下成立业主大会，并选举产生业主委员会"。该住宅小区部分业主私自成立业主委员会是不合法的。

其次，《物业管理条例》规定：当制定和修改业主大会议事规则、制定和修改管理规约、选举业主委员会或者更换业主委员会成员、选聘和解聘物业服务企业、有关共有和共同管理权利的其他重大事项时，应当经专有部分占建筑物总面积过半数的业主且占总人数过半数的业主同意。而该业主委员会在没有得到大部分业主认可的情况下赶走了该小区的物业公司，显然也是违法的。

再次，业主委员会内部成立的"物业公司"无法人、无营业执照，根据《公司法》和物业服务企业组建的程序可知，该"物业公司"也是不合法的。

最后，《物业管理条例》第十二条规定："业主大会或者业主委员会作出的决定侵害业主合法权益的，受侵害的业主可以请求人民法院予以撤销。"该住宅小区的业主们可提供证据请求人民法院对该业主委员会和"物业公司"的决定予以撤销，并可通过有力的证据解散该业主委员会。

任务二　物业服务企业的机构设置和管理制度建设

任务描述

张某是一家新组建的物业服务企业的负责人，公司指派张某承担新组建的物业服务企业的主要职能机构设置，完成物业服务企业管理制度建设的相关工作。

任务分析

本任务要求根据物业服务企业机构设置的原则和形式，以及管理制度建设的相关内容，结合公司的实际情况设立科学、高效的组织结构，建立健全的管理制度，保障公司的正常运行和长远发展。

相关知识

一、物业服务企业组织机构设置的原则

1. 目标任务原则

组织机构的设置必须以企业的总体目标为依据设置机构，因机构设职设人，这样才能保证组织机构的合理、有效，从而保证经营管理的高效。

2. 责权对应的原则

这一原则要求整个企业责权一致，一个员工要完成相应的工作任务并承担相应责任的同时，必须授予其拥有一定的权力，有责无权不仅不能调动员工的积极性，而且使责任制形同虚设；有权无责必然助长滥用权力，不利于企业管理水平和服务质量的提高。

3. 统一领导与分级管理相结合的原则

物业服务企业的经营战略和重大决策权应集中在高层领导者手中，而日常管理工作与经营权利则应逐渐授权，实行分级管理。统一领导是各项工作协调进行和实现总目标的决策保证，分级管理是充分发挥各级管理人员积极性的机制保障，同时也有利于信息的快速传递。

4. 合理分工与密切合作相统一的原则

机构设置应做到各部门有明确的分工和协作。分工可以把公司的目标任务进行分解落实到各个部门和员工。合理的分工不能出现工作的重叠或空白点，在分工的同时必须强调协作，明确、专业化的分工是协作的基础。而密切的协调配合，又能充分发挥分工的优点，达到提高工作效率的目的。

5. 有效管理幅度原则

有效管理幅度的设置应考虑到职务的性质，企业的管理范围，企业管理人员的素质、能力，企业的设备，专业技术水平，以及企业组织机构健全情况等因素，不能简单化，凭想当然设置。

二、物业服务企业的主要职能机构

物业服务企业的内部机构设置按业务、性质和职能分工，一般由经理室及下属的“五部一室”构成。各物业服务企业可根据具体情况，增减管理层次，如企业规模较小，则可以减少机构部门，实行一级管理，如果企业规模较大，则可以增加机构部门，实行二级管理，即在公司以下，按物业管理区域及性质增设一级管理机构，如图 8—1 所示。

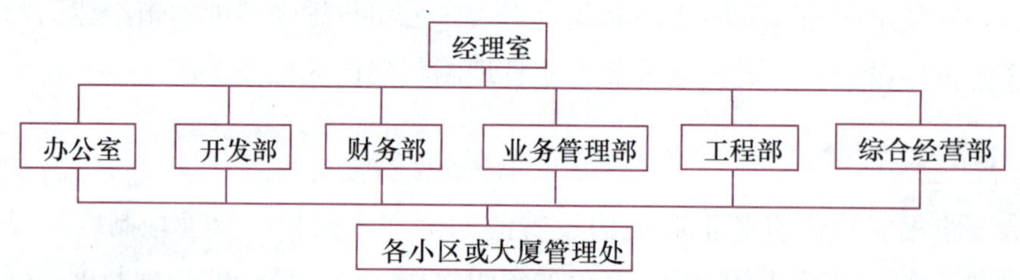

图 8—1　物业服务企业机构设置示意图

1. 经理室

经理室是物业服务企业的决策机构。一般设经理一名，副经理若干名。企业实行经理负责制，经理对企业全面负责，对企业一切重大问题做最后决策，并负责协调各副经理的工作。各副经理分管相应的工作，对下属机构进行管理，遇有重大问题报请经理处理。

2. 办公室

办公室是公司总经理领导下的综合性职能部门。办公室主要负责劳动人事管理、文字与通讯处理、文件档案管理、行政管理、后勤与生活福利管理、对外联络和接待工作，并接受业主投诉，协助公司经理做好会议组织及其他工作等。

3. 开发部

开发部是在经理领导下专职于物业管理服务业务开发的部门。物业服务企业开发部的主要职能就是参与市场竞争，确定管理与服务目标，选择物业，进行物业管理服务投标。

4. 财务部

财务部参与物业服务企业的经营管理，做好企业的会计核算工作。一般设有会计、出纳、收款员等岗位，多采取一人一岗、一人多岗、一岗多人的办法分工负责。

5. 业务管理部

业务管理部是在公司经理的领导下，主要负责房产管理、租赁管理、物业区域内的环境卫生、绿化、治安保卫、消防安全等工作。

6. 工程部

工程部是物业服务企业的一个重要的技术部门，在公司经理的领导下，对水、电等能源的供给等进行管理，对房屋及其附属设施设备进行维修养护管理，对业主（或使用人）入伙后的装修等进行监督和管理。

7. 综合经营部

综合经营部是负责开展多种经营和提供多种服务的经营性部门，主要职能有：制定经营计划、开拓经营项目和管理多种经营业务、组织各类代办服务，对物业区域内的商业、娱乐、服务业等各类用房进行管理等。

三、物业服务企业的管理制度建设

1. 管理机制

物业服务企业的管理机制是企业管理活动内在的管理要素有机组合过程中发挥作用的过程和方式，是物业服务企业的管理水平和服务质量的依托和基础。物业服务企业的管理机制主要由以下几部分组成：

（1）发展机制。发展机制是物业服务企业优化管理结构、加快企业发展的运行活动过程。任何一家公司如果没有全局性、长期性的发展规划和经营理念，将很难持续发展，物业服务企业也是如此。物业服务企业以服务和管理为主，按照企业经营发展目标，根据自己的行业特点和公司条件制定一系列激励考核机制和绩效评价体系，促进公司快速发展。

（2）激励机制。激励机制是指在物业服务企业管理内在要素中，发挥激发、鼓励、支持、关怀等作用的过程和方式。通常，有多种形式的激励方式，包括理想激励、目标激励、物质激励、制度激励、精神激励等。

（3）竞争机制。竞争机制是通过竞争实现优胜劣汰的一种内在功能。在物业服务行业，那些工作环境好、技术先进、管理有序的物业服务企业，因其服务质量好、成本低，因而受到同行和业主的认可；而落后企业服务质量差、成本高，不利于公司的长远发展。要实现企业的良性发展就必须树立竞争机制，通过竞争途径，促使物业管理水平和服务质量提高，所以说市场竞争机制是企业综合实力的体现，是提高企业核心竞争力的原动力。

（4）监督机制。物业服务企业要健全规章制度，强化企业监督执行力。同时，物业管理的服务对象主要是物业的业主和使用人，广大业主和使用人的意见和建议对于物业服务企业的管理水平和服务质量自然就形成了一种监督制约作用。物业服务企业在制定好本公司规章制度的前提下应高度重视服务对象的批评和建议，把业主和使用人对企业这种友好监督机制通过企业内部制度转化为员工和各部门的监督保证，使监督保证机制真正成为推动物业服务企业提高服务质量和管理水平的有效管理机制。

2. 管理制度的内容

（1）综合管理制度。

企业综合制度是指企业各个部门和全体员工都必须遵守、执行的制度。如员工守则、专业制度（如财务报销制度、保安消防制度等）、劳动制度、人事制度、培训制度、学习制度、工作计划总结制度、考核奖励制度等等。

（2）领导管理制度。

企业领导制度是指确立企业的领导体制。一般有董事会制度，总经理制度。

（3）岗位责任制度。

岗位责任制度是指公司各个不同岗位职责的制度。

（4）职能管理制度。

职能管理制度是指企业各部门责任的制度。如办公室职责、财务部门职责、工程维修部门职责、多种经营部门职责、安保部门职责、清洁环境部门职责、监管部门职责等。

（5）管理程序制度。

管理程序制度是企业在管理各环节运作过程中所作的步骤和标准的规定。如工程立项申报程序制度，企业管理人员任免申报程序制度，机电设备保养维修程序；各类计划、总结、报告、表格送报程序，企业部门费用申报程序，对外文件、表格送审程序，交接班程序，安全操作规程；物业接管验收制度；入住手续；搬迁装修规定；房屋使用管理制度；治安消防制度；电梯（设备）运行制度等。

3. 制定管理制度应注意的要素

（1）规范化。

高效的企业管理必须有企业内部一致认同的价值观念体系作为指导思想来协调企业组织运行和管理的行为，这就是管理制度。管理制度对物业服务企业来说就是公司内部的法规，因此它的制定、颁布、执行、检查、修改、废除都应当规范化，要履行必要的手续和程序。

（2）相对稳定。

管理制度不能随意变动，要保持相对的稳定性。管理制度在制定时应当考虑周到，使之结合公司的经营理念和运作特点并能够得到有效的执行。制度的变更要慎重行事，即使在实施过程中发现一些问题，也要仔细研究是否需要修改。修改方案的制定必须经过一定的法定程序。

（3）便于考核。

管理制度是否发挥了作用，要通过考核结果来判断。管理制度应当与员工的工资、职级、奖金等实际利益挂钩，这样才能起到约束作用。考核必须规范化，应有考核细则，考核的标准、方式、人员、时间等必须明确规定。

四、相关法律法规知识

在学习本任务时，为了更好地掌握物业服务企业的机构设置和管理制度建设，要加强《公司法》、《经济法》、《物权法》、《物业管理条例》等相关知识的学习。

任务实施

物业管理人员在设置物业管理企业的组织机构时，一方面应考虑管理的规模和区域来划分结构的管理层次；另一方面，在保证关键职能的基础上，又应精简部门，采用一专多能、一职多责的组织机构设置方式。在建立健全的物业管理制度时，要按照管理机制和制度建设的原则，构建完善的物业管理制度体系。

学习评价

本任务的学习评价主要是按照知识目标和能力目标的要求，判断通过本任务的学习是否能够完成物业服务企业的职能机构的设置和企业管理制度的制定任务，以便及时、系统、准确地把握重要的学习内容、学习方法、学习过程、学习效果和学习难点，从而解决学习过程中存在的问题。

教学探讨

一、案例分析

某日凌晨两点，一辆的士载着两男三女欲进入某住宅小区，当值保安要求其停车检查登记时，发现车内所谓的业主是某单元业主张小姐之弟张某，而张小姐曾口头叮嘱保安部：如果她不在家，不允许其弟带朋友进去，而且现在不止其弟一人，又喝醉酒。因此，值班保安将此事立即上报保安总部，保安经理当场用电话联系张小姐，但因是深夜联系不到业主，保安人员始终保持温和态度跟其弟张某解释，而他借着酒意，大肆谩骂保安人员，并从车上抽出方向盘锁具朝保安头上砸去，保安快速躲避，其他岗位保安闻讯赶紧前来处理，并及时报警。

在劝架过程中，一保安手被打断，众保安见状，出于自卫本能，以拳脚相报将张某制服，交给前来的110处理。但在审理过程中，张某咬定是保安先动手打人，并要求物业服务企业赔礼道歉及负担所需医药费用。

分析： 物业服务企业的工作大多是小事，所以必须将工作规范化，最重要的就是通过一系列法律文件将业主与物业服务企业的责权利具体化，并按照法律规定明确下来，使业主知悉，尤其是《管理规约》与物业服务企业的管理制度要慎重。

在本案中，如果物业服务企业的管理制度中明确：保安对进入小区车辆登记检查是其岗位责任。同时，《管理规约》中明确业主的权利和义务，规定业主如有特殊要求应进行书面登记确认，这样就可避免发生此类争执。

二、技能训练

珠海经济特区某物业服务企业成立于1985年，注册资金500万元，原为集体所有制企业。2004年12月通过产权多元化改造，改制成为国有控股（60%）、经营管理层持股（40%）的有限责任公司。

该物业服务企业采用职能制与事业部制相结合的组织结构，总经理直接分管财务部、电梯公司、中山分公司、北京分公司，总经理下设两个副总经理，分管行政部、保安部以及管理部、机电维修部，各职能部门作为公司行政领导的参谋机构对下设的各个管理处实施相应的业务指导、监控等职能。

正、副总经理和职能部门下按地缘位置设10个管理处，各管理处组织机构设置的总原则是精干、高效、一专多能，管理处实行公司领导下的经理负责制。10个管理处是并列的，具有独立的责任和利益，分别实行对内单独的经济核算。

各管理处内部采用直线职能制组织结构（如图8—2所示），实行垂直领导，核心为服务部，下设维修班、保安班、清洁班、绿化班4个二级职能部门，以下为操作层。

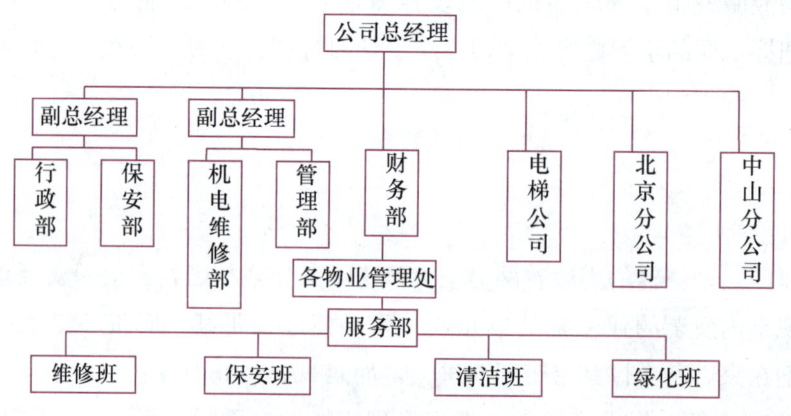

图8—2 某物业服务企业的组织结构

分析： 该物业采用直线职能制和事业部制相结合的组织结构，从公司的整个组织结构看，正、副总经理下设有行政部、财务部、保安部、管理部、机电维修部，以直线制为基础，在各级行政领导下，设置相应的职能部门，即在直线制组织统一指挥下增加了参谋机构，因而有明显的直线职能制的特征。公司的各管理处又是相对独立、自成体系的，在公司下按地区分为许多个事业部，都是独立核算、自负盈亏的利润中心，因此又具有事业部制的特点。综上所述，该物业服务企业的组织结构为直线职能制与事业部制相结合，同时具有两种形式的优缺点。

拓展训练

某大厦是由E物业有限公司所管理的一幢集宾馆、餐饮、银行、涉外办公楼为一体的综合大厦。由于建造初期物业管理没有前期介入，大楼部分设计布局不合理，大楼总机房设在B楼3楼，消防监控中心设在A楼2楼，卫星监控中心设在A楼28楼，此三处岗位均必须保证24小时有人上岗，最精简配备要12人，但三处岗位工作量都很小，都只是起一种防范性监控作用。对此，物业服务企业应该怎么办？

项目二十一　物业管理资金的运作和财务管理

项目概述

本项目根据财务管理的五个基本环节，介绍了物业管理资金的来源、筹集和主要用途，明确了财务管理的工作内容和财务管理机构与岗位设置。本项目包括物业管理资金的运作和物业服务企业财务管理两项任务。

任务一　物业管理资金的运作

任务描述

张某是一位刚刚进入物业服务企业财务部门的从业人员，希望搞清楚物业管理资金的来源和各种物业管理资金的筹集，以及物业管理资金的主要用途。

任务分析

本任务要求根据物业管理资金的来源来完成物业管理资金的筹集工作，并能规范管理和合理使用物业管理资金，促进物业管理的各项具体工作有序地开展。

相关知识

一、物业管理资金的来源

1. 物业维修基金

物业维修基金是用于物业共用部位、共用设备和公共设施的维修、更新的专项基金，属于全体业主所有。经过一定年限的使用，共用部位和公共设施的大修、房屋设备的抢修等都需要很大一笔资金，临时募集难以落实，所以必须事先建立物业的专项维修基金。《住宅专项维修资金管理办法》规定：住宅专项维修资金，是指专项用于住宅共用部位、共用设施设备保修期满后的维修和更新、改造的资金，商品住宅的业主、非住宅的业主按照所拥有物业的建筑面积交存住宅专项维修资金，每平方米建筑面积交存首期住宅专项维修资金的数额为当地住宅建筑安装工程每平方米造价的5%～8%。

2. 物业管理服务费

《物业服务收费管理办法》中规定：实行物业服务费用包干制的，物业服务费用的构成包括物业服务成本、法定税费和物业管理企业的利润，实行物业服务费用酬金制的，预收的物业服务资金包括物业服务支出和物业管理企业的酬金。

物业服务成本或者物业服务支出构成一般包括以下部分：①管理服务人员的工资、社会保险和按规定提取的福利费等；②物业共用部位、共用设施设备的日常运行、维护费用；③物业管理区域清洁卫生费用；④物业管理区域绿化养护费用；⑤物业管理区域秩序维护费用；⑥办公费用；⑦物业管理企业固定资产折旧；⑧物业共用部位、共用设施设备及公众责任保险费用；⑨经业主同意的其他费用。

物业共用部位、共用设施设备的大修、中修和更新、改造费用，应当通过专项维修资金予以列支，不得计入物业服务支出或者物业服务成本。

3. 经营性收入

物业管理小区内商业用房的产权如果属全体业主共有，可采取灵活多样的方式委托物业管理企业经营。如对商业用房，可采取租赁经营的方法，业主委员会收取租金，由物业管理企业经营或委托经营；或由业主委员会与物业管理企业核定一个承包数，超额分成，业主委员会将收入按照业主大会的决定并入物业管理维修基金或弥补物业管理费的不足。

物业服务企业还可利用自身的优势，依靠可靠的信息来源，开展物业租售信息发布、交易代理、产权转移代办等中介服务业务，承接室内装修装饰工程等，扩展收入来源。

二、物业管理资金的筹集

1. 住宅专项维修基金的筹集

（1）收缴。

根据《住宅专项维修资金管理办法》的规定，商品住宅的业主应当在办理房屋入住手续前，将首期住宅专项维修资金存入住宅专项维修资金专户，按照所拥有物业的建筑面积交存住宅专项维修资金，每平方米建筑面积交存首期住宅专项维修资金的数额为当地住宅建筑安装工程每平方米造价的5%～8%，具体标准由直辖市、市、县人民政府建设（房地产）主管部门应当根据本地区情况合理确定，并适时调整。

业主分户账面住宅专项维修资金余额不足首期交存额30%的，应当及时续交。成立业主大会的，续交方案由业主大会决定；未成立业主大会的，续交的具体管理办法由直辖市、市、县人民政府建设（房地产）主管部门会同同级财政部门制定。

业主大会成立前，商品住宅业主、非住宅业主交存的住宅专项维修资金，由物业所在地直辖市、市、县人民政府建设（房地产）主管部门代管，业主大会成立后，业主大会可依法变更业主交存的住宅专项维修基金的代收代管单位，业主交存的住宅专项维修基金应当存储到当地一家商业银行，按小区设总账，按幢设明细账，核算到户，按房屋户门号设分户账。

（2）监管。

住宅专项维修基金属于代管基金。由于其所有权和使用权的特殊性，所以必须加强对维修基金的监督。

当房屋所有权转让时，业主应当向受让人说明住宅专项维修资金交存和结余情况并出具有效证明，该房屋分户账中结余的住宅专项维修资金随房屋所有权同时过户，受让人应当持住宅专项维修资金过户的协议、房屋权属证书、身份证等到专户管理银行办理分户账更名手续；当房屋灭失时，房屋分户账中结余的住宅专项维修资金返还业主，售房单位交存的住宅专项维修资金账面余额返还售房单位，售房单位不存在的，按照售房单位财务隶属关系，收缴同级国库。

直辖市、市、县人民政府建设（房地产）主管部门，负责管理公有住房住宅专项维修资金的部门及业主委员会，应当每年至少一次与专户管理银行核对住宅专项维修资金账目，并向业主、公有住房售房单位公布下列情况：住宅专项维修资金交存、使用、增值收益和结存的总额；发生列支的项目、费用和分摊情况；业主、公有住房售房单位分户账中住宅专项维修资金交存、使用、增值收益和结存的金额；其他有关住宅专项维修资金使用和管理的情况。业主、公有住房售房单位对公布的情况有异议的，可以要求复核。

专户管理银行应当每年至少一次向直辖市、市、县人民政府建设（房地产）主管部门，负责管理公有住房住宅专项维修资金的部门及业主委员会发送住宅专项维修资金对账单。直辖市、市、县建设（房地产）主管部门，负责管理公有住房住宅专项维修资金的部门及业主委员会对资金账户变化情况有异议的，可以要求专户管理银行进行复核。专户管理银行应当建立住宅专项维修资金查询制度，接受业主、公有住房售房单位对其分户账中住宅专项维修资金使用、增值收益和账面余额的查询。

住宅专项维修资金的管理和使用，应当依法接受审计部门的审计监督；住宅专项维修资金的财务管理和会计核算应当执行财政部有关规定，财政部门应当加强对住宅专项维修资金收支财务管理和会计核算制度执行情况的监督；住宅专项维修资金专用票据的购领、使用、保存、核销管理，应当按照财政部以及省、自治区、直辖市人民政府财政部门的有关规定执行，并接受财政部门的监督检查。

2. 物业管理服务费的筹集

（1）收取。

物业管理服务费的收取遵循公平、合理、与服务水平相适应的原则，按所提供服务的性质、特点等不同情况，分别实行政府定价、政府指导价和经营者定价三种价格形式。

（2）测算。

物业管理服务费的测算对内要通过物业服务企业总经理的审批，对外需要业主委员会或业主（代表）大会审议通过。属于政府定价或政府指导价的，收费标准需要经过物业部门核定，属于经营者定价的，则向物价部门备案即可。

物业管理服务费用的测算公式如下：

$$P=\frac{E}{S};\quad E=\sum_{i=1}^{n}E_i$$

其中：P 表示物业管理服务收费标准，单位是元/平方米・月；S 表示总建筑面积，单位是平方米；E 表示物业管理服务费用支出总额，单位为元/月；E_i 表示第 i 项的费用额，单位为元/月，$i=1，2，\cdots，n$。

（3）物业管理服务费测算中的主要定额。

1）管理处管理人员定编。物业管理处一般设置管理处经理（或主任）、行政助理、物业助理、工程助理、会计和出纳等管理人员岗位。规模大的管理处可增设副经理（或副主任），规模小的管理处可不设行政助理、工程助理，仅设物业助理。一般来讲，管理人员的编制人数可按如下标准确定：多层无电梯普通住宅小区是1人/2万平方米；高层有电梯一般住宅是1人/0.5万平方米；高层有电梯高尚住宅是1人/1万平方米；高层写字楼、商业大厦是1人/0.3万平方米。

2）操作人员定编。可按不同物业分别为管理人员总数的3～5倍，写字楼、购物中心、高尚住宅区、别墅区可增至8倍。也可参照如下标准设定：①高压工：一个站配置人数＝24小时×7天×2人÷40小时；②空调工：一个站配置人数＝运行时间/周×2人÷40小时；③电工：一般每100户设电路及电器维修工一人；④保安员：配置人数＝岗位数×24小时×7天÷40小时；⑥清洁工：配置人数＝每天需要的总工时×7天×2人÷40小时；⑦园艺工：一般2 500～3 000平方米配置一人。

3）设备运行维护费。可按物业设备总投资占物业总投资的比例，计算出物业设备总投资额，然后按使用年限计算出设备每月折旧额，再按设备每月折旧额的一定比例计算设备运行维护费用。

4）清洁卫生费。视不同类型的住宅物业，分别按每平方米每月0.02～0.15元计算。商业物业按每平方米每月2.00～3.00元计算。

5）绿化养护费。视绿化复杂程度和养护水平，按每平方米每月0.3～1.0元计算。

6）保安费。依据物业类型分别按每平方米每月0.03～0.15元计算。

3. 经营性收入的筹集

由于物业经营收入主要是代理业主进行营销和租赁管理而收取的费用，以及其他一些多种经营的收入，因此，经营项目的收费标准等可由物业服务企业或业主委员会按照市场行情定价，提供服务并收取费用。

三、物业管理资金的主要用途

1. 房屋及其附属设施设备的维修养护管理

物业的维修养护是物业管理的重要工作，也是物业管理资金的主要用途。为提高物业的价值和使用价值，延长物业的使用年限，延缓物业的自然损耗，增加业主的投资回报，物业管理资金的一部分将用于物业共用部位、公用设备和公共设施的养护和维修。

2. 物业管理人员的工资和福利支出

物业管理服务也是一种商品，业主需要提供等价的货币相交换。业主所缴纳的物业服务费中含有服务过程中活劳动的消耗的补偿，即给予物业管理服务人员的工资和福利支出。

3. 物业服务企业的物化成本

物业服务企业管理服务中的物化成本是指在物业管理服务过程中原材料的消耗和固定资产的损耗。原材料的消耗主要是房屋公用部位日常保养和小修小补所需要的建材、设备，保养维修中的润滑油和易损零配件，绿化补种的树苗、养护所用的肥料、杀虫剂及清洁剂，保安工作消耗的低值易耗品等。固定资产的折旧主要是办公室所用的固定资产、保安所用的防盗警报通讯器材、绿化清洁机械及小型施工器械等。办公费用主要指交通费、通讯费、公共关系费等。

4. 物业服务企业的利润及国家税收

物业服务企业作为独立的商品生产者和商品经营者，从事生产经营的目的是获取利润。目前，物业服务企业的经营利润率由各地方政府主管部门根据当地的实际情况规定，一般定为物业管理服务费的7%～10%。随着物业管理服务市场化程度的提高，其利润率必将趋向社会平均利润率。此外，企业在取得收益的同时，要按照规定向国家上缴税金。

四、相关法律法规知识

在学习本任务时，为了能够更好地完成物业管理资金的筹措和运用，要加强如《公司法》、《经济法》、《物权法》、《物业管理条例》、《住宅专项维修资金管理办法》、《物业服务收费管理办法》和《物业服务收费明码标价规定》等知识的学习。

任务实施

物业管理人员在筹措物业管理资金之前，首先要搞清楚物业管理资金的来源，然后按照维修基金、物业管理服务费和经营性收入具体地开展资金的筹措工作。在筹集到物业管理资金之后，要有效地运营各项资金，保障物业管理的正常运作，为业主提供优质的服务。

学习评价

本任务的学习评价主要是按照知识目标和能力目标的要求，判断通过本任务的学习是

否能够完成物业管理资金的筹集和合理运用任务，以便及时、系统、准确地把握重要的学习内容、学习方法、学习过程、学习效果和学习难点，从而解决学习过程中存在的问题。

教学探讨

一、案例分析

某公司购买了一套位于所在大厦顶层的写字间作为办公室，并已取得房地产产权证书。有一天，该公司负责人发现，大厦的开发商与大厦物业管理公司的人员正在组织工人往楼顶上搭建一面巨大的广告牌。原来，开发商与物业公司同一家广告公司达成了协议，在该公司所在楼的楼顶上竖立广告牌，楼顶使用费由广告公司支付。该公司负责人疑惑：写字楼或住宅楼楼顶广告牌的收益应该归谁所有？

分析：《物权法》第七十条规定：业主对建筑物内的住宅、经营性用房等专有部分享有所有权，对专有部分以外的共有部分享有共有和共同管理的权利。《物业管理条例》第五十五条也作了明确规定：利用物业共用部位、共用设施设备进行经营的，应当在重复相关业主、业主大会、物业服务企业同意后，按照规定办理有关手续。业主所得收益应当主要用于补充专项维修资金，也可以按照业主大会的决定使用。在本案例中，根据“谁所有，谁收益”的原则，该公司有权享有楼顶广告牌收益，大厦物业公司应将广告牌的收益交由该大厦所有业主共同支配。

二、技能训练

刘先生是一个普通的商品房购买者，他存在这样的疑惑，请大家解决。刘先生说：“开发商在收取我的房价款的同时，要求我按购房价款的2%缴纳一笔有关物业管理方面的收费，说是维修基金。这2%的收费对于我来说，还是一笔很大的开支，我不明白：这笔维修基金用处何在？以后归谁所有？由开发商收取这笔经费合法吗？维修基金由开发商管理，还是由物业管理公司来管理？”

分析： 第一，维修基金是用于住房共用部位与共用设施设备大修理、更新、改造的基金。

第二，维修基金应归全体业主所有。

第三，建设部《住宅共用部位共用设施设备维修基金管理办法》第五条和第六条规定，商品住房销售时，售房单位代为收取维修基金；公有住房售后维修基金一部分由售房单位按照一定比例从售房款中提取，另一部分由购房者按购房款2%的比例向售房单位缴交。

第四，根据《住宅共用部位共用设施设备维修基金管理办法》规定，维修基金应该由售房单位代收并存入维修基金专户，在业主办理房屋权属证书时售房单位应当将代收的维修基金移交给当地房地产行政主管部门代管；业主委员会成立后，经业主委员会同意，房地产行政主管部门将维修基金移交给物业管理企业代管；物业管理企业代管的维修基金，应当定期接受业主委员会的检查与监督；业主委员会成立前，维修基金的使用由售房单位或售房单位委托的管理单位提出使用计划，经当地房地产行政主管部门审核后划拨；业主委员会成立后，维修基金的使用由物业管理企业提出年度使用计划，经业主委员会审定后实施；维修基金不敷使用时，经当地房地产行政主管部门或业主委员会研究决定，按业主占有的住宅建筑面积比例向业主续筹；物业管理企业发生变换时，代管的维修基金账目经业主委员会审核无误后，应当办理账户转移手续；账户转移手续应当自双方签字盖章之日起 10 日内送当地房地产行政主管部门和业主委员会备案；业主转让房屋所有权时，结余维修基金不予退还，随房屋所有权同时过户；因房屋拆迁或者其他原因造成住房灭失的，维修基金代管单位应当将维修基金账面余额按业主个人缴交比例退还给业主。

任务二　物业服务企业的财务管理

任务描述

张某是一位刚刚进入物业服务企业财务部门的从业人员，希望了解物业服务企业财务管理的工作内容、机构和岗位设置，以及财务管理制度和财务管理的五个基本环节。

任务分析

本任务要求清楚物业服务企业财务管理工作内容，完成财务管理机构与岗位设置的设置和财务管理制度的建立工作。具体做好以下工作：

一、财务预测

财务预测是企业根据财务活动的历史资料，考虑现实的要求和条件，对企业未来的财务活动和财务成果作出科学的预计和测算。主要工作内容包括：明确预测对象和目的；收集和整理资料；确定预测方法，利用预测模型进行预测等。

二、财务决策

财务决策是财务管理工作的核心，是财务人员在财务目标的总体要求下，运用专业的方法从各种备选方案中选出最佳的财务方案。工作步骤是：确定决策目标；提出备选方案；选择最优方案。

三、财务预算

财务预算是财务预测和财务决策所确定的经营目标的系统化、具体化，是控制财务收支活动、分析经营效益的依据，是落实物业服务企业经营目标和保证措施的必要环节。主要工作包括：分析财务环境，确定预算指标；协调财务能力，组织综合平衡；选择预算方法，编制财务预算。

四、财务控制

财务控制是以预算任务和各项定额为依据，对各项财务收支进行日常的计算、审核和调节，将其控制在制度和预算规定的范围之内，发现偏差要及时纠正，从而保证实现或超过预定的财务目标。工作内容有：制定控制标准，分解落实责任；实施追踪控制，及时调整误差；分析执行差异，搞好考核奖励。

五、财务分析

通过财务分析可掌握各项财务预算和财务指标的完成情况，检查有关方针政策的执行情况，可以不断改进财务预测和财务预算工作，提高财务管理水平。一般程序为：收集资料，掌握信息；进行对比，做出评价；分析原因，明确责任；提出改进措施。

相关知识

一、财务管理的工作内容

1. 有效运营资金

为了保证物业经营活动的正常运行，物业服务企业应提高自有资金的收益率，加速资金周转，提高资金的运营效能。另外，要对各项支出妥善安排，严格控制，注意节约，充分发挥资金的效用。

2. 加强经济核算

物业服务企业应通过财务管理，加强经济核算，改善经营管理，降低维修养护成本，不断降低消耗，增加积累，提高投资效益和经济效益。

3. 进行财务监管

企业的经营管理和服务必须依据党和国家的有关方针政策，对公司的预算、开支标准和各项经济指标进行财务监督。因此，物业服务企业应对物业管理资金的筹集、运营和分配活动进行监督，使资金的筹集合理合法，不断提高资金运营的效率，确保资金的分配兼顾国家、集体和个人三者的利益。

二、财务管理的机构与岗位设置

1. 机构设置

物业服务企业的财务部与其他行业的财务部门大致相同，但工作的内容和方法又具有本行业的特点。物业服务企业可根据所管辖区域的范围、业务内容及服务规模等具体情况，设置财务机构，配备专业工作人员，设立“一岗多人”或“一人多岗”。物业服务企业的财务部门的机构设置一般如图 8—3 所示。

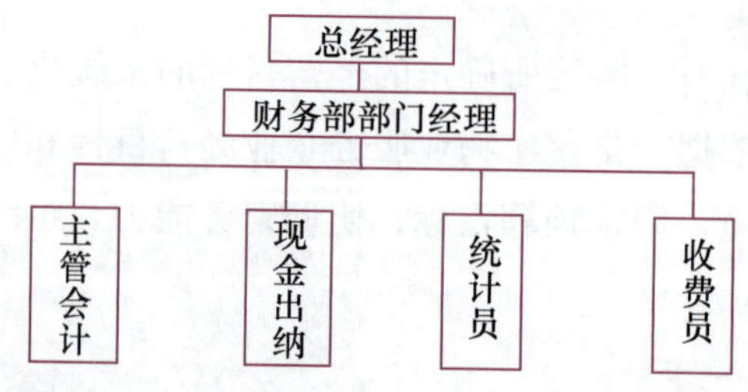

图 8—3　物业服务企业财务部门的机构设置

2. 岗位设置

企业财务部门一般要设置部门经理、主管会计、现金出纳、统计员和收费员等岗位，各个岗位的具体人数可根据物业服务企业的规模和物业管理区域来确定。

（1）财务部经理。财务部经理主要负责主持公司财务部的管理工作，做好总经理的助手；组织财务部门的政治学习、法律法规学习；检查、督促各项费用的及时收缴和管理，保证公司的正常运转；组织拟定物业管理费等各项费用标准的预算方案，呈送总经理、业主委员会和相关主管部门审核；完成总经理交办的其他事项等。

（2）主管会计。主管会计是对财务部门经理负责，具体做好财务的日常管理工作；做好各种会计凭证和财务处理工作；每月、每季按时做好各种会计报表，送部门经理审核；负责检查、审核各经营部门及下属机构的收支账目，及时向部门经理汇报；根据物业管理行业的特点和需要，组织各营业部门及下属机构业务培训，提高整体的业务水平和服务水准；完成财务部门经理交办的其他事项。

（3）现金出纳。现金出纳对财务部门经理负责，服从领导安排，尽职尽责做好本职工作；严格遵守国家制定的财会制度和公司制定的财务管理细则，按制度管理好公司的银行存款和库存现金；及时办理各种转账、现金支票，并交会计做账；及时追收各种应收的款项，保护公司利益不受损失；完成财务部门经理交办的其他事项。

（4）统计员。统计员对财务部门经理负责，遵守公司制定的财务人员管理细则，做好本职工作；及时统计、存储各种费用交收资料，供主管会计参考；维护好电脑设备，保管好所存的资料；对于变动的资料数据应及时修改与存储，做到随时变动，随时修改，随时存储，以免出现差错；完成财务部门经理交办的其他事项。

（5）收费员。收费员对财务部门经理负责，遵守公司制定的财务人员管理规则，做好本职工作；负责物业管理费等各项费用的通知和收缴；每天下班前应把当天收缴的各项管理费用的现金入库，并统计好交费情况；完成财务部门经理交办的其他事项。

三、财务管理制度

财务管理制度是企业财务管理工作的经验总结，是组织财务活动的基础，是处理企业财务关系的准则，也是实行财务监督的依据。物业服务企业进行财务管理，要以国家的有关法律法规为依据，遵循“统一领导，分级管理”的原则，建立起自己的财务制度。

1. 国家有关财务管理制度的法律法规

《企业财务通则》是我国境内所有企业财务活动都必须遵循的基本原则，是国家进行财务管理、制定具体财务制度的法规依据；财务部颁布的《物业管理企业财务管理规定》明确指出，物业服务企业要执行《施工、房地产开发企业财务制度》，并根据自身特点和管理要求对物业服务企业的一些特殊财务活动做出具体规定。此外，还有的法律法规有相关税法、《会计法》、《合同法》、《消费者权益法》等，都与企业的财务管理制度紧密相关。

2. 物业服务企业的财务管理制度

物业服务企业的内部财务制度主要内容包括：财务管理机构的设置、财务人员的职责分工、内部控制、成本费用管理、财务工作的组织及实施要求等。财务管理制度主要有：会计核算方法及凭证账册制度；货币资金管理制度（预算审核管理制度、借款管理制度等）；固定资产管理制度；会计报表制度；现金报销制度（差旅费报销制度、加班费报销制度、招待费报销制度等）。

四、相关法律法规知识

为了更好地完成物业服务企业的财务管理工作，要加强相关税法、《会计法》、《合同法》、《消费者权益法》、《企业财务通则》、《物业管理企业财务管理规定》、《施工、房地产开发企业财务制度》等知识的学习。

任务实施

物业服务企业的财务管理人员首先要清楚物业服务企业财务部门的机构和岗位设置及财务管理制度，然后根据财务管理的工作内容，圆满地完成财务预测、财务决策、财务预算、财务控制和财务分析等工作任务。

学习评价

本任务的学习评价主要是按照知识目标和能力目标的要求，判断通过本任务的学习是否能够完成物业服务企业财务管理的工作任务，以便及时、系统、准确地把握重要的学习内容、学习方法、学习过程、学习效果和学习难点，从而解决学习过程中存在的问题。

教学探讨

一、案例分析

某物业服务企业在管理一住宅小区时，小区物业收费标准不高。但是，物业服务企业为了追求社会效益，保安、保洁的服务标准大大高于物业管理服务费所能提供的水平，导致在专项服务上造成了亏损，影响了整个项目的盈利。物业服务企业应如何调整？

分析： 该物业服务企业要尽快进行财务控制和财务分析，要利用各项财务指标对企业的偿债能力、运营能力、盈利能力和投资价值进行分析，并预测发展趋势，找出问题的实质原因，调整财务方案。然后，对保安和保洁的服务档次进行具体调整，有效控制运营成本。此外，物业服务企业要进行合理的成本控制，实现经济效益和社会效益并存。

二、技能训练

某物业服务企业近来做出以下改革：首先，财务部根据集团下达的经营指标，根据各管理处的收费标准、盈利指标和特性，利用滚动预算的方法，将指标分配到各管理处、投资企业，对管理处进行每月考核，固定时间为每月 22 日，由发展部给出考核指标，财务部提供准确的每月经营数据，物业管理部做部门分配，通过严格的控制来提高经营水平；其次，对职能部门每年的成本支出额，根据往年情况，进行问题上的控制。每半年对职能部门进行考核，在每季度末，针对部门成本进行提醒，标出超预算的“红色科目”。

另外，该企业利用现代信息技术的发展，大力构建服务信息平台和公司内部管理系统平台，其中，内部管理系统平台就包括了财务管理的网络化，改变了传统的管理形式。

试分析该物业服务企业这些改革的有利影响。

分析： 第一，企业对各管理处和职能部门的财务预算及其控制，推行滚动预算管理，可以实现降本增效的目标，滚动预算以目标利润为基础，根据经营管理及市场变动情况分阶段滚动预算企业盈利状况。该物业服务企业运用滚动预算法保证了物业管理资金在各物业上灵活使用、合理调配，既达到控制资金的目的，又可以最大限度地利用资金。

第二，企业实行分级分口管理责任制，形成资金管理控制的组织体系。案例中，物业服务企业将资金控制的责任中心分为管理处与职能部门两类，由发展部、财务部和物业管理部进行三层控制，为物业管理资金的使用控制创造了良好的环境。

第三，构建企业自身的信息平台，提升了资金的时间价值。该物业服务企业的信息平台不仅节约了人力资源，简化了工作程序，降低了工作成本，加大了监督力度，而且还提高了工作的有效性，为企业实行集中统一的财务管理体制创造了条件。

拓展训练

2004 年 6 月，陈女士与福州一房地产公司订立《商品房买卖合同》，约定商品房面积 130 平方米，总价款 30 万元。双方还在《合同补充协议》中约定：公共维修基金由开发商按户收取，120 平方米以上收取 800 元、120 平方米以下收取 600 元。2005 年 1 月，双方办理了交房手续，陈女士依照约定支付全部购房款，缴纳了 800 元物业专项维修基金。2006 年 1 月，开发商通知陈女士：公司将退还已收取的 800 元维修基金，陈女士须按照购房款 2%缴纳物业专项维修基金 6 000 元，持交款凭证才能办理房屋产权证。双方因此发生纠纷，陈女士向法院提起诉讼，要求开发商缴存物业专项维修基金 6 000 元到福州市房地产管理局指定账户，确保业主如期办理产权证。

开发商辩称，根据国务院《物业管理条例》和福建省人大批准通过的《福州市物业管理若干规定》，物业专项维修基金由购房者按照购房款的 2%缴纳。商品房买卖合同中对维修基金缴纳办法的约定违反了法律强制性规定，属于无效条款。请结合本项目知识加以分析。

项目二十二　物业服务合同

项目概述

本项目要清楚物业服务合同的内涵和特征、物业服务合同的种类和内容两大部分的知识。本项目包括物业服务合同概述、物业服务合同的种类和内容两项任务。

任务一　物业服务合同的特征

任务描述

小赵是某物业管理企业的工作人员，遇到要签订物业服务合同的工作，需要搞清楚有关物业服务合同的相关知识。

任务分析

学习物业服务合同的有关知识，首先要清楚物业服务合同的内涵和特征，为物业服务项目的谈判和物业服务合同的签订打好坚实的基础。

相关知识

一、物业服务合同

《合同法》规定的合同，是平等主体的自然人、法人、其他组织之间设立、变更、终止民事权利义务关系的协议。物业服务合同有如下两种定义：狭义的物业服务合同，是物业服务企业与业主或业主委员会之间就物业管理服务及相关的物业管理活动所达成的权利义务关系的协议；广义的物业服务合同是由房地产开发企业或业主委员会与其选聘的物业服务企业之间签订的由物业服务企业对物业管理区域进行综合管理的法律文件。

二、物业服务合同的特征

(1) 物业服务合同是典型的劳务合同。物业服务合同是物业服务企业依照约定完成处理有关事务的劳务合同。

(2) 物业服务合同是以要约人的费用办理要约事务。物业服务企业因办理要约事务的费用由要约人承担，要约人有义务提供办理要约事务的必要费用，物业服务企业垫付的必要费用，要约人应偿还费用及利息。

(3) 物业服务合同是以当事人之间相互信任为前提。除非物业服务合同另有约定或为了要约人的利益在特殊情况下，才可以转约，否则物业服务企业应亲自办理要约事务。

(4) 物业服务合同的双方当事人都有特定的身份。物业服务合同的委托方主要有两个：一是房地产建设单位，在业主委员会成立前作为物业服务合同的一方当事人；二是业主委员会，在业主委员会成立后作为物业服务合同的一方当事人。受托方是物业服务企业。由于物业服务企业实施的物业管理活动是对一定区域内的全部物业进行管理服务，也就是为全体业主服务的，所以全体业主是物业服务合同的主体。因为业主人数众多，想法不一，这就需要业主大会的执行机构——业主委员会来代表大多数业主意志与物业服务企业签订物业服务合同。

(5) 物业服务合同是以约定有关当事人在物业服务中的权利义务关系为主要内容。物业服务合同以物业管理服务为核心，围绕物业管理服务，有关当事人经过充分的协商，拟定各方在物业管理方面的权利与义务关系。

三、相关法律法规知识

为了更好地完成本项任务，要加强相关法律如《合同法》、《物业管理条例》等法律法规知识的学习。

任务实施

首先要清楚物业服务合同的内涵和特征，才能依据物业服务合同为业主们带来更好的服务，提高业主满意度。

学习评价

本任务的学习评价主要是按照知识目标和能力目标的要求，判断通过本任务的学习是否能够完成依据物业服务合同进行物业服务的工作任务，以便及时、系统、准确地把握重要的学习内容、学习方法、学习过程、学习效果和学习难点，从而解决学习过程中存在的问题。

教学探讨

一、案例分析

某公司是二级资质物业管理企业。代某、冯某是“丰业·御景豪庭”小区 3 栋 5—3 业主。2003 年 7 月 28 日，某公司受“丰业·御景豪庭”小区开发商××房地产开发有限公司委托为该小区提供物业管理服务，并签订《前期物业服务合同》，在该合同的“委托服务事项”中约定了物业服务范围，同时约定该公司负责向业主和物业使用人收取下列费用：物业管理费按建筑面积每平方米进行收取，房屋共用部位、公共设备、设施的维护、养护、大中修、更新费用的合理分摊等向业主和物业使用人收取（如电梯维护费等）。在“物业服务要求和标准”中双方进一步约定电梯按规定时间运行，维护、保养、检修等所需费用由业主承担。在“物业服务费用和维修费用”中约定：本物业服务费在物价局核定收费价下来之前，按住宅 1 元/月·平方米、写字楼 2.5 元/月·平方米、商业 3 元/月·平方米收取，物价局核定收费价下来后，按物价局核定收费价进行收费，业主逾期不交物业服务费的，按日千分之三支付滞纳金。“委托服务期限”中约定：暂定三年，自 2004 年 12 月 31 日起至 2007 年 12 月 30 日止。2004 年 12 月，市物价局审批给该公司的物业管理服务收费标价表载明：“丰业·御景豪庭”商住楼住宅按建筑面积每平方米 0.8 元收费，电梯房（含电梯费）按建筑面积每平方米 1 元收费，其批准机关一栏载明：收费依据为“前期物业服务合同”。

2005 年 1 月 16 日，该物业公司与代某、冯某签订《前期物业服务补充合同》约定：电梯住房一楼按 0.8 元/月·平方米收费，二楼按 0.9 元/月·平方米收费，三楼及三楼以上按 1 元/月·平方米收费；业主应在每月 5 日前缴纳当月物业管理费和预交公用分摊费，逾期交纳的，每日加收千分之三的滞纳金；电梯的维护保养到时征求业主意见，可由业主据实分摊也可通过专项维修资金支付；物管公司每月的 30 日、31 日前将公用分摊费在信息栏内向业主公示，以方便业主监督和查询。该合同为《前期物业服务合同》的补充，如本协议与《前期物业服务合同》相冲突之处，以本协议为准，其有效期限与《前期物业服务合同》一致。

2007 年 10 月 19 日，区房产管理局就该物业管理公司报告是否继续为御景豪庭小区服务复函如下：你公司与××房地产开发公司签订的《前期物业服务合同》于 2007 年 12 月 30 日到期，你公司应积极协助开发公司将业主委员会成立，在小区业主委员会成立之前，前期物业服务合同继续履行，你公司在未办理移交之前不能撤场。

该物业管理公司服务期间，其分摊水电费公示表载明，2007 年 12 月至 2008 年 6 月，每户平均分摊水电费 57.8 元，其中包含了 9309 电表和 4052 水表所产生的费用。一审开庭审理后，该物业管理公司自愿撤回了要求支付 9309 电表和 4052 水表产生的费用 22.4 元的请求。2008 年 1 月起，因该公司与小区业主就电梯维保费由谁支付发生争议，该小区的电梯维修公司未及时收到电梯维保费，致小区电梯断续停运，代某、冯某等业主拒交物业管理费。代某、冯某每月应交物业管理费 118.6 元，未交清 2008 年 1 月至 7 月的物业管理费和 2007 年 12 月至 2008 年 6 月的公摊费。2008 年 7 月，御景豪庭小区成立业主委员会，并重新选聘了新的物业管理公司。该物业管理公司于 2008 年 7 月 31 日停止对该小区的服务，后要求支付相关费用未果，诉至法院。

分析： 一审法院认为，该物业管理公司受“丰业·御景豪庭”小区开发商委托为该小区提供前期物业管理服务，其与开发商签订的《前期物业服务合同》和与代某、冯某签订的《前期物业服务补充合同》均没有违反法律、法规的禁止性规定，合法有效。2008 年 7 月前，因小区未成立业主委员会，该物业管理公司在原合同到期后，按照房屋主管部门的要求对该小区继续进行服务，小区业主事实上也接受了该公司的服务，双方在 2008 年 1 至 7 月建立了事实上的物业服务关系。

关于物业管理费的标准应否下浮，公摊费应否支付的问题，虽然《前期物业服务合同》对物业管理费的收费标准进行了暂时定价并约定最后以物价局核定价进行收费，但之后，双方签订了《前期物业服务补充合同》，明确约定补充合同是对前合同的补充，两合同冲突之处，以补充合同为准。补充合同约定电梯住房二楼按 0.9 元/月·平方米收费，三楼及三楼以上按 1 元/月·平方米收费，即双方就物业管理费的收取标准已达成一致意见，双方已变更了前合同中以物价局核定收费价进行收费的合意，物价局的定价对双方不再有约束力。因此，代某、冯某辩称因设施不完善而应在物价局定价基础上下浮收费的理由不成立。2008 年 1～7 月，虽然双方未签订合同，但形成了事实上的物业服务关系，该物业管理公司要求支付物业管理费合法有据。该公司自愿撤回了要求支付 9309 电表和

4052水表产生的费用的请求，应予准许，其垫付其他水电公摊费，代某、冯某应当支付给该物业管理公司。《前期物业服务合同》和《前期物业服务补充合同》均约定××物业管理公司服务期限至2007年12月30日止，2008年1～7月，虽然双方形成了事实上的物业服务关系，但对物业管理费何时交纳没有约定。该公司要求支付滞纳金的请求不予支持。根据《中华人民共和国民事诉讼法》第一百三十条、《中华人民共和国合同法》第六十条、《物业管理条例》第四十五条、《最高人民法院关于民事诉讼证据的若干规定》第二条之规定，判决：一、代某、冯某在本判决生效后立即支付众恒公司物业管理费830.2元。二、代国富、冯明聪在本判决生效后立即支付众恒公司水电公摊费35.4元。三、驳回××物业管理公司的其他诉讼请求。本案受理费50元，由代某、冯某负担。

二、技能训练

2007年5月29日，邱某（甲方）与某物业公司（乙方）签订了一份《物业管理服务合同》。合同约定：甲方将居住小区的公共物业管理事务委托给乙方，期限为50年，每月收取公共物业管理费25元；小区内机动车及非机动车一律进库或在规定的地点停放，摩托车每辆每月交停车费15元。免责条款规定：第三人造成甲方人身、财产损害的乙方不承担责任。2007年8月，邱某购买迅龙牌125摩托车一辆，价款3 280元。2008年1月7日晚，邱某将摩托车停放在其居住的泉源小区C1栋楼下的楼梯间被盗。邱某认为摩托车被盗与该物业公司未尽到安全管理义务有关，该公司应承担赔偿责任。双方就赔偿事宜协商无果，遂于2008年3月1日诉至法院，要求某物业公司赔偿损失3 280元。

法院审理还查明：①双方签订的服务合同中虽有某物业公司提供车位，停车人按月交纳停车费的内容，但因原告及泉源小区的其他业主无人申请此项停车服务，所以某物业公司未向小区业主收取停车费，也未提供统一的停车车位。②某物业公司在邱某居住的小区内设立了24小时门卫，在小区的主要道路安装了电子监控录像。

法院审理认为，原、被告双方签订的《物业管理服务合同》是双方的真实意思表示，是有效合同。合同中约定，某物业公司承担的是公共物业管理义务，在安全上只对物业管理区域内的公共秩序和公共安全提供防范服务。从庭审查明的事实来看，某物业公司在管理的小区内设立了24小时门卫，并在主要道路上安装了电子监控录像，其对小区物业管理区域内的公共秩序和公共安全提供了必要的防范服务，且双方签订合同约定了免责条款，即某物业公司对邱某摩托车被盗不存在故意或重大过失，该免责条款有效。综上，原告邱某不能提供有效的证据证明被告某物业公司未履行公共安全防范义务，其要求该公司承担摩托车被盗损失的诉讼请求不能成立。法院作出判决，驳回原告邱某的诉讼请求。

分析： 物业服务合同是业主与物业公司之间签订的，而不是业主委员会与物业公司签订的，一般情况下，一个小区有多少业主，就有多少份物业服务合同。由于每个业主的情况不一样，物业服务合同的内容也可能不完全一样。比如说，有的业主有车，有的没有车，你要所有的业主都交纳车辆管理费（或者说停车费），显然不合理。对公共管理服务内容，物业公司与所有业主签订的合同是一样的。如下列事项：①房屋的使有用管理及房屋公用部位的维修、养护。②道路、路灯、停车场（库）、供水、供电、排水、消防等小区的公用设施及其运行的维护和管理，保证小区公用设施设备正常运行。③小区容貌、绿化、环保、保安等管理、维护。④配合公安机关维护小区治安秩序。物业公司履行上述义务，业主按约定交纳物业管理费。对有私家车（包括摩托车）的业主，毫无疑问，业主不仅需要一个停车的车位，而且更需要有人来保障它的安全。对业主来说，物业公司应当是一个最佳人选。这样，有车的业主与物业公司就提供车位、保障车的完全、服务费用等事项，可另行签订一个合同或者在公共管理服务合同中列一个附加条款。对附加的条款，物业管理公司称之为特约服务条款。这样就解决了不同业主的不同需求。业主与物业公司之间特约服务合同有的独立成为一个合同，有的与公共管理服务事项混合在一起，统称为“物业管理服务合同”。本案例就是公共事项管理服务与个人车辆保安责任混合在一起的合同关系。

任务二　物业服务合同的种类和内容

任务描述

陈某是一位在物业管理工作岗位工作两年的从业人员，公司指派其参与某项目的物业服务合同的洽谈工作，而需清楚物业服务合同的种类和内容，以便圆满完成物业服务合同的洽谈工作任务。

任务分析

本任务要求搞清楚前期物业服务合同和一般物业服务合同的具体内容，能够按照物业服务合同约定的工作任务为业主提供完善的物业服务。

相关知识

一、物业服务合同的种类

根据不同物业管理阶段和签约主体，可以划分为两种物业服务合同。一是在前期物业管理阶段，由建设单位选聘物业服务企业所签订的物业服务合同；二是业主或业主大会选聘物业服务企业所签订的物业服务合同。

1. 前期物业服务合同

前期物业服务合同是在业主、业主大会选聘物业服务企业之前，建设单位选聘物业服务企业与物业服务企业签订的旨在明确双方权利义务关系的协议。需要注意的是，《物业管理条例》第二十五条规定：建设单位与物业买受人签订的买卖合同应当包含前期物业服务合同约定的内容；第二十六条规定：前期物业服务合同可以约定期限；但是，期限未满，而业主委员会与物业服务企业签订的物业服务合同生效的，前期物业服务合同终止。

2. 一般物业服务合同

一般物业服务合同是在日常物业管理服务中，由业主委员会与业主大会选聘的物业服务企业就物业管理事项以及双方的权利义务而签订的书面物业服务合同。

二、物业服务合同的内容

《物业管理条例》规定物业服务合同的主要内容，旨在引导物业管理当事人在订立物业服务合同时约定一些必要的内容，以利于合同的履行。物业服务合同应具备以下主要内容：①物业管理事项；②物业服务质量；③物业服务费用；④双方的权利义务；⑤专项维修资金的管理与使用；⑥物业管理用房；⑦合同期限；⑧违约责任。

物业服务合同除了应包括上述内容外，还应包括当事人双方有关物业服务商定的其他条款，如合同生效的条件、解除合同的损失赔偿、免责条款约定、合同履行争议的解决方式等。

三、相关法律法规知识

为了更好地明确物业服务合同的内容，要加强相关法律法规知识的学习，特别是《合同法》、《物权法》、《物业管理条例》等。

任务实施

通过对本任务的学习，要搞清楚物业服务合同的种类，包括前期物业服务合同和一般的物业服务合同，以便圆满完成物业服务合同的洽谈工作任务。

学习评价

本任务的学习评价主要是按照知识目标和能力目标的要求，判断通过本任务的学习是否能够完成物业服务合同的洽谈工作任务，以便及时、系统、准确地把握重要的学习内容、学习方法、学习过程、学习效果和学习难点，从而解决学习过程中存在的问题。

教学探讨

一、案例分析

张先生某小区的业主。2006 年 7 月 17 日，该小区的业主委员会与物业公司签订了物业服务合同，委托管理期限为 5 年，自 2006 年 7 月 18 日至 2011 年 7 月 17 日止；按每月每平方米 0.95 元收取物业费；业主逾期交纳物业服务费的，物业公司可以从逾期之日起每日按应缴费用万分之一加收违约金。2006 年 8 月 18 日，小区业主委员会与物业公司又签订物业服务合同补充条款，约定双方签订的物业服务合同期限由原来的 5 年改为 1 年，期满前 3 个月，双方再协商续签事宜。物业公司同意将物业服务费调整为每平方米每月 0.75 元。

物业公司在履行了物业管理义务后，业主张先生却拒绝交纳 2006 年 7 月 18 日至 2007

年7月17日期间的物业管理费及垃圾清运费共计876.45元，因此物业公司将张先生告上法庭，要求张先生支付拖欠的物业费、垃圾清运费及滞纳金22.85元。

庭审过程中，张先生辩称：小区没有保安，外来人员可以随意出入，人防和小区出口也被物业公司出租，我们长期生活在不安全的环境下；小区公共照明坏了，物业公司也不修理；绿地杂草丛生，小区垃圾没人清理；家里设施坏了，都是自己修理，因此不同意支付公共照明费、保安费、绿化费、垃圾费。对上述物业管理存在的瑕疵张先生提交了相应证据，物业公司虽然不予认可，但未提交相应证据。

分析： 法院认为，公民、法人的合法权益受法律保护。作为提供物业管理服务的物业公司，应当按照诚实信用的原则，严格按照约定及有关规定履行自己的物业管理义务，提高物业管理水平。作为接受物业管理服务的业主，应当协助物业公司进行管理，并通过每个业主自身的行动，与物业管理公司共同努力，建设和谐的小区环境和氛围。本案例中物业公司与小区业主委员会签订物业服务合同后，其应按照约定和物业管理法规的规定履行义务，为全体业主提供符合约定标准以及行为标准的服务；张先生作为业主应当按时向物业公司交纳物业管理费，以便物业公司对小区进行管理。庭审中，张先生提供证据证明物业公司提供的物业管理服务不符合约定，物业公司虽予以否认，但未能提交相应证据，故对张先生的辩解意见，予以采纳。鉴于物业公司提供的物业服务项目与服务质量与约定标准存在差距，张先生应交纳的物业管理费应依法减收，因此法院判决张先生给付物业公司物业管理费657元。

二、技能训练

2008年初，武汉遭遇百年不遇的大雪。1月14日下午14时许，设在某住宅小区内的一家美容公司几位职员在小区打雪仗，女职员胡某翻越栏杆到地下车库顶棚上取雪，踏穿顶棚后坠落致头部重伤，小区物业公司急送医院救治，两天后不治身亡。

胡某的父母认为，开发商未尽到安全保障义务；物业公司未设置警示标志、未扫除积雪；两被告在发现受害人玩雪时未予以制止，遂将该小区的开发商与物业公司一起告上法庭，要求两被告承担其女的死亡赔偿金22.9万元，精神损害赔偿金5万元。

法院认为，胡某作为具有完全民事行为能力的成年人，对自己行为存在的危险性应当有预见，特别是在有积雪的地面玩耍并翻越栏杆，故应对自己的伤亡承担主要责任。胡某的死亡与开发商的经营活动无直接因果关系，开发商不应承担赔偿责任。物业公司作为地下车库的实际管理者，对可能危及人身安全的情形，应提供明确的警示。该公司未在地下车库的侧面即低层栏杆易攀爬处标识警示标志，在百年难遇的暴雪天气时，亦未加强安全防范措施，尽到足够的、合理的安全保障义务，对此应承担相应的赔偿责任，以20%为宜。依照《民法通则》第119条、《最高人民法院关于审理人身损害赔偿案件适用法律若干问题的解释》第29条、《最高人民法院关于确定民事侵权精神损害赔偿责任若干问题的解释》第1条，判决物业服务企业赔偿原告死亡赔偿金及精神损害赔偿金的20%，共55 940元。

分析： 物业公司作为地下车库的实际管理者，其管理责任应是全面的，对任何可能危及人身安全的情形，应有醒目的警示标识。该公司未在地下车库侧面即低层栏杆易攀爬处设置醒目的警示标识，未尽清扫积雪等加强安全防范措施的义务，故物业公司未尽到完全的管理责任，应承担20%的赔偿责任。胡某作为成年人，对自己所实施的任何行为给自己或他人是否构成危险应有一定的预见性；在无任何指示和必要的前提下，胡某于大雪后攀爬具有一定高度的建筑设施所造成的后果，应承担主要的责任。

拓展训练

某小区与某物业管理企业签订的《物业服务合同》即将到期了，经过业主委员会举行大会讨论以后，决定重新聘请新的物业管理企业。你认为，当物业服务企业在物业服务合同终止或退出物业服务项目时，应当与业主委员会或当地社区居委办理那些交接手续？

阅读材料：某小区的物业服务合同样本

物业服务合同

甲方：××市××住宅小区业主委员会

乙方：

根据国务院《物业管理条例》、《××省物业管理条例》、《××市物业管理办法》规定，甲乙双方在自愿、平等、协商一致的基础上，就甲方选聘乙方对××住宅小区提供物业管理服务事宜，订立本合同。

第一章　物业基本情况

第一条　物业基本情况

1. 物业名称：××市××住宅小区

物业类型：综合住宅小区（含多层、小高层、别墅等）

坐落地址：

占地面积：　　　　　　　　　　建筑面积：

2. 物业管理区域

物业构成明细（见附件一），物业规划平面图（见附件二）

第二章　服务内容与质量

第二条　在物业管理区域内，乙方提供的物业管理服务包括以下内容：

1. 物业共用部位的维修养护（物业共用部位明细见附件三）；
2. 物业共用设施设备的日常运行的维修养护（物业共用设施设备明细见附件四）；
3. 物业共用部位和相关场地清洁卫生服务；
4. 公共绿地的养护服务；
5. 车辆停放管理服务；
6. 公共秩序维护、安全防范、消防等事项的协助管理；
7. 装饰装修管理服务；
8. 物业档案资料管理；
9. 物业共用部位的收益管理。

第三条　在物业管理区域内，乙方接受业主委托的其他特殊性服务，有：

1. 家政保洁；

2. 零星维修。

第四条　乙方提供的物业管理服务质量应达到约定的质量标准（物业管理服务质量标准见附件五）

第五条　甲方按规定无偿提供产权的投入使用的物业管理用房（不含设备用房）属全体业主共用，乙方在本合同期限内无偿使用，但不得改变其用途。

物业管理用房建筑面积＿＿＿＿＿平方米，其中，办公用房＿＿＿＿＿（物业管理用房平面图见附件六）

第三章　服务费用

第六条　本物业管理区域物业收费实行包干制的方式

1. 物业服务费用按业主房屋的建筑面积计算，具体标准如下：

多层住宅：0.5元/月·平方米

小高层住宅：0.65元/月·平方米

别墅：0.8元/月·平方米

办公用房：1.0元/月·平方米

商业用房：1.0元/月·平方米

（实施普通住宅物业等级收费，其物业服务标准及收费标准见附件七）

2. 物业服务费用主要用于以下开支：

（1）管理服务人员的工资，社会保险和按规定提取的福利费等；

（2）物业共用部位、共用设施设备的日常维护保养费用；

（3）物业管理区域清洁卫生费用；

（4）物业管理区域绿化养护费用；

（5）物业管理区域维护费用；

（6）物业服务企业对本小区分摊的办公费用；

（7）物业服务企业固定资产对本小区分摊以折旧费用；

（8）物业共用部位、共用设施设备及公众责任保险费用；

（9）法定税费；

（10）物业服务企业的法定规定的合理利润。

3. 包干制服务费不含下列费用：

（1）物业共用部位、共用设施设备中修、大修和更新、改造费用；

（2）代收代交的公共能耗费（排水、排污等费用）；

（3）停车费、停车管理服务费。

4. 乙方按照包干制收取物业服务费用后，无论盈亏都自行承担。

第七条　物业服务费用的交纳

1. 购房业主房屋连续六个月以上空置的，须向乙方进行书面备案，乙方应向业主按70%收取空置期间的物业服务费和代收代交分摊公共能耗费。

2. 物业服务费用按每季度交纳，业主应履行交纳义务。

第八条　乙方应于自然年度的每半年向全体业主和物业使用人公布物业服务费用的收支情况。

第九条　公共能耗分摊费及其他费用按下列方式分摊：

1. 物业公共区域能耗费由全体业主按套内建筑面积分摊；

2. 单元楼道内公共照明电费由单元内业主按套内建筑面积分摊；

3. 电梯运行收费内有楼层内 2 层以上业主按以下方案之一收费：

(1) 按楼层层数收费；

(2) 按套内面积收费；

(3) 每户均摊。

第四章　物业的经营与管理

第十条　停车场服务内容及标准如下：

1. 停车场共用车位和共用部位的维修养护，要求正常使用；

2. 停车场配套的设施、设备（包括照明、通排风、给排水、消防、标识、道闸等系统）的维护、管理、要求运行正常，维修养护及时；

3. 停车场的公共环境清洁卫生，要求干净，整洁，及时清除积水，杂物等；

4. 车辆出入的指引、疏导，要求车辆进出，停放有序，定时巡视检查。

第十一条　停车场服务收费分摊争取以下方法：

1. 停车场属于全体业主共有，车位使用人应按露天机动车车位 100 元/个/月，车库机动车车位 150 元/个·月标准向乙方交纳停车管理服务费；

2. 停车场车位所有权或使用权由业主向开发商、建造商购买或租用的，车位使用人应按机动车 50 元/个·月的标准向乙方交纳停车管理服务费。

第十二条　乙方应与停车场车位使用人签订书面的停车管理服务合同，明确车辆基本情况、双方的权利义务、收费价格、管理责任、管理期限以及违约责任等内容。车位使用人对车辆有管理要求的，应当另行与乙方车辆保管合同。

第十三条　乙方在本小区区域内收取的车位管理费（含机动车、非机动车）、灯箱广告费、场地使用费、小区共有公共房屋出租等收入扣除乙方相关经营支出成本后，剩余费用 50%补贴物业服务费用，50%归甲方所有用于专项维修资金和指定用处。

第五章　物业的承接验收

第十四条　甲方、乙方对本合同附件三、附件四的规定的物业共用部位、共用设施设备进行查验，并签订物业承接验收确认书（附件八）。

第十五条　甲方、乙方应移交下列资料：

1. 竣工总平面、立体建筑结构、设备竣工图，配套设施、地下管道工程竣工图等竣工验收资料；

2. 共用设施设备的安装、使用和维护保养等资料；

3. 物业质量保修文件和物业使用证明文件；

4. 业主清册（包括业主姓名、联系地址和电话、房屋建筑面积、交付时间等）；

5. 其他相关物业管理的资料。

第六章　相关责任

第十六条　甲方的责任

法律、法规、规章规定的由甲方承担的责任。

第十七条　乙方的责任

1. 要聘请有岗位资格的人员履行本合同，负责对全体业主提供物业理服务。经业主反映，业委会正式向乙方提出更换相关乙方人员，乙方应更换。

2. 根据有关法律、法规规定和本合同的约定，向业主，物业使用人收取物业服务费用，通过合法有效的方式处理拖欠物业服务费的问题。物业服务费的季收缴率应大于80%。

3. 及时向全体业主通行本物业管理区域内有关物业管理的重大事项，及时处理业主、物业使用人的投诉，接受甲方、业主、物业使用人的监督。

4. 督促业主、物业使用人遵守《业主公约》，物业共用部位、共用设施设备的使用，公共秩序和环境卫生的维护等方面的管理制度。

5. 采取规劝、制止、报告等必要措施，制止业主、物业使用人违反《业主公约》和物业管理区域内物业管理规章制度的行为。

6. 结合本物业的实际情况，编制物业管理方案、年度管理计划、年度维修养护计划、年度费用预算和决算报告。

7. 自本合同终止时起十个月内，向甲方移交物业管理区域、资料和财务，不得以合同纠纷等理由拒绝移交。

8. 法律、法规、规章规定的由乙方承担的其他责任。

第七章　违约责任

第十八条　乙方违反本合同的约定，擅自超标准收取物业服务费用的，乙方应双倍返还超额部分的服务费用。

第十九条　乙方的管理服务达不到本合同约定的服务内容和质量标准给业主和物业使用人造成损失的，应当按照合同约定向相关利益人支付违约金。

第二十条　以下情况乙方不承担责任：

1. 因不可抗力导致物业管理服务中断的。

2. 乙方已履行本合同约定维修责任，但因物业本身因有瑕疵造成损失的。

3. 因维修、养护物业共用部位、共用设施设备，且事先已告知业主、物业使用人，暂时停水、停电、停止共用设施设备使用等造成损失的。

4. 因非乙方责任出现供水、供电、供气、通讯、有线电视与其他共用设施设备运行障碍造成损失的。

5. 因业主、物业使用人未及时缴纳供水、供电、供气、通讯、有线电视等费用而导致服务中断或受到影响的。

6. 业主、物业使用人违反《业主公约》和物业管理区域内物业管理规章制度的行为，虽经乙方采取规劝、制止、向有关部门汇报等措施后，仍未解决，其行为对其他业主、物业使用人产生妨碍和影响。

第八章　其他事项

第二十一条　本合同中有关词语的含义

1. 业主，指房屋的所有权人，即房产权属登记册记载的权利人（含商品房预焦点登记的权利人）。

2. 物业使用人，是指房屋的实际使用人或承租人。

3. 物业，是指房屋及其附属设施设备的相关场地。

4. 共用部位，是指物业主体承重结构部位（包括基础，承重墙体、柱、梁、楼板、屋顶等），户外楼面，门厅，楼梯间，走廊通道等。

5. 共用设施设备，是指物业区域内，保障房屋正常使用的，由全体业主共同拥有的上下水管道、落水管、水箱、加压水泵、电梯、天线、供电线路、共用照明、消防设施、绿地、道路、沟渠、池井、公益性文体设施和共用设施设备使用的房屋等。

6. 公共区域，是指一幢房屋内部，由整幢房屋的业主、物业使用人共同使用的区域以及整幢房屋外，物业管理区域内，由全体业主、物业使用人共同使用的区域。

7. 专有部分，是指在构造及利用上具有独立性，由单个业主独立使用、处分的物业部分。

第二十二条　合同期限，2007 年 4 月 1 日至 2010 年 3 月 31 日。本合同期限内 2007 年 4 月到 2007 年 12 月 31 日为甲方对乙方约定的平稳过渡期。在合同考察期内，小区的物业服务收费暂执行标准多层 0.5 元/平方米、小高层 0.5 元/平方米、别墅 0.5 元/平方米不变，平稳过渡期结束后若继续执行本合同，对各物业形态的物业收费标准执行本合同第六条标准。

第二十三条　本合同终止时，乙方应将物业管理用房、物业管理相关资料等属于全体业主所有的财物及时完整地移交给业主委员会。

第二十四条　本合同的附件为本合同不可分割的组成部分，与本合同具有同等法律效力。

第二十五条　本合同相关事宜，双方可另行以书面形式签订补充协议，补充协议与本合同存在冲突的，以本合同为准。

第二十六条　本合同在履行中发生争议，由双方协商解决，协商不成的，双方可依法调解或向人民法院提起诉讼。

第二十七条　本合同一式贰份，甲、乙双方各执壹份。

甲方____________________　　　　乙方____________________

年　　月　　日　　　　　　　　年　　月　　日

模块九　物业业主自治管理

教学目标

● **知识目标**：通过本模块的学习，应达到以下要求：

1. 了解业主的权利与义务、业主大会和业主委员会的职责；
2. 熟悉业主大会和业主委员会设立的要求、条件与程序；
3. 掌握《业主大会议事规则》和《管理规约》订立的具体内容与程序。

● **能力目标**：通过本模块的技能训练，应培养以下能力：

1. 能够正确判断业主行为是合法维权还是违法侵权、业主大会和业主委员会是积极履职还是消极避责；
2. 能够正确判断业主大会和业主委员会设立的合法与规范性；
3. 能够正确判断《业主大会议事规则》和《管理规约》订立的合法性与合理性；
4. 应具备合理处分物业管理纠纷的能力。

模块概述

本模块包括三个项目：一是业主权利与义务、业主大会与业主委员会职责；二是业主大会与业主委员会设立；三是《业主大会议事规则》和《管理规约》的订立。

项目二十三　业主的权利与义务、业主大会与业主委员会的职责

项目概述

本项目介绍了业主的权利与义务、业主大会与业主委员会在物业管理活动中应当履行的职责。本项目包括业主的权利与义务和业主大会与业主委员会的职责两项任务。

任务一 业主的权利与义务

任务描述

王某是一位刚刚走上物业管理工作岗位的从业人员，希望熟悉物业管理工作的服务主体——物业业主和物业使用人及业主在物业管理活动中享有的权利与应履行的义务。

任务分析

本任务要求清楚物业管理公司的服务对象——业主和物业使用人，明确业主的权利和义务，从而使业主在物业管理过程中更好地享受权利和履行义务，充分发挥业主在物业管理活动中的作用。

相关知识

一、业主

《物业管理条例》规定："房屋的所有权人为业主"。可见，业主是指物业的所有人，即土地使用权和房屋所有权人，是拥有物业的主人。在物业管理活动中，如果某土地上的物业全部属于某一个业主所有，我们称之为"独立所有权人"，这个产权人就是全体业主；如果某幅土地上的物业属于不同物业所有人所有，我们就称之为"区分所有权人"。独立所有权人可以是一个自然人，也可以是一个组织或团体，如某个企业、某个集团等。独立所有权人多见于非居住性物业，如工业厂房、写字楼、宾馆等。区分所有权人可以是一个自然人，也可以是一个组织或团体，常见于居住性物业，如住宅小区。在物业管理中，业主是物业管理企业所提供的物业管理服务对象，是物业管理市场的需求主体。

二、物业使用人

物业使用人是指不拥有物业所有权，但通过某种形式（如签订租赁合同等）而获得物业使用权并实际使用物业的人。在物业管理活动中，物业使用人也是物业管理服务的对象，也应享有相应的权利和义务，使用人的基本权利和义务受双方合同的限制。物业使用人和业主所拥有权利的最大区别就是使用人不拥有对物业的最终处分权，如对物业的买卖和处置。

三、业主的权利与义务

1. 业主的权利

《物业管理条例》规定，业主在物业管理活动中，享有下列权利：①按照物业服务合同的约定，接受物业管理企业提供的服务；②提议召开业主大会会议，并就物业管理的有关事项提出建议；③提出制定和修改管理规约、业主大会议事规则的建议；④参加业主大会会议，行使投票权；⑤选举业主委员会委员，并享有被选举权；⑥监督业主委员会的工作；⑦监督物业管理企业履行物业服务合同；⑧对物业共用部位、共用设施设备和相关场地使用情况享有知情权和监督权；⑨监督物业共用部位、共用设施设备专项维修资金的管理和使用；⑩法律、法规规定的其他权利。

2. 业主的义务

《物业管理条例》规定，业主在物业管理活动中，履行下列义务：①遵守管理规约、业主大会议事规则；②遵守物业管理区域内物业共用部位和共用设施设备的使用、公共秩序和环境卫生的维护等方面的规章制度；③执行业主大会的决定和业主大会授权业主委员会作出的决定；④按照国家有关规定交纳专项维修资金；⑤按时交纳物业服务费用；⑥法律、法规规定的其他义务。

四、相关法律法规知识

为了更好地掌握业主在物业管理活动中应当享有的权利和应该履行义务，要加强相关法律知识的学习，特别是《民法通则》、《合同法》、《物权法》、《侵权责任法》、《物业管理条例》等。

任务实施

通过学习本任务的知识，清楚物业服务企业的服务对象——物业业主和物业使用人，明确业主在物业管理活动中应当享有的权利和应该履行义务，以便物业管理人员在物业管理活动中始终贯彻“以人为本”思想，运用科学的手段从事物业服务工作，不断提高物业服务水平和业主满意度。

学习评价

本任务的学习评价主要是按照知识目标和能力目标的要求，判断通过本任务的学习是否能够明确业主的权利与义务，以便及时、系统、准确地把握重要的学习内容、学习方法、学习过程、学习效果和学习难点，从而解决学习过程中存在的问题。

教学探讨

一、案例分析

2005年8月，刘先生在北京市某住宅小区购买了一套普通住宅而成为该住宅小区的业主，并与小区物业管理公司签订了供暖协议书，协议书约定由物业管理公司为业主刘先生家供暖，供暖费为每采暖季30元/平方米。刘先生说，入住几年来，由于小区在供暖季节的供暖温度始终偏低，他每年都需要空调取暖。2008年9月，他干脆将家里的暖气设施全部拆除。刘先生说，当时他通知了小区物业管理公司，对方没有要求他恢复暖气安装，并答应可以免除他部分供暖费用。2009年12月，刘先生被小区物业管理公司告上法庭，理由是刘先生拆除暖气设施后拖欠供暖费用，物业管理公司要求刘先生支付上一供暖季的供暖费1 930.5元。同时，小区物业管理公司否认了曾答应过可以免除其部分供暖费的要求。

分析： 如果刘先生所在的小区或楼宇实行的是分户分阀供暖的方式，那么刘先生就有权利自己选择供暖方式。因为刘先生在这种条件下拆除家里暖气设施并不对他人产生影响。

如果刘先生所在小区或楼宇没有实行分户分阀供暖的方式，那么，供暖设施就属于"共用设施设备"，由于供暖义务不仅基于合同的约定，而且还要遵守有关政策和行政规章的规定，同时，由于小区或楼宇供暖在技术上是整体供暖，供暖单位（小区物业管理公司）必须履行供暖合同，以保证整体供暖。小区业主刘先生拆除暖气设施的行为有可能对整体供暖造成影响，这种行为可能因"侵害全体业主的合法权益"而不妥。

本案例中小区物业管理公司在知道业主刘先生拆除暖气设施时没有及时进行制止，在物业管理过程中存在一定的过错。

本案例的法院审理结果是：以该住宅小区没有实行分户分阀供暖方式的实际情况和刘先生与小区物业管理公司签订了供暖协议书为依据，认为小区物业管理公司要求刘先生支付上一供暖季的供暖费理由充分，但因小区物业管理公司在知道业主刘先生拆除暖气设施时没有及时进行制止而存在一定的过错，据此法院判决刘先生酌情给付小区物业管理公司供暖费 1 351 元。

二、技能训练

家住北京国际丽都城的业主沈女士，因拖欠 2005 年 1 月至 2006 年 6 月期间的物业管理费 4 311 元，被物业公司告上法院，同时追索按每日千分之三标准支付的滞纳金 3 685.90 元。

庭审中，物业公司诉沈女士一家在入住该小区 1 年半的时间内，享受着物业公司提供的服务，却一直未缴纳物业费，这明显属于权利义务不对等，至于沈女士在居民楼开公司等问题，因物业公司没有执法权，只能采取劝说的方式。沈女士一家则辩称，物业公司对小区安全管理有问题，安全保卫不规范，岗位上经常无人，进出人员杂，车辆管理混乱，车辆随意停放；小区环境差，公共绿化无人保养，居民楼有多家公司，所收取的物业管理费与所提供的服务不符，物业账目不清楚，认为物业公司如不整改，则不同意付费。

法院认为，自两年前沈女士一家入住该小区，与物业公司签订了《业主临时规约》等协议，接受物业公司提供的物业管理服务，双方之间形成了物业管理服务合同关系，入住的小区业主就必须按时支付物业费。现沈女士抗辩称物业公司在管理过程中存在安全和环境混乱现象，这属于提供服务上的瑕疵，遂判决沈女士全额支付拖欠的物业管理费 4 311 元，而对物业公司主张的滞纳金 3 685.90 元，不予支持。

无独有偶，同样居住该小区、居住面积达 202 平方米的徐先生因拖欠 7 277 元物业管理费，被物业公司告上法院。物业公司除向徐先生催缴 7 277 元外，还主张千元的滞纳金。面对法院的传唤，徐先生拒不到庭应诉，法院遂缺席判决徐先生支付所拖欠的物业费及滞纳金。

分析： 按约缴纳物业管理费是每个入住业主应尽的义务。物业公司在对小区的管理服务中可能存在这样或那样的不足或缺陷，但业主用拒付物业服务费的方式抗衡，实属不明之举；尤其是面对法院的依法传唤，采取拒不到庭的方式更不可取。对法院的判决，被告不但要支付应付的物业管理费，还要承担案件的诉讼费用。这对目前仍拖欠物业管理费的业主是个提醒，和谐社区的建设离不开你我。

任务二　业主大会与业主委员会的职责

任务描述

王某是一位刚刚走上物业管理工作岗位的从业人员，希望清楚物业管理区域的业主大会与业主委员会在物业管理活动中应当履行的职责。

任务分析

本任务要求清楚物业管理区域的业主大会与业主委员会，明确业主大会与业主委员会的职责，从而使业主大会与业主委员会在物业管理过程中更好地履行职责，充分发挥业主大会与业主委员会在物业管理活动中的作用。

相关知识

一、业主大会及其职责

1. 业主大会的性质

《物业管理条例》规定：物业管理区域内全体业主组成业主大会。业主大会应当代表和维护物业管理区域内全体业主在物业管理活动中的合法权益。

可见，业主大会是全体单个业主的集合，是决定事关业主利益、有关物业使用和管理的业主自治组织，业主大会拥有对物业重大事项的管理权和决策权。

2. 业主大会的职责

根据《物业管理条例》的规定，业主大会应当履行下列职责：①制定、修改管理规约和业主大会议事规则；②选举、更换业主委员会委员，监督业主委员会的工作；③选聘、解聘物业管理企业；④决定专项维修基金的使用、续筹方案，并监督实施；⑤制定、修改物业管理区域内物业共用部位和公用设施设备的使用、公共秩序和环境卫生的维护等方面的规章制度；⑥法律、法规或者业主大会议事规则规定的其他有关物业管理的职责。

二、业主委员会及其职责

1. 业主委员会的性质

根据《物业管理条例》的相关规定，业主委员会是按照法定程序由物业管理区域内的全体业主根据业主大会议事规则选举产生的，代表业主共同利益的组织，是业主大会的执行机构。业主委员会作为业主大会的常设机构和执行机构，其行为应向业主大会负责。

2. 业主委员会的职责

根据《物业管理条例》的规定，业主委员会应当履行下列职责：①召集业主大会会议，报告物业管理的实施情况；②代表业主与业主大会选聘的物业管理企业签订物业服务合同；③及时了解业主、物业使用人的意见和建议，监督和协助物业管理企业履行物业服务合同；④监督管理规约的实施；⑤业主大会赋予的其他职责。

三、相关法律法规知识

为了更好地掌握业主在物业管理活动中应当享有的权利和应该履行义务，要加强相关法律知识的学习，特别是《民法通则》、《合同法》、《物权法》、《侵权责任法》、《物业管理条例》等。

任务实施

通过学习本任务的知识，清楚物业管理区域的业主大会和业主委员会，明确业主大会和业主委员会在物业管理活动中应当履行的职责，以便物业管理人员在物业管理活动中充分发挥业主大会和业主委员会的作用，不断提高物业服务水平和业主满意度。

学习评价

本任务的学习评价主要是按照知识目标和能力目标的要求，判断通过本任务的学习是否能够明确业主大会和业主委员会的职责，以便及时、系统、准确地把握重要的学习内容、学习方法、学习过程、学习效果和学习难点，从而解决学习过程中存在的问题。

教学探讨

一、案例分析

当前，住宅小区的物业管理纠纷不断发生，不少业主委员会采用在小区里拉横幅、贴小字报的方式维权，结果吃了官司。

上海市思南新苑住宅小区位于思南路 88 号，由陆家嘴物业公司进行前期物业管理。思南新苑住宅小区业主委员会成立后，于 2005 年 9 月 23 日在小区里张贴《致业主书——情况汇报》，称物业公司造假账侵吞、挪用小区停车费等。陆家嘴物业公司一纸诉状把思南新苑业委会告上了法庭，要求思南新苑业主委员会书面道歉，澄清事实，消除影响，赔偿损失。法院审理发现：业主委员会的说法属推测。

分析： 根据《物业管理条例》，业主委员会享有监督和协助物业管理公司履行物业服务合同的职责，但业主委员会应当依法履行上述职责。

法律规定，法人享有名誉权，禁止用侮辱、诽谤等方式损害法人的名誉。以书面、口头等形式诋毁、诽谤法人名誉，给法人造成损害的，应当认定为侵害法人名誉权的行为。

思南新苑住宅小区业主委员会在无事实依据的情况下，在小区的公告栏内张贴《致业主书——情况汇报》，向小区业主予以通报、散布原告做假账侵吞属于思南新苑小区全体业主的停车费和将思南新苑小区的设备运行维修费挪作发工资及其他用途等内容不实的消息，并使用了“做假账侵吞”、“挪用”等词句，这足以导致思南新苑小区业主对原告商业信誉、经营道德等方面评价的降低。思南新苑住宅小区业主委员会的行为已经构成对原告名誉权的侵害。故法院判决思南新苑住宅小区业主委员会向陆家嘴物业公司书面赔礼道歉，并在小区的公告栏内张贴三天，道歉书的内容和形式需经法院审查许可。

二、技能训练

深圳市某住宅小区业主们发现住宅小区区域内的一处原来闲置的非经营性车库突然被改造装修为一小酒吧，整天有许多人聚集在那里喝酒打牌消闲。经业主们了解得知，小区业主委员会里有个别业主为了一己私利，假借业主委员会之名，没有经过业主大会决议，便自作主张将非经营性车库用于出租获利，侵害了小区全体业主的共同利益。业主们遂向业主委员会提出异议，业主委员会认为，非经营性车库暂时闲置，还不如将其出租，业主委员会有权这么做。双方产生争议，经多次协商未果，业主便将此事诉诸法院。

分析：《物业管理条例》第 19 条规定：业主大会、业主委员会应当依法履行职责，不得作出与物业管理无关的决定，不得从事与物业管理无关的活动。如业主大会和业主委员会不得违背自身的性质特点和制度设置从事经营活动、不得作出让不符合任职资格的业主担任业主委员会委员的决议等。

《物业管理条例》第 68 条规定：业主以业主大会或者业主委员会的名义，从事违反法律、法规的活动，构成犯罪的，依法追究刑事责任；尚不构成犯罪的，依法给予治安管理处罚。在物业管理过程中，经常会出现业主（特别是业主委员会中的成员）利用业主大会或者业主委员的名义，从事与物业管理无关的活动，甚至从事违反法律、法规的活动。虽然这些活动是以业主大会或者业主委员会的名义作出的，但是由于其与物业管理活动无关，并不能视为业主大会或者业主委员会的行为，其法律后果应当由利用业主大会或者业主委员会名义从事违法活动的业主承担。

因此，法院审理认为：改变住宅小区非经营性的车库等公共建筑和公用设施的用途依法应当由全体业主共同决定并依照法定的程序进行办理，业主委员会成员中的个别业主假借业主委员会的名义，从事与物业管理无关的活动，任意将住宅小区非经营性车库改变用途，用于出租而获取私利，此举违反了《物权法》和《物业管理条例》的相关规定，依法应当给予撤销，同时判令相关责任人承担相应的法律责任。

拓展训练

某住宅小区的业主刘某在进行房屋装修时，向物业管理公司多次提出更改顶层复式房室内的一根大梁。其理由是按常规该根梁应为正梁，但搞成了反梁，既占用室内空间又影响美观。业主还声称自己是位高级建筑师，已计算出了有关参数、设计出了改梁图纸。

对业主的这一要求，物业管理公司根据《管理规约》和《小区住宅装修管理协议》的规定对业主的要求进行和善的回绝，并耐心地进行劝导和说服。然而，该业主刘某态度十分固执，并以“不管你们同不同意，我都要改”的强硬态度来维护自己作为该住宅小区业主的“合法权益”。

对此，你认为业主刘某的“维权”行为合理吗？物业管理公司是否应该同意其要求？

项目二十四　业主大会和业主委员会的设立

项目概述

本项目介绍了业主大会和业主委员会设立的要求、业主大会召开的原则、第一次业主大会会议召开的条件和筹备工作与程序、业主委员会的日常工作等内容。本项目包括业主大会的设立和业主委员会的设立两项任务。

任务一　业主大会的设立

任务描述

王某是一位刚刚走上物业管理工作岗位的从业人员，公司指派其协助物业管理区域的业主设立业主大会。

任务分析

本任务要求清楚物业管理区域业主大会设立的要求、业主大会召开的原则、第一次业主大会会议召开的条件和筹备工作与程序，以便协助业主设立业主大会。

相关知识

一、业主大会设立的要求

《物业管理条例》规定，一个物业管理区域成立一个业主大会。业主大会是业主自治管理的最高权力机构，对辖区内的物业实施自治管理，代表和维护物业管理区域内全体业主在物业管理中的合法权益。只有一个业主的，或者业主人数较少且经全体业主一致同意，决定不成立业主大会的，由业主共同履行业主大会、业主委员会职责。

二、业主大会会议召开的原则

1. 业主大会会议召开的形式

根据《物业管理条例》的规定，业主大会会议的召开可以采取两种形式，即既可以采取集体讨论的形式，也可以采取书面征求意见的形式。

2. 召开业主大会的法定人数

无论业主大会会议采取哪种形式，都应当有物业管理区域内专有部分占建筑物总面积过半数的业主且占总人数过半数的业主参加。

3. 业主可以委托代理人参加业主大会

业主不能出席时，可以委托代理人出席业主大会，但必须办理合法的手续。委托人出席业主大会会议在委托范围内行使投票权，但不具有被选举的资格。不满 18 周岁的业主由其法定监护人出席。物业使用人可以列席业主大会，但没有投票权。

4. 业主人数较多时可以推选业主代表参加业主大会会议

物业管理区域内业主人数较多时，可以以幢、单元、楼层等为单位，推选一名业主代表参加业主大会。推选业主代表参加业主大会的，业主代表应当于参加业主大会会议 3 日前，就业主大会会议讨论的事项书面征求其代表的业主意见，凡需投票表决的，业主的赞同、反对及弃权的具体票数经本人签字后，由业主代表在业主大会投票时如实反映。

5. 业主大会做出决定的有效人数

决定筹集和使用专项维修资金和改进、重建建筑物及其附属设施时，应当经专有部分占建筑物总面积 2/3 以上的业主且占总人数 2/3 以上的业主同意；决定制定和修改业主大会议事规则、制定和修改管理规约、选举业主委员会或者更换业主委员会成员、选聘和解聘物业服务企业、有关共有和共同管理权利的其他重大事项，应当经专有部分占建筑物总面积过半数的业主且占总人数过半数的业主同意。

6. 业主大会会议分为定期会议和临时会议

业主大会定期会议应当按照业主大会议事规则的规定由业主委员会组织召开。经 20％以上的业主提议，或发生重大事故，或紧急事件需要及时处理，或业主大会议事规则或者管理规约规定的其他情况出现时，业主委员会应当及时组织召开业主大会临时会议。

7. 召开业主大会会议应当于会前通知业主

业主委员会应当在业主大会会议召开 15 日之前要通知全体业主，业主委员会应当将会议通知及有关材料以书面形式在物业管理区域内公告。住宅小区的业主大会会议，应当同时告知相关的居民委员会。

8. 业主大会会议记录应当存档

业主大会会议应当由业主委员会做书面记录并存档。

9. 业主大会的决定应予以公告

业主大会的决定应当以书面的形式在物业管理区域内及时公告。

三、第一次业主大会会议召开的条件

《物业管理条例》规定：同一个物业管理区域内的业主，应当在物业所在区、县人民政府房地产行政主管部门的指导下成立业主大会，并选举产生业主委员会。业主在首次业主大会会议上的投票权，根据业主拥有物业的建筑面积、住宅套数等因素确定。具体办法

由省、自治区、直辖市制定。目前有的地方规定：物业辖区内入住率超过50%以上，住宅区房屋交付使用满二年时，可以召开业主大会。还有的地方规定，一个物业管理区域内，有下列情形之一的即可召开第一次业主大会或业主代表大会，选举产生业主委员会：公有住宅出售建筑面积达30%以上的；新建商品房出售建筑面积达到50%以上的；住宅出售已满两年的。

四、第一次业主大会会议的筹备工作

1. 成立业主大会筹备组

根据《业主大会章程》第五条的规定，业主筹备成立业主大会的，应当在物业所在地的区、县人民政府房地产行政主管部门和街道办事处（乡镇人民政府）的指导下，由业主代表、建设单位（包括公有住房出售单位）组成业主大会筹备组，负责业主大会筹备工作。已有居民委员会的，还可以邀请居民委员会委员参加。

2. 业主大会筹备组的工作内容

根据《业主大会规程》第六条的规定，筹备组应做好以下工作：①确定首次业主大会会议召开的时间、地点、形式和内容；②听取业主和相关人员的建议，结合本物业管理区域的实际情况，参照政府主管部门制订的示范文本，拟定《业主大会议事规则》草案和《管理规约》草案等有关文件；③确认业主身份，确定业主在首次业主大会会议上的投票权数；④确定业主委员会委员候选人产生办法及名单；⑤做好召开首次业主大会会议的其他准备工作。

五、第一次业主大会会议召开的程序

根据《业主大会规程》第八条的规定：业主大会筹备组应当自组成之日起30日内在物业所在地的区、县人民政府房地产行政主管部门的指导下，组织业主召开首次业主大会会议，大会会议的程序如下：①由业主大会筹备组成员代表筹备组介绍大会筹备情况；②由业主大会筹备组成员代表筹备组介绍业主委员会候选人情况；③审议、通过《业主大会议事规则》和《管理规约》；④选举产生业主委员会委员；⑤审议、通过与物业管理相关的重大事项。

在第一次业主大会会议上，物业的建设单位还应当做前期物业管理工作报告，物业服务企业还应当做物业接管验收工作情况的报告。

六、相关法律法规知识

为了更好地掌握业主大会、业主委员会设立的要求、原则、条件、筹备工作和程序，要加强《民法通则》、《合同法》、《物权法》、《物业管理条例》等相关法律法规和条例的有关规定。

任务实施

通过学习本任务的知识，积极参与业主大会的筹备工作，按照物业管理区域的业主大会设立的要求、业主大会会召开的原则、第一次业主大会会议召开的条件和筹备工作与程序，充分发挥每个业主的作用，协助业主设立业主大会。

教学探讨

一、案例分析

广州首个业主用法律赶走了不称职“旧管家”的春兰花园再起波澜，“新管家”新一方物业管理公司进驻小区不到一年，就在2003年4月份被业主委员会以“违反合同”要求炒掉。

春兰花园住宅小区的“旧管家”是房地产开发商下属的某物业管理公司，由于“旧管家”长期对小区管理不善，被广大业主依法炒掉。2001年7月，春兰花园业主委员会向社会公开招聘新的物业服务企业，新一方物业管理公司中标，于2002年5月正式接管了春兰花园。业主们欣喜地看到，“新管家”进驻后，春兰花园面貌一新。住户王先生欣喜地说：“和以前的‘旧管家’大不相同，付每平方米0.5元的物业服务费，有这样的优质服务，真是超值。”

然而，好景不长，2002年12月，新一方物业管理公司进行了首次财务公开，从2002年6月至10月的财务报表反映亏损了55.2万，业主委员会几次发函要求审核所有收入和支出的原始凭证，但新一方物理管理公司不同意。因此，春兰花园业委会提出新一方物业公司因违反了物业管理合同而要求辞退该公司。

春兰花园业主委员会认为：双方在合同确定是按“酬金制”，小区的收入像住宅商铺管理费用、车场收入、等有偿服务费用，并不是全给新一方的，而是提取收入的8%为新一方的酬金。标书的预算收入开支是每月8万元，现在新一方物业管理公司公布的财务报表每月收入是10多万元，理所当然这2万多是归业主留作小区再投入。新一方物业管理公司违反合同，把本应该归业主的管理费结余，却用做假账和擅自加大开支的做法显示亏损。

对此，新一方物业管理公司认为：公司的财务公开是真实可信的，由于业主委员会不具备专业资格，在不违背国家法律赋予公司的独立自主经营权的情况下，应请专业机构来做，但业主委员会又不愿意。

根据《广州市物业管理办法》的规定，物业管理公司有义务定期公布财务账目，但是当业主委员会与物业公司有委托合同关系，而且业主委员会对物业公司公布的账目提出质疑时，业主委员会能否核实物业管理公司的账目，以及如何操作等问题，目前尚无明确的规定。像业主委员会对物业公司账目提出质疑，进而要求查核原始凭证，这在广州还是第一次。

新一方物业管理公司强调：没有违约，因为按合同约定，违约有两个关键前提：一是提高收费，二是有超过半数的业主否认物业服务质量，且公司当初参与投标就是冲着社会效益来的，虽然2002年6月至10月有亏损，但公司不会要求业主承担，每平方米0.5元的物业服务费不会涨，公司从来没有在春兰花园拿走一分钱，前期工程整改就投入了20多万。

新一方物业管理公司还认为：春兰花园业主委员会在给公司的通知中，声称是经过业主代表大会通过，决定解除双方签订的合同，但是直到公司做家访，绝大多数业主根本都不知道业主委员会要炒掉新一方物业管理公司。新一方物业管理公司还出示了2003年4月份家访的调查表，被访的820户中有760户满意并愿意接受新一方物业管理公司的物业服务。

业主委员会认为："按法规，业主在300名以上的，只需要召开业主代表大会，我们电话通知了各个楼的楼长，还有业委会成员，40多人参加开会讨论决定的，大多数业主是不了解情况。我们本来是希望在仲裁下来后向业主讲清的。"

新一方物业管理公司表示：业主委员会在没有征求大多数业主意见的情况下，提出解除合同，并与其终止合约，目的还是为了某些人具体利益。法律应该站在公平公正的立场上对于双方的权利义务进行约定，以利于整个行业的规范管理和持续发展。

分析： 本案例的焦点之一是：业主委员会有无直接查账权。不管是从委托一受托关系角度，还是现有各层级法规，均规定物业公司有义务定期如实向业主公开公布收支账目，即要履行如实准确报告的义务，从这个角度说，业主委员会集体调看账目本无不可。但物业公司作为独立经营的企业法人，其财务收支账目属于企业秘密，有权不随意对外。解决的办法可在合同中约定什么情况下、由谁（如双方认可的代表人或机构）、依何种程序、在多大范围内审查账目。

本案例的焦点之二是：业主委员会、业主代表如何行使代表权。现实中确实存在合法选出的业主委员会能否真正代表大多数业主心声、利益的问题，核心在于对业主委员会的权力也应有有效的监督和制约。应该说像解聘物业公司这样的重大事项，绝对不能由少数业委会成员或业主代表开小会议来确定，事后再通知广大业主。这涉及业主自治权利具体依法规范行使问题。新修订的《物业管理条例》规定，业主委员会只是业主大会的执行机构，只有执行权，没有决策权。针对物业管理公司的解聘问题，业主委员会完全可以通过书面征求业主意见的办法来统计大多数业主的意见，再依法采取相应的行动。另外，还有一个评判物业管理公司违约程度和违约性质问题，也不是一概以解聘的方式解决为优。

二、技能训练

2005年8月13日，上海市闵行区富宏花园业主大会和业主委员会登记成立，2006年3月2日，业主大会张贴《首批议案表决》结果公告，其中第12条内容为："对于有经营行为的虹梅路3125号地下室和3131号地下室会所，按非住宅用房收取每月每平方米5.60元物业管理费"。2007年2月14日，业主大会与物业公司签订《物业管理合同》，其中第六条约定物业管理费收费标准为商业用房5.6元/月・平方米。经查明，富宏花园办公楼等的原房地产权利人为林某，业主大会筹备组确定林某投票权数为 36 票。2006 年 10 月，马先生等两人通过向林某购买房屋的转让方式取得了 3125 号地下室、办公楼、屋顶茶室等房屋产权 5 055.65 平方米。之后，业主大会认可马先生等两人拥有投票权数 51 票。

马先生等两人认为，从 2006 年 10 月 13 日起成为 3125 号房产的业主，但在此前，原业主林某从未接到任何通知参加业主大会行使业主权利。经查，发现 2006 年 3 月 2 日所作的《首批议案表决》决定严重违反了《物权法》及上海市物业管理的有关规定，故请求撤销上述决定。

马先生等两人的理由有三：一是按照《上海市住宅物业管理规定》第九条之规定，两人应当拥有 51 个业主权数，但业主大会在统计业主权数时程序严重错误。按 2006 年 3 月 2 日作出的《首批议案表决》结果公告显示，总业主权数为 141 个，而通过对收取物业管理费的议案的业主权数为 132 个，显然是业主大会未正确计算业主权数，导致马先生等两人无法履行其合法投票权，原业主林某也从未同意上述决定。二是业主大会对于作为拥有 51 个业主权数的马先生等两人，从未就上述决定的内容通知，侵害了马先生等两人的知情权。三是 2007 年 2 月 14 日，业主大会与物业管理服务公司签订委托代管服务合同时，在明知业主已经更换的情况下也没有及时通知马先生等两人相关合同内容，也未告知《首批议案表决》决定的内容。故认为业主大会的行为严重侵害了自己的正当权利。

业主大会认为，马先生等两人是在 2006 年 10 月才成为小区业主，而其要求撤销的《首批议案表决》的第 12 条决定却是在此之前的 2006 年 3 月，在时间上根本不存在“未准确计算业主权数”、“侵害合法权益”、“侵害原告知情权”的可能。假如曾侵犯业主的权益，也应当由原业主提起诉讼。业主投票权数系由有关部门负责计算与审核，不存在统计业主权数的程序错误，临时筹备小组还按规定张贴“业主身份及其在业主大会会议上投票权数公告”，无任何人提出异议。要求撤销的决定早在 2006 年 1 月 20 日便由业委会公告实施，并通过招投标的方式选聘物业公司及制定收费标准，不仅合理合法，而且已以合同方式存在和履行，不可能予以撤销。因小区所有活动和决定均在公告栏内及时告示，并备案，没有故意不向马先生等两人通知任何重要事项之必要与可能。

分析： 因马先生等两人取得相关房屋权利的时间在业主大会形成《首批议案表决》公告的时间之后，事实上马先生等两人在形成《首批议案表决》时尚不具有投票权，且业主大会根据召开业主大会时原权利人林某拥有的房屋面积给予投票权数 36 票的事实，也符合召开业主大会时的客观事实。现马先生等两人起诉要求撤销《首批议案表决》第 12 条决定，应举证证明在进行业主投票时存在违反《业主大会议事规则》相关程序性要求之事实。然马先生等两人提供的证据并不能证明业主大会存在违反相关规定的事实。

另外，业主大会的决定对全体业主具有约束力，当房屋权利人发生变更时，业主大会的决定同样适用于房屋受让人。法律法规也没有明确规定当房屋权利人发生变更时，业主大会执行机构对权利人变更前所作出的决定仍负有单独向房屋受让人告知的义务，作为该房屋的受让人无权以其未参加有关会议而不履行业主大会决定所产生的义务和责任。故马先生等两人认为未向其告知《首批议案表决》的相关内容，侵害了其知情权之意见，不予采纳。因此，法院判决，马先生等两人的诉讼请求不予支持而驳回。

任务二　业主委员会的设立

任务描述

王某是一位刚刚走上物业管理工作岗位的从业人员，公司指派其协助物业管理区域的业主设立业主委员会。

任务分析

本任务要求明确业主委员会设立的要求、业主委员会的日常工作等内容，以便协助业主设立业主委员会。

相关知识

一、业主委员会设立的要求

1. 业主委员会的产生及人员构成

业主委员会是按照法定的程序由业主大会从全体业主中选举产生的，是业主大会的执行机构。首次业主大会会议召开之前，业主大会筹备组应确定业主委员会委员候选人产生办法及名单，提交业主大会会议选举通过。

业主委员会由五至十五人组成。业主委员会委员在业主中产生；业主委员会主任、副主任在业主委员会委员中产生。业主委员会应当自选举产生之日起 3 日内召开首次业主委员会会议，推选产生业主委员会主任 1 人，副主任 1～2 人。

业主委员会应当自选举产生之日起 30 日内，将业主大会的成立情况、业主大会议事规则、管理规约及业主委员会委员名单等材料向物业所在地的区、县人民政府房地产行政主管部门备案。

2. 业主委员会委员的条件

建设部《业主大会规程》规定，业主委员会委员应当符合下列条件：①本物业管理区域内具有完全民事行为能力的业主；②遵守国家有关法律、法规；③遵守业主大会议事规则、管理规约，模范履行业主义务；④热心公益事业，责任心强，公正廉洁，具有社会公信力；⑤具有一定组织能力；⑥具备必要的工作时间。

3. 业主委员会委员资格的终止

建设部《业主大会规程》规定，业主委员会委员有下列情形之一的，经业主大会会议通过，其业主委员会委员资格终止：①因物业转让、灭失等原因不再是业主的；②无故缺席业主委员会会议连续三次以上的；③因疾病等原因丧失履行职责能力的；④有犯罪行为的；⑤以书面形式向业主大会提出辞呈的；⑥拒不履行业主义务的；⑦其他原因不宜担任业主委员会委员的。

业主委员会委员资格终止的，应当自终止之日起 3 日内将其保管的档案资料、印章及其他属于业主大会所有的财物移交给业主委员会，以保障下任业主委员能顺利开展工作。

二、业主委员会的日常工作

业主委员会的日常工作要根据业主委员会章程来决定，一般说来有如下几项：

（1）了解掌握物业管理区域、业主和使用人的基本情况。包括辖区物业面积、建筑结构、产权性质，辖区基础设施、绿化、公建配套情况，辖区周围环境、交通等情况。业主和使用人按户登记造册。对本辖区的物业管理的目标和要求在广泛征求业主意见后提出初步方案以供讨论。

（2）组织实施选聘物业服务企业的招标活动。根据有关物业管理的法律法规和政策的规定，通过招投标方式选择物业服务企业，并向业主大会汇报，经业主大会通过后，与物业服务企业签订物业服务合同。

（3）提出是否续聘物业服务企业的建议。如辖区原已有物业管理公司进行管理，对原来的物业管理工作做出评价，包括取得的成绩、得当的管理措施、存在的问题、收费项目和标准的合理性，对原来的物业管理公司是否续聘或解聘提出意见，向业主大会或业主代表大会报告。

（4）代表业主管理好物业专项维修资金。业主委员会代表业主大会掌握好对物业专项维修资金的使用权，遵循专款专用的原则，要求物业管理公司在账务上按幢立账、按户核算，在年终时可委托有资质的审计单位对物业专项维修资金的账务进行审计，并把结果向业主大会报告。

（5）提出本辖区年度房屋修缮计划、设备维修更新计划、公共设施维修养护计划，并提出财务预算，提请业主大会或业主代表大会审议。必要时，做好物业专项维修资金的筹集工作。

（6）督促业主和使用人遵守管理规约、小区管理规约、房屋使用规约等行为准则，协调好物业使用中业主的相邻关系，对于违章装修，协助物业管理公司进行管理，如有违章行为的人不听劝阻要报告有关行政管理部门依法处理。

（7）协助物业服务企业对物业管理区域的物业进行管理。协助物业服务企业做好辖区内道路、场地、车辆行驶和停放，以及设置广告等方面的管理。

（8）做好业主委员会的内部管理工作。起草制定和修订有关物业管理规约和有关制度，建立工作制度、会议制度和档案制度，做好办公经费的筹集和使用管理工作，做好办公用房的设置和管理工作，做好委员的增补选举工作和换届选举工作等。

三、相关法律法规知识

为了更好地明确业主委员会设立的要求和业主委员会的日常工作，要加强《民法通则》、《合同法》、《物权法》、《物业管理条例》等相关法律法规和条例的学习。

任务实施

通过学习本任务的知识，按照业主委员会的产生方式和人员构成、业主委员会委员的条件、业主委员会委员的资格终止、业主委员会的日常工作等内容，积极参与业主委员会的筹备工作，充分发挥每个业主的作用，协助业主设立业主大会。

教学探讨

一、案例分析

物业管理公司刚刚进驻小区，业主们却已经成立业主委员会。他们是在网上联络发起的，有一百人左右，还推选了一位业主委员会主任，这位主任在网上联络各位业主。这样的业主委员会合法吗?

分析：业主委员会是业主自治管理的核心，其成立根据惯例要有具备一些必要的条件，并履行必需的成立程序，该组织的成立才是合法的。业主委员会成立的条件是：公有住宅出售建筑面积达到30%以上；新建商品住宅出售建筑面积达到50%以上；住宅出售已满2年，其成立程序在“相关法规制度”中有明确介绍。本案例中小区业主委员会显然未按组织程序成立，其不具备法律地位，是不合法的组织。

从与业主长远合作的角度，首先物业管理公司应肯定业主这种自治管理的民主意识，但也要宣传业主委员会成立的相关法规政策，指出他们目前这种做法的不合法，提出积极的建议。同时，物业管理公司还要表明愿意积极帮助业主成立业主委员会的愿望，愿意与其友好合作的心意。

二、技能训练

2005年7月30日，上海市杨浦区延吉四村住宅小区业主委员会就该小区某居民大楼的管道更换事宜，与上海爱康建材公司签订了一份购销合同，约定由建材公司向业主委员会供应管件及配件，总价款人民币50 200元。合同签订后，建材公司按约履行了交货和安装义务，在业委会验收合格后，双方签订了验收单并约定减去800元货款，但业委会一直未付货款。

2006年7月，建材公司将业委会告上法庭，要求业委会给付货款49 400元。业主委员会却辩称，欠款未付属实，但业主委员会不是独立主体、法人，不能作为义务主体，无权对外订立合同，故合同为无效合同，原告应当将所有业主列为被告。

分析： 民事活动应当遵循诚实信用、等价有偿的原则。业主委员会作为业主大会的执行机构，为了更换部分楼宇物业的管材等设施，代表相关业主签订了购买管材的合同，该货物已安装并实际已经由业主使用，故业主委员会应支付货款。法院由此判决业主委员会支付建材公司货款。

在本案中，业主委员会为了业主的利益，向建材公司购买货物，理应按约支付款项；

如果将全体业主作为被告参加诉讼，不仅增加了诉讼成本，也容易导致案件久拖不决。如果这样的话，正常民事活动的交易安全就得不到保障，导致即使为了正常的物业维修，也没有人敢与业主委员会签订交易合同，最终损害的还是业主的利益。因此，法院直接判定业主委员会应当支付拖欠货款。

拓展训练

某住宅小区共有住宅651套，在两年的时间内，入住率从10%逐步提高到65%。目前部分业主在网上联络发起组建业主委员会，他们在网上联络了120多人，还推选了一位业主胡某担任委员会主任，这位主任胡某在网上联络各位业主，并亲自选择8名业主作为业主委员会委员，胡某将业主委员会名单报给住宅小区的物业服务企业，而物业服务企业不予接受，认为该业主委员会是不合法的。

对此，你认为这样产生的业主委员会合法吗？物业服务企业该如何对待？

项目二十五 《业主大会议事规则》和《管理规约》的订立

项目概述

本项目包括两项任务：一是《业主大会议事规则》订立；二是《管理规约》的订立。其中，《管理规约》还包括《临时管理规约》。

任务一 《业主大会议事规则》的订立

任务描述

李某是某物业服务企业新上任的客户服务经理，希望清楚《业主大会议事规则》的订立过程和具体内容。

任务分析

本任务要求清楚《业主大会议事规则》订立时要涉及的具体内容，规范业主的权利义务关系和业主大会的运作机制，以便发挥业主和业主委员会在物业管理活动中的自治作用。

相关知识

一、《业主大会议事规则》的法律属性

《业主大会议事规则》是业主大会组织、运作的规程，是对业主大会宗旨、组织体制、活动方式、成员的权利义务等内容进行记载的业主自律性文件。

《业主大会议事规则》是规范业主之间权利义务关系和业主大会内部运作机制的规章和约定，明确每一个业主都有必要自觉遵守《管理规约》和《业主大会议事规则》的义务。

《业主大会议事规则》是全体业主意志的集中体现，是业主大会运作的基本准则和依据，业主大会通过《业主大会议事规则》来建立业主大会的正常工作秩序，保证全体业主集体意志和行动的统一。

业主大会、业主委员会和所属的成员都必须严格遵守《业主大会议事规则》。如业主委员会在组织业主召开首次业主大会的时候，拟表决的物业管理活动中的有关决定、定期会议和临时会议的运作方式等，都要依据《业主大会议事规则》进行。

二、《业主大会议事规则》的具体内容

《物业管理条例》规定："业主大会议事规则应当就业主大会的议事方式、表决程序、业主投票权确定办法、业主委员会的组成和委员任期等事项做出约定。"因此，订立《业主大会议事规则》时，应包括以下具体内容：①订立《业主大会议事规则》的宗旨；②业主大会召开的原则；③业主大会的议事方式；④业主大会的表决程序；⑤业主投票权确定方法；⑥业主委员会的权利和义务；⑦业主委员会的组成和任期；⑧业主委员会活动经费的来源和使用。

三、相关法律法规知识

为了更好地了解《业主大会议事规则》订立的要求和具体内容，要加强《民法》、《物权法》、《物业管理条例》和《业主大会规程》等相关法律法规和条例的学习。

任务实施

通过学习本任务的知识，按照《业主大会议事规则》订立的程序和内容，充分发挥每个业主的作用，以便使得《业主大会议事规则》的订立符合法律规定，并充分发挥其在物业管理活动中的重要作用。

教学探讨

一、案例分析

兰州市兰州东岗世纪新村住宅小区由甘肃信通通利房地产开发有限公司投资开发，由甘肃信通通利物业管理公司承担小区的物业服务。业主刘老先生是兰州东岗世纪新村住宅小区业主委员会主任，由于小区有部分业主对该小区的物业服务不满，所以业主委员会决定依据《东岗世纪新村住宅小区业主大会议事规则》召开"业主代表大会"的方式罢免甘肃信通通利物业管理公司。

为了将甘肃信通通利物业管理公司"请出去"，刘先生和小区业主委员会的委员们于2009年初对小区1 500多户业主进行了入户访问，有800多名业主表示支持业主委员会的决定，支持率超过了50%。2009年3月14日，业主委员会召开了业主代表大会，有30

位业主代表参加了此次大会，会上通过了罢免甘肃信通通利物业管理公司承担小区物业服务的决定。3 月 19 日，小区业主委员会在报纸上刊登了终止与甘肃信通通利物业管理公司合作的公告，并公开招聘新的物业公司。

甘肃信通通利房地产开发有限公司看到甘肃信通通利物业管理公司被炒的消息后十分吃惊。其负责人表示，东岗世纪新村住宅小区最大的业主应该是甘肃信通通利房地产开发有限公司。按照《东岗世纪新村住宅小区业主大会议事规则》，以其尚未售出的住宅面积和商铺面积来计算，甘肃信通通利房地产开发有限公司享有 160 多位业主的投票权。而东岗世纪新村住宅小区业主委员会炒掉甘肃信通通利物业管理公司这件事，甘肃信通通利房地产开发有限公司并不知晓，且炒掉甘肃信通通利物业管理公司的决定显然缺乏根据，违背了《东岗世纪新村住宅小区业主大会议事规则》，也侵害了小区最大业主的知情权和投票权。甘肃信通通利房地产开发有限公司将业主委员会主任刘先生和业主委员会告上法院，请求法院撤销业主委员会做出的决定。

分析： 依据《物业管理条例》和《东岗世纪新村住宅小区业主大会议事规则》，东岗世纪新村住宅小区业主大会具有“选聘、解聘物业管理企业”的职责，但小区业主委员会召开的业主代表大会，应该在 15 日前通知全体业主，社区居委会、物业管理行政部门、公证机构应进行现场监督和公证。而东岗世纪新村业主委员会召开的业主代表大会，没有证据证明物业上级行政部门以及公证部门到场监督，因此小区物业召开业主代表大会缺少第三方监督，导致程序违法。因此，法院判决撤销东岗世纪新村业主委员会作出更换物业公司的决定。

二、技能训练

2004 年 6 月 18 日，上海市普陀区房屋土地管理局发出公告，划定普陀区中远两湾城小区的物业管理区域，该区域成立一个业主大会，有关业主大会的筹备工作将按规定程序进行。2007 年 7 月 16 日，上海市普陀区中远两湾城小区业主委员会向普陀区房屋土地管理局申请备案业主大会和业主委员会，并提交了业主大会会议记录和业主大会会议决议、《中远两湾城小区业主大会议事规则》、《中远两湾城小区管理规约》、《业主委员会成立备案表》、业委会委员所有房屋的房地产权证等材料。上述材料反映业主委员会委员选举情况：该小区一至三期总投票权数为 7 780 票，发出选票 7 584 张，回收选票 4 671 张，其中弃权 325 张、废票 7 张；回收有效选票数超过总投票权数的 50%；当选委员得票数超过回收选票数的 50%。而通过的《中远两湾城小区业主大会议事规则》中有关业主大会表决形式规定，对于已送达的征询表决意见单，业主在规定时间内不反馈意见或者不提出同意、反对、弃权意见的，视为同意。而对于《中远两湾城小区业主大会议事规则》的 7 174 张同意票中，明示同意为 3 918 张，另有 3 256 张为业主在收到选票后在规定时间内不反馈意见而视为同意。《中远两湾城小区管理规约》的 7 168 张同意票中，回收的表决票中明示同意为 3 912 张，视为同意 3 256 张。《中远两湾城小区业主委员会成立备案表》的“备案人说明”一栏载明：业主委员会主任保证备案提交材料的真实性。在“街道办事处意见”栏内，两湾城小区所属街道办事处对备案登记盖章表示同意。

普陀区房屋土地管理局受理了备案申请，并于 2007 年 8 月 1 日核发了编号为“沪普业委房（第 557 号）”的《中远两湾城小区业主委员会成立备案证》。该备案证载明了业主大会名称为上海市普陀区中远两湾城小区业主大会，业主委员会名称是上海市普陀区中远两湾城小区业主委员会，并载明了业主委员会负责人、业主委员会地址等。

尔后，中远两湾城小区的住户周某等 12 户小区业主不服，申请行政复议。2007 年 12 月 12 日，上海市房屋土地资源管理局做出复议决定予以维持。周某等 12 户小区业主仍不服，认为业主大会及业主委员会的召开和选举过程不符合法律规定，普陀区房屋土地管理局核发备案证违法，故诉至法院请求撤销普陀区房屋土地管理局核发的《中远两湾城小区业主委员会成立备案证》。

分析： 业主委员会是小区业主自我管理的自治组织，房地产行政管理部门对业主委员会的备案申请仅负责依照物业管理法律规定的要件进行形式审查，对于业主大会和业主委员会在选举、表决过程中的计票情况及每份投票是否符合业主的真实意思不负有深入实质审查的职责，实质审查也不具有可行性。实践中对于“业主在规定时间内未反馈意见的视为同意”的表决方式符合《中远两湾城小区业主大会议事规则》的规定，也符合当前小区生活的实际情况，不宜轻易否定。对于业主大会或业主委员会决定侵害部分业主利益的，被侵害业主可以按照物权法有关规定提起民事撤销诉讼。可见，周某等 12 户小区业主认为业主大会及业主委员会的召开和选举过程不符合法律规定的观点不成立。

因此，法院认为，依据《上海市住宅物业管理规定》第 13 条第一款规定，业委会申请备案需提交的文件只有四项，即：“（一）业主大会会议记录和会议决定；（二）业主大会议事规则；（三）管理规约；（四）业主委员会成员的名单和基本情况。”中远两湾城小区业主委员会在申请备案时提交了上述材料，普陀区房屋土地管理局履行了有关法律规定的审查义务，其核发业委会备案证的行为合法，故判决驳回周某等 12 位业主要求撤销备案证的诉讼请求。

任务二 《管理规约》的订立

任务描述

李某是某物业服务企业新上任的客户服务经理，希望清楚《业主大会议事规则》的订立过程和具体内容。

任务分析

本任务要求清楚《管理规约》订立的基本程序和具体内容，以便发挥业主和业主委员会在物业管理活动中的自治作用。

相关知识

一、《管理规约》和《临时管理规约》

《管理规约》是依据国家相关法律法规制定的，是业主应当共同遵守的行为准则。订立《管理规约》的实质是在合法的前提下，以民事约定的形式对业主和物业使用人行为的一种自律性约束。通过这种约束，使业主和物业使用人在社会公德与法律规范等方面对自己的行为实现自我控制和约束。当业主和物业使用人违反《管理规约》时，应承担违约的相应的民事责任。《管理规约》是业主实施自治管理的必要依据，是全体业主的最高自治规范和根本性自治规则。

1.《管理规约》

《管理规约》是一种公共契约，属于协议、合约的性质，是由业主承诺的，全体业主共同约定、相互制约、共同遵守的有关物业使用、维护、管理及公共利益等方面的行为准则，是实行物业管理的基础和基本准则。

《管理规约》是物业管理中的一个基础性文件，与《物业服务合同》、《业主委员会章程》、《业主大会议事规则》等构成了物业管理法规的基本框架，也是物业服务企业进行物业服务的法律依据和法律文件。

通过订立《管理规约》，可以加深全体业主对物业管理与自治管理的理解和支持，可以依据《管理规约》对违反规约的业主或物业使用人进行处罚和对业主之间的纠纷予以调解，《管理规约》可以成为文明的行为准则，从而切实推动社会文明的建设。

2.《临时管理规约》

《临时管理规约》是房地产开发商或前期介入的物业服务企业制定的，对全体业主共同约定，要求业主共同遵守的有关物业使用、维护、管理及公共利益等方面的行为准则，是实行物业管理的基础和基本准则。

在前期物业管理阶段，业主大会没有成立，由建设单位或房地产开发商在物业销售之前，参照政府公布的示范文本，结合物业管理实际，订立《临时管理规约》。物业买受人在签订物业买卖合同时，应当遵守《临时管理规约》作出的承诺，建设单位制定的《临时管理规约》不得侵犯物业买受人（业主）的合法权益，否则视为无效。《临时管理规约》是临时性质的，待首次业主大会通过的《管理规约》生效后，《临时管理规约》自行失效。

二、《管理规约》的基本内容

（1）物业的基本情况，包括物业的名字、地点、面积、户数等；有关共用部分的情况，包括对共用部分的持份比例、全体共有和部分共有的划分。

（2）业主的共同利益问题，包括公共设施、设备的使用和保护，利用物业共用部分获得收益的分配等。

(3) 业主的权利义务问题，包括按时交纳物业管理费用和专项维修基金，不得擅自改变建筑物及其设施、设备的外貌、结构和设计用途，不得随意停放车辆和鸣放喇嘛等。

(4) 业主共同事务的管理，包括业主大会、业主委员会的设立、运作、权限等方面的内容以及业主对业委会和物业管理公司的监督权等。

(5) 违反规约应承担的责任问题。业主不履行管理规约要承担民事责任，以支付违约金或赔偿损失为主要的责任承担方式；在违约责任中还要明确解决争议的办法，如通过业主委员会或者物业管理公司调解和处理等，如果业主不服调解和处理的，可通过诉讼渠道解决。

三、《管理规约》订立的法律依据

(1)《民法通则》第八十三条规定，不动产的相邻各方，应当按照有利生产、方便生活、团结互助、公平合理的精神，正确处理截水、排水、通行、通风、采光等方面的相邻关系。当业主和物业使用人违反规约时，应承担违约的相应民事责任。

(2) 建设部《城市异产毗连房屋暂行规定》明确指出，专有人和使用人对房屋使用和修缮，必须符合城市规划、房地产管理、消防和环境保护等部门的要求，并应按照有利使用、共同协商、公正合理的原则，正确处理毗连关系。所有人和使用人对共有、共用门厅、阳台、屋面、楼道、厨房、厕所以及院落、上下水设施等，应当共同合理使用并承担相应义务。

(3)《物业管理条例》规定，业主在物业管理活动中必须履行的义务之一是遵守《管理规约》和《业主大会议事规则》。

四、《管理规约》的订立程序

订立《管理规约》时，应当遵循以下程序：①规约的起草；②规约的通过；③新入住的业主对规约的签署。

五、《管理规约》的修订

首次业主大会会议通过的《管理规约》可能有不完善的地方，需要对其进行修改补充。《管理规约》的修订程序与《管理规约》的订立程序相同，应广泛征求广大业主的意见，在业主大会会议召开之前拟定规约修改意见，提请业主代表大会会议讨论表决，均应当经专有部分占建筑物总面积过半数的业主占总人数过半数的业主同意通过。

业主大会可以依法根据本物业管理区域内的实际情况对《管理规约》进行修改补充，并向房屋管理部门备案。修改补充条款自业主大会会议通过之日起生效，无须经业主重新签署。

修改补充条款不得与法律、法规和有关政策规定相抵触，否则房屋管理部门有权予以纠正或撤销。

六、相关法律法规知识

为了更好地了解《管理规约》订立的要求和具体内容，要加强《民法通则》、《物权法》、《物业管理条例》和《业主大会规程》等相关法律法规和条例的学习。

项目实施

通过学习本任务的知识，按照《管理规约》订立的程序和内容，让每个业主积极参与，并充分发挥业主在物业管理活动中的自律性作用。

教学探讨

一、案例分析

王女士是无锡市某小区6栋1单元201室的业主，张先生是王女士正楼下101室的业主。2008年10月，张先生在101室房屋东侧朝南房间窗户的外沿上方安装了一台空调外机，而这恰恰占用了二楼王女士家的空调外机的安装位置。双方多次协商未果后，王女士起诉至法院，要求张先生将空调外机拆除，移装至一楼窗下，并提供了一份其与小区物业管理公司于2008年9月签订的《小区房屋装饰装修管理协议》，该协议明确规定："凡住户安装空调外机时，必须往下一层安装，一楼只能装在窗下。"

而当了被告的张先生也觉得自己很冤枉，他认为：物业对于一楼住户只能将空调外机安装在自己窗下的规定不合理，且物业管理公司只有物业服务的权力，无权对住户空调外机的安装作规定，故不同意将空调外机移走。另外，法院调查得知，张先生2008年3月与物业管理公司签订的《小区房屋装饰装修管理协议》，该份协议明确规定："凡住户安装空调外机时，必须将外机搁置于房屋预留位置，如无预留位置的，须按照物业管理公司的管理人员到现场观察后所指示的位置进行安装。"王先生在安装空调外机时没有经过"物业管理公司的管理人员到现场观察后所指示的位置进行安装"，而是自行安装的。

分析： 王女士与张先生为建筑物内的相邻业主，双方应当按照方便生活、团结互助、公平合理的精神，正确处理相邻关系，且均应当遵守小区《管理规约》。王女士提供的协议中明确了"空调外机必须往下一层安装，一楼只能安装在其窗下"的空调安装位置制约条款，王女士即应当接受小区的物业管理的约束，按此规定，本案讼争空调外机的安装位置系王女士家的空调外机安装选择范围，张先生家除了该位置外，尚有其他位置可供安装，因此在张先生未能证明现安装位置系101室房屋空调外机的安装预留位置或相关管理人员指定位置的情况下，可以认定张先生家的空调外机的安装位置对王女士家的安装位置选择构成妨碍，张先生作为101室房屋所有权人，对该房屋负有管理责任，故张先生应当承担相应的民事责任，将讼争空调外机移装到不妨碍相邻住户的位置。因此，人民法院依法判决张先生拆除该空调外机。

二、技能训练

某物业管理公司承接了一小区的前期物业管理业务后，物业管理公司与已入住（入住率为15%）的业主签署《临时管理规约》时，遭到了已入住业主的激烈反对，其焦点主要集中在《临时管理规约》的一项条款上，即："如果业主或用户欠缴物业管理费及水电费等，则物业管理者有权采取断水、断电、断暖的做法，直到所欠费用缴清为止。"对此，你作为物业管理公司应该如何应对？

分析： 本案例的条款触碰了物业管理实践中的一个敏感话题，那就是物业管理公司有无权对业主采取断水、断电、断暖等做法。根据我国相关法规的规定，供电企业在发电、供电系统正常的情况下，应当连续向用户供电，不得中断。因供电设施检修、依法限电或者用户违法用电等原因，需要中断供电时，供电企业应当按照规定事先通知用户。用户逾期未缴付电费的，供电企业可以从逾期之日起，加收违约金。自逾期之日起计算，超过30日，经催缴仍未缴付电费的，供电企业可以按规定程序停止供电。由此可见，中止供电的权利仅在供电企业，而且供电企业也不得随意中止供电。可见物业公司无权断电。从实践的角度看极易激化矛盾，又有侵犯业主消费权之嫌，此款制定同样不妥。其实，物业管理公司可以将上述条款改为："物业管理者有权对欠缴费业主提起民事诉讼，并可参照《中华人民共和国合同法》第182条、第184条的规定减少损失。"

拓展训练

某物业管理公司承接了一小区的前期物业管理业务后，物业管理公司与已入住（入住率为16%）的业主签署《临时管理规约》时，遭到了已入住业主的激烈反对，其焦点主要集中在《临时管理规约》的一项免责条款上，即："物业管理者为进行物业管理活动而对业主或用户造成的一切损失，物业管理者不承担民事赔偿责任。"

对此，你作为物业管理公司管理者应该怎么处理？

阅读材料：《西苑华庭住宅小区管理规约》

为加强西苑华庭的物业管理，维护全体业主的合法权益，维护物业区域内公共环境和秩序，根据国务院《物业管理条例》及有关法规、规章、规范性文件制订本业主管理规约。本规约对西苑华庭全体业主均具有约束力。

第一章　总则

一、遵守物业管理有关法规、政策和本规约规定，执行业主代表大会和业主代表大会授权业主委员会作出的决议、决定。业主应配合物业服务企业的各项管理工作，遵守物业服务企业按有关规定和本规约以及受业主代表大会、业主委员会委托制定的管理细则及各项管理规章制度。同时，业主应保证其共居人、使用人及相关人员遵守本规约和相关规定，合理使用物业。

二、根据有关法律法规和物业买卖合同，业主享有以下物业共用部位、共用设施设备的所有权：

（一）由单幢建筑物的全体业主共有的共用部位，包括该幢建筑物的承重结构、主体结构、公共门厅、公共走廊、公共楼梯间、户外墙面、屋面、楼板、屋顶等；

（二）由单幢建筑物的全体业主共有的共用设施设备，包括该幢建筑物内的给排水管道、落水管、水箱、水泵、照明设施、消防设施、避雷设施、绿地、道路等；

（三）由物业管理区域内全体业主共有的共用部位和共用设施设备，包括围墙、池井、照明设施、共用设施设备使用的房屋、物业管理用房等。

三、管理方式

本物业管理区域内的物业管理，通过依法选聘物业服务企业，由业主和物业服务企业按照物业服务合同约定，对房屋及配套的设施设备和相关场地进行维修、养护、管理，维护相关区域内的环境卫生和秩序。

本物业管理区域内成立一个业主代表大会。业主代表大会由物业管理区域内的全体业主代表组成。业主代表大会代表和维护全体业主在物业管理活动中的合法权益。业主代表大会设立业主委员会作为执行机构。

业主代表大会的议事方式、表决程序、业主投票权确定办法、业主委员会的组成与任期、工作经费、印章管理使用等事项由业主大会议事规则依法作出约定。

第二章　物业使用

四、业主对物业的专有部分享有占有、使用、收益和处分的权利，但不得妨碍其他业主正常使用物业。

五、按规划设计用途（即住宅）使用物业，合理使用共用部位共用设施设备，自觉维护物业整洁、美观，遵守政府对市容环境要求的相关规定。不擅自变更房屋结构、外貌和用途；不占用共用部位和共用设施设备；不利用共用部位搭建建筑物、构筑物等。

六、空调外挂设备应按指定位置安装，未预留设计位置的，应按物业服务企业指定的位置安装，并按要求做好噪音及冷凝水的处理；阳台外和窗外不吊挂和晾晒物品，不擅自张贴或安装可通过外观看到的任何标识牌、广告牌或标语等。

七、爱护公共环境，不侵占公共绿地和损坏物业区域内绿地、园林和其他共用设施设备；不随意堆放、倾倒或抛弃垃圾、杂物；不在共用部位乱涂乱画和随便张贴；垃圾应按指定时间和地点堆放，避免遗撒。

八、自觉维护物业区域内的公共生活秩序，不在共用部位或违反规定在房屋内堆放易燃、易爆、剧毒、放射性物品和其他有毒害物质；不得发出影响其他业主正常生活的噪声；不得利用物业从事危害公共利益的活动以及进行法律法规及政府规定禁止的其他行为。

九、业主饲养动物，应遵守有关法律法规的规定，即时清理动物粪便。

十、在物业管理区域内行驶和停放车辆，应遵守本物业管理区域的车辆行驶和停车规则。机动车在住宅区内行驶时速应低于 5 公里；车辆出入应按要求出示证件。

机动车应在专门的车位停放，禁止在消防通道、消防井盖、人行便道和绿地等场所停放；车位只可用作停放车辆用途，不得自行在车位上安装任何设置；停放期间，防盗报警器应使用静音，发生噪音应迅速解除。

第三章　物业装修

十一、业主需要进行室内装饰装修的，应与物业服务企业签订装饰装修管理服务协议，并遵守有关规定和制度，不得从事装饰装修的禁止行为。

装饰装修房屋，应在规定时间施工，不得擅自拆改承重墙、各种管线和破坏防水层等，不得影响共用部位、共用设备设施的正常使用和维修养护以及相邻产权人的合法权益，因装饰装修导致共用部位、共用设备设施以及其他业主利益受损，应当承担修复及赔偿责任。

十二、业主应在指定地点放置装饰装修材料及装修垃圾，不得擅自占用物业共用部位和公共场所。

本物业管理区域的装饰装修施工时间为8:00～12:00，14:00～18:00（周一至周五），9:00～12:00，14:00～17:00（周六、日及国家法定节假日），其他时间不得施工。

十三、业主应按有关规定合理使用水、电、气、暖等共用设施设备，不得擅自拆改。

第四章　物业维修

十四、业主应及时对屋内影响相邻业主权益的损坏部位和设施进行维修；业主发现房屋内属公共维修责任的共用部位和设施损坏时，应及时通知物业服务企业，并采取合理措施防止损失扩大。

十五、对相邻的物业维修，各相邻业主应积极支持、配合，不得人为阻挠维修。因阻挠维修，造成物业及他人人身伤害和财产损失的，阻挠人应承担赔偿责任。

业主应配合物业服务企业和相邻业主必要时进行入户维修，如因该等维修而损坏业主利益，应予以修复或适当赔偿损失。

十六、发生危及公共利益或其他业主合法权益的紧急情况，必须及时进入物业专有部分进行维修养护但无法通知相关业主的，物业服务企业可向相邻业主说明情况，在第三方（如社区居委会或派出所或业主委员会）的监督下，进入相关业主的物业专有部分进行维修养护，事后应及时通知相关业主并做好善后工作。

十七、因维修养护物业或者公共利益，业主确需临时占用、挖掘道路、场地的，应当事先征得业主委员会和物业服务企业的书面同意，并在约定期限内恢复原状。

十八、如因人为原因造成共用部位共用设施设备损坏，造成损坏的责任人应负责修复或赔偿损失。

十九、建设单位应按国家规定的保修期限和保修范围承担物业的保修责任。在保修期内出现的质量问题由建设单位及时解决。

建设单位拒绝修复或者拖延修复的，业主或业主委员会可以自行或者委托他人修复，修复费用及修复期间造成的其他损失由建设单位承担。

第五章　业主的共同利益

二十、选聘与解聘物业服务企业

由业主委员会按照业主代表大会的决定代表业主与物业服务企业签订物业服务合同。物业服务合同效力不随物业所有权的变化而丧失。

业主代表大会成立后，业主委员会应按照业主代表大会的决议和国家有关规定，以公开招标的形式组织招聘物业服务企业。选聘、解聘物业服务企业须业主代表大会过半数的业主代表同意通过。

二十一、为维护业主的共同利益，全体业主同意在物业管理活动中授予物业服务企业以下权利：

（一）根据本规约制定物业共用部位和共用设施设备的使用、公共秩序和环境卫生的维护等方面的规章制度；

（二）以批评、规劝、公示、申请行政执法等必要措施制止业主、物业使用人违反本规约和规章制度的行为；

（三）按照业主代表大会的委托，组织实施物业共用部位共用设施设备的大修和更新、改造。

二十二、按照物业服务合同的约定向物业服务企业交纳物业服务费，业主因故不能按期交纳物业服务费用的，应委托他人按期代交或及时补交。

单个业主不得以不满意物业管理服务为由拒交物业服务费用。因物业服务企业不履行职责造成单个业主损失的，业主可以个人身份要求物业服务企业赔偿。

同时，业主应按时交纳水、电、燃气等能源费用和供暖等费用。

二十三、业主如委托物业服务企业对其自用部位和自用设备进行维修、养护和进行其他特约性服务，应支付相关费用。

二十四、房屋共用部位共用设施设备专项维修资金

业主应按有关规定交纳和使用专项维修资金，维修资金不敷使用时，应按有关规定续筹。

二十五、利用物业共用部位、共用设施设备进行经营的，应当在征得业主委员会、物业服务企业的同意后，按规定办理有关手续，业主所得收益归全体业主所有物业公共车位所得收益归全体业主所有。

二十六、业主应遵守法律、法规的规定，按照有利于物业使用、安全、整洁以及公平合理、不损害公共利益和他人利益的原则，在供电、供水、供热、供气、排水、通行、通风、采光、装饰装修、环境卫生、环境保护等方面妥善处理与相邻业主的关系。

第六章　其他相关事项

二十七、业主在转让（或出租）其拥有的物业时，应提前书面通知物业服务企业及业主委员会，要求新业主或承租人书面承诺遵守本规约，并于买卖合同或租赁合同签署之日起一个月内，将房屋转让（或出租）情况告知物业服务企业，有关承诺书交物业服务企业存档。

业主转让物业，应与物业服务企业结清物业服务费用；出租物业，约定由承租人交纳物业服务费用的，从其约定，业主负连带交纳责任。

二十八、不遵守规约和欠物业费的业主不能被选举为业主委员会委员。

第七章　违约责任和违约纠纷的解决

二十九、业主应自觉遵守本规约的各项规定，违反本规约造成其他业主、使用人人身伤害或财产损失的应负赔偿责任。

对业主的违约行为，业主代表大会、业主委员会、其他业主可督促其改正，也可委托物业服务企业督促其改正。

三十、业主对物业管理服务工作的意见和建议，可直接向物业服务企业提出，也可向业主委员会提出，遇有涉及公共利益的争议应通过业主委员会协调解决，或提交业主代表大会表决。

三十一、业主违反本规约关于物业的使用、维护和管理的约定，妨碍物业正常使用或造成物业损害及其他损失的，其他业主和物业服务企业可依据本规约向人民法院提起诉讼。

三十二、业主违反本规约关于业主共同利益的约定，导致全体业主的共同利益受损的，其他业主和物业服务企业可依据本规约向人民法院提起诉讼。

第八章　附则

三十三、本规约所称物业的专有部分，是指由单个业主独立使用并具有排他性的房屋、空间、场地及相关设施设备。

本规约所称物业的共用部位、共用设施设备，是指物业管理区域内单个业主专有部分以外的，属于多个或全体业主共同所有或使用的房屋、空间、场地及相关设施设备。

三十四、本规约如有与法律、法规、规章和规范性文件相抵触的条款，该条款无效，但不影响其他条款的有效性。

三十五、本规约经业主代表大会审议通过，自 2009 年 10 月 1 日起生效。

三十六、本规约的修改权、解释权归业主代表大会。本规约的修订需经业主代表大会过半数的代表投赞成票。业主代表大会闭会期间，由业主委员会负责进行解释。

主要参考文献和网站

一、主要参考文献

1. 苗长川，杨爱华. 物业管理实务. 北京：清华大学出版社，2008.
2. 赵继新，刘晓春. 物业管理案例分析. 北京：清华大学出版社，2005.
3. 王秀云. 物业管理理论与实务. 北京：清华大学出版社，2006.
4. 战晓华. 物业管理实务. 天津：天津大学出版社，2009.
5. 中国物业管理协会培训中心. 物业管理实务. 北京：中国建筑工业出版社，2007.
6. 周云，周建华. 物业管理. 北京：人民交通出版社，2008.
7. 吕超. 物业管理实务. 北京：中国电力出版社，2008.
8. 鲁捷. 物业管理案例分析与技巧训练. 北京：电子工业出版社，2007.
9. 章学成. 物业经理案头手册. 深圳：海天出版社，2007.
10. 王素梅. 物业管理概论. 北京：机械工业出版社，2008.
11. 徐洪灿. 物业管理实务. 北京：中国人民大学出版社，2008.
12. 陈枫，王克非. 物业管理. 北京：北京大学出版社，2007.
13. 周宇. 现代物业管理实务. 北京：中国经济出版社，2009.
14. 邓宏乾. 住宅小区物业管理. 武汉：华中师范大学出版社，2006.
15. 高炳华. 物业环境管理. 武汉：华中师范大学出版社，2007.
16. 高炳华. 房地产市场营销. 武汉：华中科技大学出版社，2010.
17. 刘圣欢. 物业管理概论. 武汉：华中师范大学出版社，2006.
18. 王学发. 物业管理综合能力考试攻略. 北京：中国电力出版社，2007.
19. 赵绍鸿，艾白璐，谭善勇. 物业管理实务. 北京：中国林业出版社，2005.
20. 胡伯龙，杨韬. 物业管理理论与实务. 北京：机械工业出版社，2008.
21. 周志宏. 物业管理工作流传与工作标准. 北京：中国纺织出版社，2008.
22. 李光辉，侯章良. 物业管理职位工作手册. 北京：人民邮电出版社，2005.
23. 滕永健. 物业管理实务. 上海：华东师范大学出版社，2009.
24. 戴玉林，王媚莎. 物业管理实务教程. 北京：化学工业出版社，2008.

25. 蒋贵国，张果．物业管理实务．武汉：华中科技大学出版社，2006.

26. 赵凯，牛忠毅．物业公司组建与运作．北京：机械工业大学出版社，2006.

27. 郑芷青，宋建阳．物业环境管理．广州：华南理工大学出版社，2005.

28. 陈瑞正，周心怡．物业绿化管理．天津：天津大学出版社，2002.

29. 林广志，甘元新．物业管理学（第二版）．广州：中山大学出版社，2000.

30. 郭明瑞．中华人民共和国物权法释义．北京：中国法制出版社，2007.

31. 谭善勇，郭立．物业管理理论与实务．北京：机械工业出版社，2005.

32. 颜真，杨吟．物业管理危机处理及案例分析．成都：西南财经大学出版社，2002.

33. 郑晓奋．物业管理实务．大连：东北财经大学出版社，2006.

34. 景象，胥盈．物业管理案例解析．北京：机械工业出版社，2006.

35. 温小明．物业管理案例分析．北京：中国建筑工业出版社，2006.

36. 张连生．物业管理案例分析．南京：东南大学出版社，2005.

37. 赵向标．物业管理操作制度范例．广州：海天出版社，2002.

38. 林援朝．物业管理条例实施手册．北京：中国环境科学出版社，2003.

39. 张明媚．物业管理服务与经营．北京：电子工业出版社，2007.

40. 鲁捷，付立群，胡振豪．物业管理法规案例分析．大连：大连理工大学出版社，2004.

二、主要参考网站

1. 中国物业管理网（www. 100pm. net）

2. 中国物业管理信息网（www. pmabc. com）

3. 中国物业服务顾问网（www. wyfwgw. com）

4. 公元物业管理网（www. gywygl. com）

5. 焦点房地产网（www. house. focus. cn）

6. 房产之窗网（www. chomeday. com）

7. 上海物业管理网（www. 021wy. com）

8. 湖南物业网（www. 0731wy. com）

9. 河南物业管理网（www. hnwygl. cn）

10. 山东物业网（www. sdwuye. com）

11. 武汉市物业管理协会网站（www. warpm. cn）

12. 深圳物业管理协会网站（www. szpma. org）

后记

随着房地产业的快速发展，人们对物业管理的认识不断深入，对物业管理的服务理念逐步形成，使得物业业主产生从要求数量到讲究质量、从讲究内部空间到追求内外部空间的协调适宜、从被动接受物业服务到以业主身份主动维权、从简单的保洁保安到强调人性化综合服务等变化，对物业管理和服务提出了更高的要求。

为了适应这一发展变化，就需要对物业管理专业人员的培养进行深入和仔细的研究。我们根据中等职业教育发展的需要和物业管理专业教师教育的特点编写了本书，目的在于方便从事中等职业教育物业管理专业的教师掌握物业管理实务，并能尽快培养出符合物业管理职业（执业）资格和岗位标准的专业化人才，以适应社会和行业发展的要求。本书在编写过程中求新务实，以物业管理的基本内容和方法为基础，力求充分反映当前物业管理最先进的理念和方法，推广国内外物业管理的先进经验和手段，具有显著的应用性、实践性和可操作性。本书既可作为中等职业教育物业管理专业教师培训的教材，也可作为物业管理从业人员的工具书。

高炳华任本书主编，并负责书稿的修改和审定工作。全书包括九大模块，各模块内容的编写人员及工作单位见下表：

编写内容	编写人员	编写人员工作单位
模块一　前期物业管理	高炳华	华中师范大学
	冯　莉	广东交通职业技术学院
模块二　物业管理的日常工作	高炳华	华中师范大学
	宋良杰	广州番禺职业技术学院
模块三　居住性物业管理	崔会宾	华中师范大学
	程　胜	深圳职业技术学院
模块四　经营性物业管理	任英飞	华中师范大学
	刘晓东	北京市供销学校
模块五　物业管理综合经营服务	张　姝	华中师范大学
	万　婷	湖北科技职业学院
模块六　物业管理与社区管理	闫海英	华中师范大学
	彭杏芳	中山职业技术学院
模块七　物业管理绩效评价和品牌创建	李　莜	华中师范大学
	胡　彦	湖北经济学院
模块八　物业服务企业及其管理	高炳华	华中师范大学
模块九　物业业主自治管理	高炳华	华中师范大学

本书在编写过程中参考了部分专家学者的论著，也引用了一些典型的物业管理案例，在此对相关作者表示衷心的感谢。

由于编者水平有限，书中难免存在错误和不足之处，恳请专家、学者和读者批评指正。期待读者能及时与主编联系（gaobhua@163.com），以便再版时修订。

编者

图书在版编目（CIP）数据

物业管理实务/高炳华主编．—北京：中国人民大学出版社，2012.4
教育部　财政部中等职业学校教师素质提高计划成果
物业管理专业师资培训包开发项目（LBZD068）
ISBN 978-7-300-15590-6

Ⅰ.①物…　Ⅱ.①高…　Ⅲ.①物业管理-中等职业教育-教材　Ⅳ.①F293.33

中国版本图书馆 CIP 数据核字（2012）第 078518 号

教育部　财政部中等职业学校教师素质提高计划成果
物业管理专业师资培训包开发项目（LBZD068）
物业管理实务
教育部　财政部　组编
高炳华　主编

出版发行　中国人民大学出版社
社　　址　北京中关村大街 31 号　　**邮政编码**　100080
电　　话　010－62511242（总编室）　010－62511398（质管部）
010－82501766（邮购部）　010－62514148（门市部）
010－62515195（发行公司）　010－62515275（盗版举报）
网　　址　http://www.crup.com.cn
http://www.ttrnet.com（人大教研网）
经　　销　新华书店
印　　刷　北京宏伟双华印刷有限公司
规　　格　185 mm×260 mm　16 开本　　**版　　次**　2012 年 6 月第 1 版
印　　张　17.5　　**印　　次**　2012 年 6 月第 1 次印刷
字　　数　361 000　　**定　　价**　34.80 元